세계민담전집

세계
민담
전집

02

러시아 편

안상훈 엮음

세계 민담 전집을 펴내면서

민담이란 한 민족이 수천 년 삶의 지혜를 온축하여 가꾸어 온 이야기들입니다. 그 민족 특유의 자연관, 인생관, 우주관, 사회 의식이 속속들이 배어 있는 민담은 진정 그 민족이 발전시켜 외부와 교통해 온 문화를 이해하는 골간입니다. 세계화 시대를 맞아 국경의 의미가 나날이 퇴색되고 많은 사람들이 인류 공통의 문제를 피부로 느끼는 지금, 한편으로는 국가와 민족 인종 간의 몰이해로 인한 충돌이 더욱 빈번해져 가고 있습니다. 서로의 문화를 진정으로 이해해야 할 필요성이 더욱 커진 오늘, 한 민족의 문화에서 민담이 갖는 중요성을 생각할 때, 우리나라에 아직 믿고 읽을 만한 민담 전집을 갖지 못했다는 것은 여러 모로 불행한 일이 아닐 수 없습니다.

지금까지 세계 여러 민족의 옛이야기들이 전혀 출판되지 않았던 것은 아니지만, 개별적으로 나와 망실되고 절판된 데다가 영어나 일본어 판에서 중역된 것이 대부분이었고, 그나마 아동용으로 축약 변형되어 온전한 모습으로 소개되지 못했습니다. 황금가지에서는 각 민족의 고유 문화를 이해하는 실마리가 될 민담을 올바르게 소개하고자 다음과 같은 원칙에 따라 편집을 진행하였습니다.

첫째, 근대 이후에 형성된 국가의 구분에 얽매이지 않고 더 본질적인 민족의 분포와 문화권을 고려하여 분류하였습니다. 국가적 동질성과 문화적 동질성이 반드시 일치하지는 않기 때문입니다.

둘째, 각 민족어 전공자가 직접 원어 텍스트를 읽은 후 이야기를 골라 번역했습니다. 영어 판이나 일본어 판을 거쳐 중역된 이야기는 영어권과 일본어권 독자들의 입맛에 맞도록 순화되는 과정에 해당 민족 고유의 사유를 손상시켰을 우려가 높습니다. 황금가지 판 『세계 민담 전집』은 해당 언어와 문화권을 잘 이해하고 있는 전공자들이 엮고 옮겨 각 민족에 가장 널리 사랑받는 이야기, 그들의 문화 유전자가 가장 생생하게 드러나는 이야기들을 가려 뽑도록 애썼습니다.

셋째, 기존에 알려져 있던 각 민족의 대표 민담들뿐 아니라 그동안 접하기 힘들었던 새로운 이야기들을 여럿 소개합니다. 또한 이미 들은 적이 있는 이야기일지라도 축약이나 왜곡이 심했던 경우에는 원형에 가까운 형태로 재소개했습니다.

황금가지 판 『세계 민담 전집』은 또한 작은 가방에도 들어가는 포켓판 형태로 제작되어 간편하게 들고 다니며 읽을 수 있게 하였습니다. 세계를 여행하면서 그 지역에 뿌리를 두고 자라난 이야기들을 읽고 확인하는 것도 이 전집을 읽는 또다른 즐거움이 될 것입니다.

세계 민담 전집 편집부

●──오늘날 러시아는 우랄 산맥을 경계로 크게 유럽러시아와 시베리아 지역으로 구분된다. 시베리아는 다시 예니세이 강 서쪽의 서(西)시베리아 저지, 예니세이 강과 레나 강 사이의 중앙 시베리아 고원, 레나 강 동쪽의 산악 지대로 나뉜다. 이 책에서는 우랄 산맥 서쪽의 유럽러시아 민담을 다룬다.

차례

황금가지 세계 민담 전집 러시아 편

모르는 곳으로 가서 모르는 것을 가져와라 ●●● 9
마녀 여동생과 태양 누님 ●●● 35
개구리 공주 ●●● 41
모로즈카, 겨울의 신령 ●●● 52
손 없는 여인 ●●● 58
세 왕국 이야기 ●●● 67
곰의 아들 이반코 ●●● 87
젊게 만드는 사과와 생명의 샘 ●●● 93
샤바르샤 ●●● 102
못된 아내 ●●● 108
병사의 두 아들, 이반 형제 ●●● 112
용감한 불라트 ●●● 130
이반 왕자와 불사신 코시체이 ●●● 145
마리야 모레브나 ●●● 163
학의 선물: 말, 식탁보, 뿔 ●●● 184
수정 산 ●●● 189
마법의 반지 ●●● 194
마법의 루바슈카 ●●● 203
시브카 부르카, 갈색 말 요술 말아 ●●● 208
바다의 차르와 현명한 바실리사 ●●● 218
꿈의 예언 ●●● 233
부자 마르코와 불운아 바실리 ●●● 247
이반 왕자와 검은 머리채의 미인 마리야 ●●● 259
잠자는 나라의 여왕 ●●● 275

옹기장이 ●●● 291
현명한 대답 ●●● 295
똑똑한 꼬마 소녀 ●●● 298
지혜로운 조언 ●●● 303
작은 눈 소녀 ●●● 308
까다로운 소녀 ●●● 314
멍청한 이바누슈카 ●●● 323
바보와 자작나무 ●●● 329
게으른 에멜랴 ●●● 334
두 운명 ●●● 348
루토누슈카 ●●● 353
귀족의 아들 다닐로 ●●● 357
보바 왕과 아름다운 두루진나 공주 ●●● 361

해설 | 러시아 민담을 소개하며 ●●● 379

모르는 곳으로 가서 모르는 것을 가져와라

아주 오래전 어떤 나라에 아직 결혼을 하지 않은 왕이 있었다. 그는 사수들로 구성된 연대를 거느리고 있었다. 사수들은 사냥을 나가 새를 잡아서 자신들이 모시는 군주의 식탁을 준비했다. 이 연대에는 특별히 용감한 사수 하나가 근무했는데 그의 이름은 페도트였다. 그는 쏘았다 하면 백발백중이어서 왕은 페도트의 동료들 중 누구보다 그를 총애했다.

어느 이른 아침 동이 틀 무렵, 페도트가 사냥을 나가게 되었다. 어둡고 울창한 숲으로 들어가 사냥감을 찾던 그는 곧 나무 위에 비둘기 한 마리가 앉아 있는 것을 발견하였다. 페도트는 비둘기를 향해 조준을 한 후 침착한 태도로 총을 쏘았다.

탕!

총알은 새의 날개에 정확히 맞았고 새는 나무에서 축축한 땅으로 떨어졌다. 페도트가 비둘기를 주워 자루에 넣기 전에 목을 비틀려 하는데 그때 비둘기가 그에게 말했다.

"아, 용감한 사수여! 이 용감한 비둘기를 죽이지 말고, 밝은 세상을 떠나게 하지 마세요. 나를 살리세요. 그리고 당신의 집으로 데려가서 창턱에 올려놓고 지켜보다가 내가 졸게 되면 바로 그 순간에 오른손으로 나를 때려요. 그러면 커다란 행운을 얻게 될 것을!"

페도트는 깜짝 놀라 생각했다.

'아니, 이게 무슨 일인가? 모습은 완전히 새인데 사람의 음성으로 말을 하다니! 전에 이런 일은 한번도 없었는데.'

그는 의아하게 여기면서도 비둘기가 말하는 대로 따랐다. 비둘기를 집으로 데려와 창턱에 올려놓았던 것이다. 그리고 서서 지켜보았다. 시간이 조금 흐르자 비둘기는 머리를 날개 아래에 파묻고 끄덕끄덕 졸기 시작했다. 이윽고 사수가 오른손을 들어 가볍게 비둘기를 치자 놀라운 일이 일어났다. 바닥으로 떨어지던 비둘기는 바닥에 닿자마자 누구의 상상으로도 이르지 못할 것이며 말로 표현할 수도 없을 정도로 사랑스러운 아가씨로 변했다. 그토록 아름다운 아가씨는 지금까지 없었다!

아가씨는 선량한 젊은이인 사수에게 말했다.

"당신이 저를 얻었으니 저와 함께 살도록 해요. 당신은 제게 영원한 남편이 될 것이며 저는 당신에게 하늘이 정해 준 아내가 될 거예요."

그리하여 그들은 부부가 되었고 페도트는 젊고 아름다운 아내와 함께 즐겁게 살았지만 자신의 임무를 게을리하지도 않았다. 매일 아침 동이 틀 무렵이면 페도트는 총을 가지고 숲에 가서 여러 새들을 잡아 왕의 부엌으로 가져갔다.

그러던 어느 날 이른 아침부터 저녁까지 사냥을 하고 오느라 지쳐 있는 페도트의 모습을 지켜보던 아내가 그에게 말했다.

"여보, 제 말을 잘 들어 보세요. 당신이 무척 안됐어요. 매일같이 노심초사하며 숲과 늪지를 헤매 다니고 늘 녹초가 되어 집에 돌아오는데 우리는 아무 소득도 없군요. 일이 이래서는 안 되지요. 어떻게 하면 소득이 있는지 저는 알고 있답니다. 그러니 한 200루블쯤 구해다 주세요. 우리의 생활이 더 나아지게 만들도록 말이에요."

아내의 말을 옳게 여긴 페도트는 동료들에게 한두 푼씩 빌려 200루블을 모아 아내에게 가져다 주었다.

"자, 이제 이 돈으로 여러 가지 비단을 사 오세요."

아내가 말했다.

사수가 200루블어치의 여러 가지 비단을 사 오자 그의 아내는 그것을 받아들며 말했다.

"이제 걱정 마시고 신에게 기도를 드리고 푹 주무세요. 사람은 저녁보다 아침에 더욱 지혜로워지는 법이니까요."

남편은 곧 잠이 들었다. 그러나 아내는 잠자리에 드는 대신 현관으로 나가 자신의 마법책을 펼쳤다. 그러자 초자연적인 힘을 가진 두 용사가 즉시 그녀 앞에 나타났다.

"무엇을 도와드릴까요?"

"이 비단들을 가져가서 한 시간 내에 도시와 마을과 강과 호수 등 온 왕국을 수놓아라. 이 세상 어디에서도 찾아볼 수 없는 경이로운 융단들로 만들어 오너라."

페도트의 아내가 말하자마자 그들은 즉시 일을 시작했고 한 시간이 아니라 단 10분 만에 놀랄 만한 융단들을 만들어 내었다. 그들은 그것을 그녀에게 건네주고는 마치 아무 일도 없었던 양 순식간에 사라져 버렸다.

다음 날 아침에 그녀는 그 아름답고 놀라운 수가 놓인 융단들을 남편에게 주며 말했다.

"자, 이것을 시장에 가져가서 상인들에게 파세요. 하지만 명심하세요. 당신이 값을 부르지 말고 그들이 주는 대로 받으세요."

페도트는 아름다운 융단을 받아 펼쳐서 팔에 걸치고는 시장으로 갔다. 한 상인이 그 융단들을 보고는 달려와서 물었다.

"여보시오! 그것을 팔지 않겠소?"

"물론 팔 거요."

"얼마에 팔겠소?"

"당신이 장사꾼이니, 당신이 값을 매기시오."

상인은 생각하고 생각해 보았지만 값을 책정할 수가 없었다. 다른 상인들이 달려왔고 얼마 후 사람들이 구름같이 모여들어 그 아름다운 수를 보고 신기해했지만 값을 책정할 수가 없었다. 바로 그때 궁중 집사가 시장을 지나가다가 몰려 있는 군중을 보게 되었다. 무엇 때문에 상인들이 서로 밀치고 있는지 궁금해진 그는 마차에서 내려 다가가 물었다.

"안녕들하신가, 여러분! 무슨 얘기들을 하고 있나?"

"아, 나리, 여기 무척이나 아름다운 수가 놓인 융단들이 있는데 도무지 값을 매길 수가 없습니다."

궁중 집사는 페도트가 가지고 나온 융단을 보고 매우 놀랐다.

"여보게, 사수, 내게 진실을 소상히 말해 보게. 어디서 이런 놀라운 융단을 구했나?"

궁중 집사가 페도트에게 물었다.

"제 아내가 수놓은 것입니다."

"얼마를 치르면 되겠나?"

"저도 가격을 모르겠습니다. 아내가 흥정하지 말라고 했으니 얼마를 주시든 그게 값이지요."

"그렇단 말인가? 음, 여기 만 루블이 있네. 만 루블에 팔게나!"

페도트는 돈을 받고 융단을 주었다. 궁중 집사는 곧 그 융단을 마차에 잘 갈무리하여 싣고 시장을 떠났다. 그는 늘 왕과 함께 먹고 마시며 지내는 신분의 사람인지라 그날도 왕에게로 식사를 하러 가면서 아침에 페도트에게서 산 융단을 가져갔다.

"전하, 제가 오늘 얼마나 놀라운 융단을 샀는지 구경하시겠습니까?"

왕은 궁중 집사가 펼쳐 보인 융단에서 자신의 온 왕국을 손바닥처럼 볼 수 있는 걸 알고는 놀라움을 감추지 못했다!

"이런 것이야말로 진정한 융단이지! 내 평생 이런 신기한 것은 보지를 못했다. 여보게, 집사, 맘대로 하게나. 이 융단만은 자네에게 돌려주지 않을 테니."

왕은 그 자리에서 2만 5000루블을 꺼내 집사에게 건네주었고 융단은 궁궐에 걸리게 되었다.

'괜찮아, 훨씬 더 좋은 것을 주문해야지.'

집사는 이렇게 생각하고는 즉시 사수를 찾아 사람들에게 물어물어 그의 오두막을 발견하고는 융단 생각에 불쑥 집 안으로 들어갔다. 그리고 페도트의 아내를 보게 되었다. 집사가 그녀를 본 순간 자기 자신에 대해서도 그리고 다른 모든 일에 대해서도 까마득히 잊어버렸기 때문에 자신이 무엇 때문에 이곳에 왔는지조차 모를 지경이었다. 영원히 눈을 떼지 못하고 바라보고 또 바라볼 정도로 아름다운 여인이 자신 앞에 있었기 때문이었다. 그는 남의 아내를 보고 있었고 머릿속은 온갖 딴생각으로 가득 찼다.

'단순한 일개 병사가 저런 보물을 소유하고 있다니! 그 어디에서도 듣도 보도 못한 일이다! 왕을 위해 일하는 장군격인 나도 저런 미인은 그 어느 곳에서도 보지 못했거늘!'

집사는 겨우 정신을 차리고 마지못해 자신의 집으로 돌아갔지만 제정신이 아니었다. 잠을 잘 때도 깨어 있을 때도 사수의 아름다운 아내만을 생각했으며 먹어도 먹는 것이 아니었고 마셔도 마시는 것이 아니었다. 오로지 그녀의 환영만이 아른거렸다!

왕이 눈치를 채고는 궁중 집사에게 물었다.

"도대체 자네에게 무슨 일이 생겼나? 아니면 무슨 슬픈 일이라도 있는가?"

"아, 전하! 제가 사수의 아내를 보았는데, 그런 미인은 이 세상에 다시 없습니다. 온통 그녀에 대한 생각뿐이라 먹을 수도 없고 마실 수도 없으며 어떤 약초도 효능이 없습니다!"

집사의 말을 들은 왕은 자신의 눈으로 직접 미인을 보고 싶어져서 마차를 준비하라고 명령했다. 사수의 집에 도착한 왕은 집 안으로 들어가 그녀를 보았다. 과연 상상을 초월하는 미모였다. 노인이든 젊은이든 누구나 그녀를 보면 정신없이 그녀에게 반했다. 불타는 열정이 왕을 사로잡았다.

왕은 생각했다.

'내가 왜 독신으로 살아가지? 이 미인과 결혼하면 될 텐데. 어째서 그녀가 사수의 부인이 되어야 한단 말인가, 그녀는 왕비가 되도록 태어났는데!'

왕은 궁궐로 돌아와 집사에게 말했다.

"잘 듣게. 자네가 내게 그 아름다운 여인을 보게 하였으니 이제 그녀의 남편을 없앨 수 있는 방법을 알 거라 믿네. 난 그녀와 결혼할 거야. 만일 사수를 없애지 못한다면 자네는 자신을 꾸짖는 게 나을 것일세. 그녀의 남편을 없애지 못할 경우 비록 자네가 나의 오랜 충복이지만 교수대에 매달리게 될 테니까."

궁전 집사는 왕에게서 물러 나왔고 전보다 훨씬 비탄에 빠졌다. 도무지 사수를 제거할 방법이 떠오르지 않았다. 시름에 잠긴 궁전 집사는 공터를 따라 걷다가 우연히 바바 야가와 만나게 되었다.

"멈춰요, 왕의 신하 양반! 나는 자네의 생각을 전부 알고 있지. 내가 자네를 도와줄까?"

"도와주시오, 할멈! 원하는 만큼 지불할 테니."

"사수 페도트를 없애라고 자네에게 왕명이 내려졌지. 페도트는 단순하니 그 일은 중요하지 않을 수도 있겠지만 그의 아내는 보통 영리한 것이 아냐! 자, 그렇다면 해결할 수 없는 문제를 풀도록 시키면 되겠지. 왕에게 가서 이렇게 말하게. 아홉의 세 곱절 나라 너머에 열의 세 곱절 왕국에는 섬이 하나 있는데 그 섬에는 황금 뿔이 달린 수사슴이 한 마리 있다네. 가장 형편없는 주정뱅이들 쉰 명을 모아 선원을 삼고 30년이 지난 낡고 썩어빠진 배를 항해에 쓰도록 분부를 내리라 하게. 그리고 사수 페도트에게 그 배를 타고 그 섬에 가서 황금 뿔이 달린 수사슴을 잡아오라고 보내게. 그 섬에 도착하려면 적어도 3년은 걸리고 돌아오는데도 3년, 그러니 합해서 6년이 걸린다 이거야. 게다가 그 배가 바다로 나가면 한 달도 안 돼서 가라앉게 될 거고 그러면 페도트도 선원들도 모두 바다 밑바닥으로 가라앉겠지!"

궁전 집사는 그 말을 듣고 도와준 것에 감사한 후, 황금으로 바바 야가에게 사례를 하고 나서 왕에게로 달려가서 이렇게 저렇게 하면 분명히 페도트를 없앨 수 있다고 고하였다. 왕이 기꺼워하며 즉시 함대에 낡고 썩은 배를 출항시킬 준비를 하고 6년치의 식량을 싣도록 명령을 내렸다. 그리고 가장 방탕한 주정뱅이들로 고른 선원 쉰 명을 그 배에 태우도록 하였다. 전령들이 술집을 돌아다니며 구경거리가 될 만한 사람들을 선원으로 끌어모았다. 어떤 이는 눈에 상처가 있고 어떤 이는 코가 한쪽으로 비뚤어진 주정뱅이들이었다. 배가 출항할 준비가 되었다고 신하들이 왕에게 보고하자 왕은 즉각 사수 페도트를 자신의 면전에 대령케 했다.

"자, 페도트여, 자네는 부대에서 가장 용감하고 최고의 사수라네. 그래서 내 자네에게 한 가지 중요한 임무를 주겠네. 아홉의 세 곱절 나라 너머 열의 세 곱절 왕국에 가면 섬이 하나 있는데 그 섬에는 황금 뿔을 지닌 수사슴이 한 마리 있네. 그놈을 산 채로 잡아서 이리로 가져오게."

사수 페도트는 생각해 보았지만 뭐라고 왕에게 답변해야 할지 알 수가 없었다.

"자네 의향이 있든 없든 만일 이 일을 하지 못하면 내 칼이 자네의 목을 내려칠 거야!"

페도트는 어전에서 물러나 궁궐을 나섰다. 해가 저물 무렵이 되어서 그가 몹시 상심해서 집에 돌아온 후 한 마디도 하려고 들지 않자 아내가 물었다.

"여보, 무슨 걱정이 있으세요? 아니면 어떤 불행한 일이 있나요?"

그는 아내에게 모든 것을 털어놓았다.

"그 일 때문에 그렇게 슬퍼하신 거군요. 방법이 있어요. 그것은 임무가 아니라 애들 장난예요. 신에게 기도를 드리고 푹 주무세요. 사람은 저녁보다 아침에 더욱 지혜로워지는 법이니까요. 모든 일이 잘될 거예요."

남편은 곧 잠이 들었다. 그러나 아내는 잠자리에 드는 대신 현관으로 나가 자신의 마법책을 펼쳤다. 그러자 초자연적인 힘을 가진 두 용사가 즉시 그녀 앞에 나타났다.

"무엇을 도와드릴까요?"

"아홉의 세 곱절 나라 너머 열의 세 곱절 왕국에 있는 섬에 가서 황금 뿔이 달린 수사슴을 잡아 이리로 데려오너라."

"알았습니다! 새벽 무렵까지 모든 것이 준비될 것입니다."

젊은 용사들은 회오리바람처럼 바로 그 섬으로 날아갔고 황금 뿔이 달린 수사슴을 낚아채서 곧장 사수 페도트의 집 마당으로 데려왔다. 그들은 날이 밝기 한 시간 전에 이 모든 일을 마치고 흔적도 없이 사라졌다. 페도트의 아름다운 아내는 조금 일찍 자신의 남편을 깨우며 그에게 말했다.

"나가서 마당에서 놀고 있는 황금 뿔이 달린 수사슴을 보세요. 저 사슴을 배에 태우고 닷새 동안만 항해하다가 엿새째 되는 날 되돌아오기 시작하세요."

페도트는 수사슴을 우리에 넣고 잠근 다음 배에 실었다.

"그게 뭐요?" 하고 선원들이 물었다.

"여러 가지 비상 식량과 약초들이오. 오랜 여행이 될 테니 필요한 것이 적지 않을 것이오."

항구에서 배가 출항할 시간이 되었고 많은 사람들이 전송하러 모여들었고 왕 또한 그곳에 와서는 페도트와 작별을 하며 그를 선장으로 임명했다. 페도트는 해안에서 멀리 떨어지지 않은 바다에서 닷새 동안 항해를 했다. 그러면서 마흔여 개의 술통을 갑판 위에 내오라고 명령하고는 말했다.

"마시게나, 형제들! 실컷 마시게!"

선원들은 몹시 기뻐서 술통으로 달려들어 실컷 퍼마시고는 술통

옆에 고꾸라져 깊은 잠에 빠졌다. 사수인 페도트가 키를 잡고 배를 해안 쪽으로 돌려 항해하기 시작했다. 선원들이 이 사실을 눈치 채지 못하도록 아침부터 밤까지 그들을 곤드레만드레 취하게 만들었고 선원들이 술에서 깨어나면 새로운 술통을 준비해서 해장술을 마시라고 유혹했다.

바로 열하루째 되던 날에 배는 항구에 도착했다. 페도트는 닻을 내리고 대포를 발사하기 시작했다. 대포 소리를 들은 왕은 무슨 일인가 해서 곧장 항구로 왔다. 왕은 사수를 보자 화를 내며 그에게 소리쳤다.

"네놈이 어떻게 시간도 되기 전에 돌아왔느냐?"

"제가 어디에 갔다 오는 것인데요, 전하? 다른 바보들은 10년 동안이나 바다에서 항해하고도 아무 일도 하지 못하지만, 저희들은 6년이 아니라 단 열흘 만에 항해를 하고 전하께서 내린 명을 완수했습니다. 황금 뿔이 달린 수사슴은 안 보시렵니까?"

선원들이 즉시 배에서 우리를 내렸고 황금 뿔이 달린 수사슴을 끌어냈다. 왕은 사수 페도트의 말이 옳음을 알고는 그를 어찌할 수가 없었다. 왕은 페도트에게 집에 가도록 허락했고 선원들에게는 6년 동안의 병역을 면제해 주었다. 그들은 6년 몫의 병역 의무를 다했으므로 어느 누구도 그들에게 복무를 요구할 수 없게 되었다.

다음 날 왕은 궁전 집사를 불러서 위협하며 큰 소리로 꾸짖었다.

"자네 나와 농담하는 겐가? 자네에게 목숨이 그리 소중하지 않다 이거지! 사수 페도트를 처치할 방법을 전혀 모르겠다 이거지?"

"전하! 제발 시정할 수 있도록 생각할 시간을 주십시오."

궁전 집사는 공터를 따라 걷다가 우연히 바바 야가와 만나게 되었다.

● ──바바 야가를 묘사한 18세기 목판화. 돼지를 타고 왼손에 절구공이를 든 모습으로 나타나 있다.

"왕의 신하 양반! 나는 자네의 생각을 전부 알고 있지. 내가 자네를 도와줄까?"

"도와주시오, 할멈! 글쎄 사수 페도트가 황금 뿔이 달린 수사슴을 데리고 돌아왔다오."

"아, 이미 들었지! 페도트 자신은 단순하니 그를 없애는 일은 담배를 세 손가락으로 드는 것만큼 쉬운 일이지! 그러나 그의 아내는 보통 영리한 것이 아냐. 자, 그렇다면 우리는 그녀가 그렇게 빨리 해결할 수 없는 문제를 풀도록 시키면 되겠지. 왕에게 가서 이렇게 말하게. 사수 페도트에게 모르는 곳에 가서 모르는 것을 가져오라고 시키도록 하게. 그러면 그는 영원히 임무를 다하지 못할 것이고 그래서 완전히 흔적도 없이 사라지거나 빈손으로 돌아올 거야."

궁전 집사는 바바 야가에게 황금으로 사례를 하고 나서 왕에게로 달려갔고 왕은 다 듣고 나서 페도트를 부르라고 분부를 내렸다.

"자, 페도트여, 자네는 부대에서 가장 용감한 최고의 사수일세. 자네는 한 가지 임무를 수행하여 황금 뿔이 달린 수사슴을 데려왔지. 이제 또 한 가지 일을 해 주게나. 모르는 곳으로 가서 모르는 것을 가져오도록 하게. 그렇지만 기억하게. 만일 자네가 그것을 가져오지 못하면 내 칼이 자네의 목을 내려칠 거야!"

페도트는 뒤돌아서 궁궐을 나섰고 몹시 상심해서 집에 돌아왔다. 그의 아내가 물었다.

"여보, 무슨 걱정이 있으세요? 아니면 어떤 불행한 일이 있나요?"

"아, 한 가지 시름을 목에서 내려놓으니 또 다른 시름이 덮쳐 오는군. 모르는 곳으로 가서 모르는 것을 가져오라고 왕이 분부를 내렸소. 당신의 아름다움 때문에 내가 이 모든 불행을 떠맡는 거요!"

"그렇군요, 이것은 간단한 일이 아니군요. 그곳에 가려면 9년을 가야 하고 9년이 걸려야 돌아올 테니 총 18년이 걸리겠군요. 그리고 결과도 신만이 아시겠지요!"

"그렇다면 어떻게 해야겠소?"

"신에게 기도를 드리고 푹 주무세요. 사람은 저녁보다 아침에 더욱 지혜로워지는 법이니까요. 내일이면 모든 일을 알게 될 거예요."

남편은 곧 잠이 들었다. 그러나 아내는 잠자리에 드는 대신 현관으로 나가 자신의 마법책을 펼쳤다. 그러자 초자연적인 힘을 가진 두 용사가 즉시 그녀 앞에 나타났다.

"무엇을 도와드릴까요?"

"모르는 곳으로 가서 모르는 것을 가져오는 방법을 알지 못하느냐?"

"예, 모르겠습니다."

그녀가 책을 덮자 젊은이들이 시야에서 사라졌다. 다음 날 아침, 사수의 아내는 남편을 깨웠다.

"왕에게 가서 여행에 쓸 황금을 달라고 하세요. 당신은 18년 동안 돌아다니게 될 거예요. 그리고 돈을 받은 후엔 제게 작별 인사를 하러 들러주세요."

사수는 왕에게 가서 보물 창고에서 황금 한 자루를 받고 나서 아내에게 작별 인사를 하러 왔다. 아내는 남편에게 손수건과 작은 공을 주면서 말했다.

"도시 밖으로 나가게 되면 이 작은 공을 앞쪽으로 던지세요. 그리고 공이 굴러가는 곳으로 당신도 따라가세요. 이것은 제가 만든 손수건이에요. 어디에 계시든 세수를 하고는 이 수건으로 얼굴을 닦으세요."

사수 페도트는 아내 그리고 동료들과 작별 인사를 나눈 후 사방으로 절을 한 다음 도시의 초소를 넘어 나아갔다. 그가 아내가 준 작은 공을 앞쪽으로 굴리자 공이 계속 굴러갔다. 그는 그 작은 공의 뒤를 따라갔다.

페도트가 떠난 지 한 달이 흘렀다. 왕은 궁전 집사를 불러 말했다.

"사수 페도트는 18년 동안 세상을 돌아다니러 떠났고 필시 무사하지 못할 것이다. 18년은 두 주가 아니지. 길에서 적잖은 일이 생길 것이야! 그는 많은 돈을 갖고 있으니 아마 강도들이 그를 강탈하고 잔인하게 죽일 테지. 이제 그의 아내를 차지해도 될 것 같다. 나의 마차를 페도트의 집으로 몰고 가서 그의 아내를 궁궐로 데려오도록 해라."

궁전 집사는 페도트의 집으로 떠났고 페도트의 아름다운 아내에게 도착했다. 그리고 집 안으로 들어가서는 말했다.

"안녕하시오, 현명한 여인이여. 왕께서 당신을 궁궐로 모셔오라고 분부하셨다오."

그녀가 궁궐에 도착하자 왕은 그녀를 기쁘게 맞이했고 금박을 입힌 방으로 안내하며 물었다.

"왕비가 되어 주지 않겠소? 당신을 아내로 맞고 싶소."

"남편이 살아 있는 여인을 아내로 취한다는 것을 어디서 보았고 어디서 들으셨습니까? 비록 일개 사수에 불과하지만 그는 저의 합법적인 남편입니다."

페도트의 아내가 이처럼 단박에 거절하자 왕은 화를 버럭 내며 소리쳤다.

"당신이 순순히 따르지 않는다면 강제로 결혼하는 수밖에!"

그러나 페도트의 아내는 미소를 띠고는 바닥에서 재주를 넘더니 한 마리 비둘기로 변해서 창으로 날아가 버렸다.

한편 페도트는 수많은 왕국과 나라를 지나갔지만 작은 공은 계속 굴러갔다. 공은 강을 만나면 늘어나서 다리가 되었고 페도트가 쉬기를 원하면 펼쳐져서 폭신한 침대가 되었다.

이야기에서는 빠르게 얘기되지만 실제로는 그렇지 않은 법인데 어쨌든 얼마간의 시간이 지나자 사수는 커다란 궁궐에 다다랐다. 공은 궁궐의 문에 다다라서는 갑자기 사라졌다. 사수는 어찌할 것인지 생각하고 생각했다. 이윽고 그는 곧장 가기로 결심하고 계단을 따라 올라갔고 거기에 있는 방에 이르러 그 안에 들어갔다. 그러자 아름다운 아가씨 셋이 그를 맞이했다. 처녀들은 페도트를 보자 물었다.

"선량한 젊은 양반, 어디에서 무슨 연유로 오셨습니까?"

"아, 아름다운 아가씨들. 긴 여정에서 막 도착한 제게 쉴 틈도 주지 않고 질문부터 하시는군요. 먼저 먹고 마실 것을 대접하고 좀 쉬게 한 뒤 묻는 것이 아닌가요?"[2]

아가씨들은 즉시 식탁을 차려 페도트를 앉히고는 먹고 마실 것을 준 다음 잠을 자도록 해 주었다.

페도트는 실컷 자고 나서 보드라운 침대에서 일어났다. 사랑스러운 아가씨들은 세숫대야와 수놓은 수건을 그에게로 가져왔다. 그는 대야에 담긴 샘물로 세수를 하고는 수건은 거절했다.

"제게도 수건이 있습니다. 그걸로 닦겠습니다."

그는 아내가 준 자신의 손수건을 꺼내어 얼굴을 닦기 시작했다. 그러자 아름다운 아가씨들이 그에게 물었다.

"선량한 젊은이여! 그 손수건을 어디서 얻었는지 말씀해 주시겠어요?"

"아내가 제게 주었습니다."

"당신은 틀림없이 저희 동생의 남편이군요!"

아가씨들은 노모를 불렀고 그녀들의 어머니가 나타나 페도트의 손수건을 금세 알아보았다.

"이것은 내 딸의 솜씨로다!"

그녀는 페도트에게 여러 질문을 캐물었고 페도트는 자신이 그녀의 딸과 결혼하게 된 경위와 왕이 자신에게 모르는 곳으로 가서 모르는 것을 가져오도록 보냈다는 말을 그녀에게 해 주었다.

"아, 사위! 나조차도 그런 놀라운 것에 대해서는 들어보지 못했네! 잠시만 기다려 보게. 아마도 내 하인들은 알고 있을 게야."

노파는 현관으로 나가서 큰 소리로 외쳤다. 그러자 갑자기 어디서 나타났는지 갖가지 짐승들이 달려오고 갖가지 새들이 날아왔다.

"잘 왔구나, 숲의 짐승들과 하늘의 새들이여! 너희 짐승들은 모든 곳을 뛰어다니고 너희 새들은 사방을 날아다니니, 모르는 곳으로 가서 모르는 것을 가지고 오는 방법을 들어보았겠지?"

모든 짐승과 새들은 이구동성으로 대답했다.

"아니요, 그런 것에 대해서는 들어보지 못했는데요."

노파는 그들을 덤불과 숲으로 돌려보내고 방으로 돌아와 마법의 책을 들어 펼쳤다. 그러자 즉시 거인 두 명이 나타났다.

"무엇을 도와드릴까요?"

"자, 나의 충실한 하인들이여! 나와 사위를 드넓은 바다에 데리고 가서 가장 깊은 바다 한가운데에 내려놓게."

그러자 그들은 즉시 사수 페도트와 노파를 잡고는 마치 격렬한 폭풍처럼 거칠고 광활한 바다로 데리고 가서 가장 깊은 바다 한가운데에 세웠다. 그들은 마치 기둥처럼 서서 사수와 노파를 손으로 잡고 있었다. 노파가 큰 소리로 외치자 모든 파충류들과 물고기들이 그녀에게로 헤엄쳐 와서 모여들었다. 그 무리들 때문에 푸른 바다가 보이지 않을 지경이었다.

"잘 왔구나, 파충류들과 물고기들이여! 너희들은 모든 곳을 헤엄쳐 다니며 모든 섬에 다 가보았으니 모르는 곳으로 가서 모르는 것을 가지고 오는 방법을 들어보았겠지?"

모든 파충류들과 물고기들이 이구동성으로 대답했다.

"아니요, 그런 것에 대해서는 듣지 못했는데요."

그때 갑자기 서른 해 넘게 은둔해서 살아가던 늙은 절름발이 개구리가 다른 생물들을 밀치고 앞으로 튀어나와서는 말했다.

"개굴! 저는 그 경이로운 것을 어디에서 찾을 수 있는지 알고 있어요."

"그래, 바로 네가 필요하구나."

노파는 이렇게 말하고 개구리를 잡더니 거인들에게 자신과 사위를 집으로 데려가라고 명령을 내렸다. 순식간에 그들은 노파의 궁전에 다다랐다. 노파가 개구리에게 물었다.

"내 사위가 어느 길로 어떻게 가야 하지?"

개구리가 대답했다.

"그 장소는 세상의 끝에 있어요. 아주 멀지요! 제가 직접 그를 안내하면 좋으련만 전 이미 너무 늙어서 거의 걸을 수도 없어요. 제기 앞장서면 50년이 걸려도 그곳에 당도하지 못할 거예요."

노파는 큰 병을 가져와 신선한 우유를 그곳에 따른 후 개구리를 넣고는 사위 페도트에게 주었다.

"이 병을 손에 들고 가게. 그러면 개구리가 길을 안내할 거야."

페도트는 개구리가 든 병을 받아들고 노파와 그 딸들에게 작별 인사를 하고 나서 길을 떠났다. 그는 개구리가 알려주는 대로 나아갔다. 얼마를 갔을까. 사수는 불의 강에 이르렀다. 그 강 너머에는 높은 산이 서 있었고 그 산에는 문이 하나 보였다.

"개굴개굴! 나를 병에서 꺼내게. 우리는 이 강을 건너가야 하니까."

개구리가 말했다. 사수는 개구리를 병에서 꺼내 땅에 내려놓았다.

"자, 선량한 젊은이! 내 등에 타게. 겁내지 말게. 숨이 막히게 되지는 않을 테니!"

사수가 개구리의 등에 타자 개구리는 땅바닥에 닿도록 납작해졌다. 그러나 곧 부풀기 시작하더니 마치 건초 더미처럼 크게 부풀어 올랐다.

'떨어지면 끝장이다!'

사수는 어떻게 하면 떨어지지 않을 수 있는가 하는 한 가지 생각뿐이었다.

팽팽하게, 더 이상 부풀 수 없을 정도로 커진 개구리는 펄쩍 뛰어 불의 강을 건너고는 다시 전처럼 작아졌다.

"선량한 젊은이, 이제 저 문으로 들어가게. 나는 여기서 자네를 기다릴 테니. 동굴로 들어가서는 잘 숨도록 하게. 시간이 좀 흐르면 노인 두 명이 그 동굴로 들어올 거야. 그들이 무슨 말을 하고 어떻게 하는지 잘 지켜보게. 그리고 나중에 그들이 떠나면 자네도 그들이 한 대로 그렇게 말하고 행동하게!"

페도트는 산으로 가서 문을 열었다. 동굴 속은 한 치 앞도 안 보일 만큼 깜깜했다. 그는 기어 들어가서는 손으로 더듬기 시작했다. 그리고 빈 장롱을 발견하고는 그 안에 들어가서 문을 닫았다. 마침내 얼마가 지난 후 노인 두 명이 동굴 안으로 들어와서는 말을 했다.

"여보게, 쉬마트 라줌! 우리에게 먹을 것을 주게."

그러자마자 어디서 나타났는지 샹들리에의 초에 불이 붙고 접시와 그릇들이 달그락거리더니 식탁 위에 갖가지의 술과 음식들이 나타났다. 노인들은 실컷 먹고 마시고는 명령을 내렸다.

"여보게, 쉬마트 라줌[각은 이성(理性)이라는 뜻]! 모두 치우게."

그러자 갑자기 아무 일도 없었다는 듯이 식탁도 술도 음식도 샹들리에도 모두 사라졌다. 시간이 좀 지나서 노인들이 떠난 것을 알아차린 사수는 장롱에서 나와서는 외쳤다.

"여보게, 쉬마트 라줌!"

"무엇을 도와드릴까요?"

"나에게 먹을 것을 주게!"

다시 불 켜진 샹들리에가 나타나고 식탁이 차려지고 식탁 위에 온갖 종류의 술과 음식들이 나타났다. 사수 페도트는 식탁에 앉고는 말했다.

"여보게, 쉬마트 라줌! 나와 함께 앉게나, 형제여. 함께 앉아서 들자고. 나 혼자는 심심하잖아."

보이지 않는 음성이 대답했다.

"아, 선량한 젊은이여! 신께서 어디에서 당신을 보내신 건가요? 내가 두 노인을 충직하고 성실하게 섬겨 온 지가 곧 30년이 되지만 그 동안 그들은 단 한번도 나에게 함께 식사하자고 권한 적이 없었습니다."

그렇게 목소리가 들린 후 곧 페도트는 보이지 않는 것이 마치 빗자루로 쓸 듯이 음식들을 접시에서 가져가고 술병들이 저절로 들어올려져 잔에 술이 차고 비는 것을 보고 놀랐다. 사수는 실컷 먹고 마시고 난 후 말했다.

● ─ 러시아 민담

"여보게, 쉬마트 라줌! 나를 위해 봉사를 하겠나? 나와 함께 하는 삶은 즐거울 거야."

"어째서 싫겠습니까! 오래전부터 저는 이곳이 지겨웠습니다. 그리고 보아하니, 당신은 선량한 사람인걸요."

"자, 어서 치우고 나와 함께 가세."

페도트가 동굴 밖으로 나와 뒤를 돌아보았지만 아무도 보이지 않았다.

"쉬마트 라줌! 자네 여기 있나?"

"네, 여기 있어요. 걱정하지 마세요. 당신을 떠나지 않을 테니까요."

"알았네."

사수는 대답하고 개구리 등에 탔다. 개구리는 다시 부풀어올랐고 불의 강을 건너뛰었다. 그러고 나서 사수는 개구리를 병에 담고는 장모의 성을 향해 되돌아갔다. 페도트는 장모의 집에 도착해서 자신의 새로운 하인에게 장모와 그녀의 딸들을 위해 즐겁게 식사를 대접토록 했다. 쉬마트 라줌은 노파가 기쁨에 겨워 춤을 출 지경으로 그들을 즐겁게 해주었으며 길을 안내해 준 개구리에게 수고한 대가로 날마다 세 병씩 우유를 주도록 하였다. 사수는 장모와 작별 인사를 하고 집으로 향했다. 걷고 또 걸은 페도트는 완전히 녹초가 되어서, 민첩한 다리에서 힘이 빠지고 하얀 두 팔은 축 늘어졌다.

"아, 쉬마트 라줌! 내가 얼마나 지쳤는지 자네가 알 수 있을까? 내 다리가 마비되었어."

"왜 진작 말하지 않았습니까? 당신이 원하는 곳으로 데려다 드렸을 텐데."

즉시 페도트는 격렬한 강풍에 휩싸여 머리에서 모자가 벗겨질 정도로 공중으로 날아갔다.

"이보게, 쉬마트 라줌! 잠깐만 멈추게. 내 모자가 날아가 버렸어!"

"다시 줍기에는 너무 늦었어요. 주인님! 당신의 모자는 이미 5000베르스타¹베르스타는 1.067킬로미터 뒤에 떨어져 있어요."

도시들과 마을들과 강들과 숲들이 사수의 발 아래로 휙휙 지나갔다. 이제 사수가 깊은 바다 위를 날고 있을 때 쉬마트 라줌이 말했다.

"이 바다 위에 황금 정자를 만들까요? 그러면 좀 쉴 수도 있고 행운도 얻게 될 거예요."

"그럼, 만들어 보게!"

페도트가 말하자 그는 바다를 향해 몸이 내려가고 있는 걸 느꼈다. 방금 전만 해도 파도가 일렁이던 곳에 갑자기 작은 섬이 하나 나타났고 그 섬에 황금 정자가 생겨났다. 쉬마트 라줌이 사수 페도트에게 말했다.

"정자에 앉아 쉬면서 바다를 둘러보고 계세요. 상선이 세 척 지나다가 섬에 정박할 거예요. 상인들을 초대해서 대접하고 상인들이 싣고 가는 세 가지 신기한 물건과 저를 바꾸세요. 저는 적당한 시기에 당신에게 다시 돌아올게요."

사수는 서쪽에서 배 세 척이 오고 있는 것을 보았다. 상인들의 배였다. 선주들은 섬과 황금 정자를 발견하고는 말했다.

"놀랍군! 우리가 매번 이곳을 항해할 때마다 물 이외에는 아무것도 없었는데, 놀랍게도 황금 정자가 나타나다니! 여보게들, 정박해서 구경이나 하세."

그들은 배를 멈추고 닻을 내린 후 조그만 보트에 타고 섬으로 갔다.

"안녕하시오, 젊은 양반!"

"안녕하시오, 외국의 상인 양반들! 어서 오셔서 즐겁게 보내시오. 이 정자는 지나는 손님들을 위하여 특별히 만든 것이오!"

상인들이 이 말에 기뻐하며 정자로 들어와서 의자에 앉자 페도트는 외쳤다.

"여보게, 쉬마트 라줌, 우리에게 먹고 마실 것 좀 주게나!"

그러자 갑자기 식탁이 나타났고 식탁 위에 술과 음식이 차려졌다. 뿐만 아니라 원하기만 하면 모든 것이 순식간에 나타났다! 상인들은 단지 놀랄 뿐이었다.

"우리 서로 바꿉시다! 우리에게 당신의 하인을 주고 그 대신에 당신은 우리가 가지고 있는 신기한 물건 중에서 아무거나 가지시오."

"어떤 신기한 물건들이 있소?"

"한번 보시오."

한 상인이 주머니에서 작은 상자 하나를 꺼내서는 그것을 열었다. 그러자 온 섬에 꽃들과 오솔길로 가득 찬 멋진 정원이 펼쳐졌다. 그러나 상자를 닫자 정원은 곧 시라졌다.

다른 상인이 옷자락 아래에서 도끼를 꺼내 뚝딱거리니 배 한 척이 완성되었다. 다시 한 번 뚝딱거리자 배 한 척이 또 완성됐다! 그가 백 번을 뚝딱거리니 돛과 대포와 선원들이 갖추어진 백 척의 배가 완성되었다. 배들이 바다에 떴고 대포가 꽝꽝거렸다. 늠름한 선원들이 상인에게 명령을 내려달라고 했다. 상인은 이 모든 것을 즐기고는 도끼를 감추었다. 그러자 배들은 마치 아무 일도 없었던 듯 사라졌다.

또 다른 상인은 뿔피리를 하나 꺼내 피리의 한쪽 끝을 불었다. 그러자 즉시 군대가 나타났다. 소총과 대포, 깃발을 갖춘 보병대와 기병대가 등장했다. 모든 연대로부터 상인에게 보고가 들어왔고 그는 그들에게 명령을 내렸다. 병사들은 행진을 했고 음악이 울려퍼졌고 깃발이 펄럭였다. 상인은 군대의 행렬을 즐기고는 피리의 다른 쪽 끝을 불었다. 그러자 모든 군대가 사라졌다!

"당신들의 신기한 물건들은 훌륭하군요. 그러나 내게는 쓸모가 없겠소. 군대와 함대는 왕을 위한 것인데 나는 일개 병사일 뿐이오. 만일 내 물건과 바꾸고 싶다면, 내 신기한 하인 한 명을 당신들의 세 가지 물건 모두와 바꿉시다."

"너무 무리한 요구가 아니오?"

"좋으실 대로 하시오. 조건이 내키지 않으면 나도 바꾸지 않겠소!"

상인들은 '이 정원과 군대와 함대들이 우리에게 무슨 소용이 있담? 바꾸는 것이 낫겠다. 적어도 아무런 근심 없이 실컷 먹고 마실 수 있을 거야.' 하고 생각했다.

상인들은 자신들의 신기한 물건들을 사수에게 주며 말했다.

"여봐라, 쉬마트 라줌. 이제 우리가 너를 데려갈 거다. 충직하고 진실하게 우리를 섬기겠느냐?"

"봉사하지 않을 이유가 없지요. 누구와 함께 살든 제게는 매한가지입니다."

상인들은 자신들의 배로 돌아와 모든 선원들에게 술과 음식을 주라고 외쳤다.

"자, 쉬마트 라줌. 어서 빨리 움직여라!"

모든 선원들이 쉬마트 라줌 덕에 실컷 먹고 마시고는 술에 취하여 깊은 잠에 빠졌다. 한편 사수는 황금 정자에 앉아 걱정하며 말했다.

"아, 안타깝구나! 나의 충직한 하인 쉬마트 라줌은 지금 어디에 있는 거지?"

"저는 여기 있습니다, 주인님!"

사수는 몹시 기뻐하며 말했다.

"이제 집으로 돌아갈 시간이 아닌가?"

페도트가 그렇게 말을 하자마자 갑자기 격렬한 회오리바람이 그를 휩싸더니 허공으로 날려보냈다.

한편 상인들은 잠에서 깨어나서 취기를 없앨 무언가를 마시고 싶었다.

"이봐, 쉬마트 라줌, 우리에게 해장할 것을 줘!"

그러나 아무도 대답을 하지 않았고 아무도 시중들지 않았다. 그들이 아무리 소리치고 명령을 내려도 전혀 소용없었다.

"아, 여보게들! 그놈이 우리를 속였어. 이제 어느 누구도 그 녀석을 못 찾을 거야! 섬도 사라졌고 황금 정자도 온데간데없어."

상인들은 몹시 한탄하며 돛을 올리고 가야만 하는 곳으로 떠났다.

사수 페도트는 자신의 고국으로 신속하게 날아와서 푸른 바다 근처 빈터에 내렸다.

"이보게, 쉬마트 라줌! 이곳에 궁궐을 한 채 지으면 안 될까?"

"왜 안 되겠어요! 곧 준비될 것입니다."

순식간에 말로 다할 수 없는 멋진 궁궐이 들어섰다. 그 궁궐은 왕의 궁궐보다 두 배는 더 근사했다. 페도트가 작은 상자를 열자 궁궐 주위에는 희귀한 나무와 꽃들로 가득한 정원이 나타났다. 페도트가 열려진 창가에 앉아 정원을 감상하고 있는데 갑자기 비둘기 한 마리가 창으로 날아 들어와 땅에서 재주를 넘더니 그의 아름다운 아내로 변했다. 그들은 서로 끌어안고 인사를 나눴고 서로의 안부를 묻고는 그동안의 이야기를 나누었다.

아내는 페도트에게 말했다

"당신이 집을 떠난 때부터 저는 푸른 비둘기가 되어 숲과 덤불 속을 계속해서 날아다녔어요."

다음 날 아침 왕이 발코니로 나가서 푸른 바다를 바라보고 있는데 문득 바닷가에 새로운 궁궐이 한 채 서 있고 궁궐 주위에 푸른 정원이 펼쳐져 있는 것이 보였다.

"어떤 놈이 내 땅에다 감히 허락도 없이 궁궐을 지을 생각을 했지?"

전령이 달려가서 알아보고는 그 궁궐이 사수 페도트가 지은 것이며 페도트 자신과 그의 아내가 그곳에 살고 있다는 보고를 올렸다. 왕은 더욱 분개하여 군대를 소집해서 바닷가로 보내 정원을 황폐화시키고 궁궐을 부숴버리고 사수와 그의 아내를 잔인하게 죽이라고 명령을 내렸다.

사수 페도트는 왕의 강력한 부대가 자신에게로 오고 있는 것을 보고는 신속하게 도끼를 잡아 한 번 휘둘렀다. 그러자 배 한 척이 완성되었다! 이윽고 그가 도끼를 백 번 휘두르니 백 척의 배들이 만들어졌다. 이제 페도트가 뿔피리를 꺼내 한 번 불자 보병 부대가 쏟아져 나왔고 한 번 더 불자 기병 부대가 나타났다.

부대의 사령관들은 페도트에게 달려왔고 함대들은 명령을 기다리고 있었다. 페도트는 전투를 시작하라고 명령을 내렸다. 즉시 음악이 연주되고 북소리가 울려퍼지며 부대는 앞으로 진격했다. 보병대는 왕의 군인들을 부수었고 기병대들은 도망가는 그들을 쫓아가서 포로로 잡았다. 그리고 함선에서는 왕이 있는 수도를 향해 대포들이 불을 뿜었다.

왕은 자신의 군대가 도망치고 있는 것을 보고는 그들을 제지하러 달려들었지만 어림없었다. 30분도 지나지 않아 그들은 왕을 살해했다. 그리고 전투가 끝났다.

사람들이 페도트의 아래에 모여들어 그가 왕국을 통치할 것을 요청했다. 그리하여 페도트는 왕이 되었으며 그의 아내는 왕비가 되어 나라를 다스렸다.

●──주

1 상투 어구로서 여정을 자세히 묘사하지 않는 특성을 보여준다. "길은 짧거나 길거나 하였고, 시간은 빠르게든 느리게든 지나갔다."라는 식으로 쓰이기도 한다.
2 여정에 대한 질문에 상관없이 음식을 요구하는 것은 새로운 세계로 들어가기 위한 준비가 된 자임을 나타낸다. 음식을 먹고 쉼으로써 다른 세계로 들어가게 되는 구조이다.

마녀 여동생과 태양 누님

 오랜 옛날 어떤 왕국을 다스리는 왕과 왕비가 있었다. 그들 사이에 이반이라는 왕자가 태어났는데 불행하게도 이반 왕자는 자라면서 말을 하지 않게 되었다.
 이반 왕자는 이미 어린 소년일 때부터 말을 아주 좋아해 항상 마구간에 놀러 가곤 했는데, 그곳에는 그에게 항상 옛날이야기를 들려주는 마구간지기도 있었다. 그러던 어느 날 이반 왕자는 마구간지기에게서 옛날이야기 대신 이런 말을 들었다.
 "이반 왕자님, 왕비님께서는 곧 딸을 낳으실 것입니다. 그런데 그의 여동생은 무서운 마녀입니다. 그녀는 어머니와 아버지 그리고 모든 궁전 대신들을 잡아먹을 것이고, 만일 당신이 어디로든 도망가지 않는다면 당신도 해칠 것입니다. 그러니 아버님에게 가서 온 마구간의 말들 중 가장 좋은 말을 달라고 하셔서 무사히 떠나십시오. 오직 당신만이 이 재난을 피할 수 있습니다."
 이반 왕자는 너무 놀라 왕에게 달려가서 처음으로 아버지와 얘기하기 시작했다. 왕은 그가 말을 했다는 사실만으로도 매우 기뻐서 그에게 왜 말이 필요한지 묻지도 않고 왕자에게 가장 좋은 말을 골라 주라고 명령하고는 그를 위해 말 위에 안장까지 얹어 주었다. 이반 왕자는 말 위로 뛰어올라 발길 닿는 대로 달려갔다. 그는 달리고 또 달려 두 늙은 여자 재봉사들을 만났다. 왕자가 말했다.

"아주머니, 저를 여기서 살게 해 주세요."

재봉사들이 이반에게 대답했다.

"이반 왕자님, 당신을 받아주면 우리도 기쁘겠지만, 우리는 이제 너무 나이가 들어서 얼마 오래 못 살아요. 우리는 이 바늘 상자를 못 쓰게 만들고 실 상자를 다 쓰면 죽는답니다!"

이반 왕자는 서럽게 울었고 길을 계속 갔다. 그리고 달리고 또 달려서는 참나무 숲에 다다랐다. 거기서 그는 한 농부가 나무를 뽑아내고 있는 것을 보았다.

왕자가 그 남자에게 말했다.

"나무 뽑는 아저씨, 저를 당신과 함께 살게 해 주세요."

"당신을 데려갈 수가 없어요, 이반 왕자님. 저는 살 날이 얼마 남아 있지 않아요. 바로 이 참나무들을 뿌리째 다 뽑고 나면 저는 죽는답니다."

이반 왕자는 다시 서럽게 울었고 길을 또 달려갔다. 달리고 또 달려서는 산을 옮겨놓는 사람을 만났다. 이반 왕자가 말했다.

"산을 옮겨놓는 아저씨, 저를 당신과 함께 살게 해 주세요."

"이반 왕자님, 당신을 데려가면 저도 기쁘겠지만 그럴 수가 없습니다. 이 남은 산들을 옮겨놓는 일들을 다 끝내고 나면 저는 죽습니다."

왕자는 또 서럽게 울었고 계속 더 달렸다. 달리고 또 달린 그는 손체바(태양이라는 뜻) 누님에게 왔다. 마치 친누나처럼 손체바는 이반을 맞아주고 어머니같이 그를 돌봐주며 먹을 것과 마실 것을 주었다. 이반은 여기서 사는 것이 아주 좋았지만 아무리 그러지 않으려고 애써도 자꾸만 슬퍼졌다. 집에서 일어나고 있을 일이 생각나기 때문이었다. 산에서는 궁전을 볼 수 있었기 때문에 이반은 종종 아침에 일어나면 산에 올라가 궁전을 바라다보았다. 궁전에서는 모든 것이 잡아먹히고 단지 벽 하나만이 남아 있었다. 그렇게 파괴된 모습을 보면서 왕자는 뜨거운 눈물을 흘렸다. 그런데 한번은 그렇게 울면서 집에 돌아왔는데 손체바 누님이 이반에게 물었다.

"무엇 때문에 울었니, 이반 왕자?"

"바람을 맞아 눈이 부었을 뿐입니다."

이반 왕자가 대답했다.

다른 날 손체바 누님은 이반의 눈이 빨갛게 되어 있는 것을 보고 왜 눈이 빨간지 물었다.

"바람 때문에 그래요."

이반 왕자가 대답했다.

이 말을 들은 손체바 누님이 바람에게 불지 말라고 명령했다. 세번째로 이반 왕자가 울면서 집에 돌아왔을 때 그는 하는 수 없이 모든 것을 사실대로 이야기해야만 했다. 그리고 그는 손체바 누님에게 무슨 일이 벌어졌는지 보러 집에 다녀오겠다고 졸랐다. 이반이 오랫동안 졸랐으므로 마침내 그녀는 이반에게 젊어지게 만드는 사과 두 개를 주었다. 늙은이가 이 사과를 먹으면 곧 젊게 된다는 것이었다. 그 외에도 그녀는 솔과 빗을 그에게 주었다.

이반 왕자는 길을 떠났고 제일 먼저 산을 옮겨놓는 아저씨에게 갔다. 그런데 그 사람에게는 산이 하나밖에 남아 있지 않았다. 그래서 이반 왕자가 솥을 집어 넓은 들에 던지자 갑자기 땅 밑에서 하늘에 닿을 것 같은 높은 산들이 솟아올랐다. 산들이 너무나 많이 생겨 셀 수도 없었다. 산을 옮기는 아저씨는 너무나도 기뻐하며 즐겁게 일을 하기 시작했다.

그 다음 이반 왕자는 길을 더 가서 나무 뽑는 사람에게 이르렀다. 그런데 나무 뽑는 아저씨에게는 겨우 참나무 세 그루가 남아 있을 뿐이었다. 그래서 왕자는 빗을 꺼내서 그것을 넓은 들판에 던졌다. 그러자 갑자기 주변이 온통 소란스러워지더니 들판이 오래된 참나무 숲으로 변하는 것이었다. 나무 뽑는 사람은 몹시 기뻐하며 왕자에게 몹시 고마워했다. 그리고 그는 나무를 하나하나 뽑기 시작했다. 그 다음 이반 왕자는 길을 더 가서 바느질하는 늙은 재봉사들에게 갔다. 왕자는 그들에게 사과 하나씩을 주었다. 그들이 그 사과를 먹자마자 주름살이 사라지면서 젊어지고 활기가 넘쳤다. 그러자 재봉사들은 이반 왕자에게 고마워하며 선물로 손수건을 주었는데 그들이 말하기를 이 손수건을 흔들면 그 즉시 뒤에 호수가 생긴다는 것이었다.

드디어 왕자가 자기 집으로 돌아왔는데 그의 여동생이 그를 반기고 상냥하게 맞이하긴 했으나 기뻐하는 것 같지는 않았다. 여동생이 이반 왕자에게 말했다.

"앉아요, 오라버니, 잠깐 구슬리를 연주하고 계세요. 저는 그동안 식당에 가서 점심을 준비하죠."

왕자는 아무 의심 없이 구슬리를 앞에 놓고 그것을 연주하였다. 그런데 갑자기 그의 앞으로 쥐가 한 마리 나타나더니 그에게 말했다.

"이반 왕자님, 빨리 도망치세요! 당신 여동생은 당신을 잡아먹기 위해 이를 갈러 갔답니다."

그러자 이반 왕자는 즉시 궁전에서 나와 말에 올라타고 오던 길로 급히 돌아갔고 이반을 대신해 쥐가 구슬리 줄 사이를 뛰어다니며 소리를 냈다. 여동생은 구슬리가 울리는 소리를 들으며 오빠가 연주하고 있다고 생각했다. 날카롭게 이를 다 갈고 그녀가 방으로 왔을 때 거기에는 아무도 없고 단지 구멍으로 쥐가 재빨리 움직이는 것만이 보였다. 화가 난 마녀는 이를 갈면서 오빠를 쫓아갔다.

요란스런 소리를 들은 이반 왕자가 뒤를 돌아다 봤을 때 여동생이 그를 쫓아오고 있는 것이 보였다. 이반이 즉시 선물 받은 손수건을 꺼내 뒤에 대고 흔들자 그의 뒤로 호수가 나타났다. 여동생인 마녀가 호수를 헤엄쳐 오는 동안 이반 왕자는 열심히 도망쳐 이윽고 간격이 조금 떨어졌다. 하지만 마녀가 호수를 다 건너자 재빨리 왕자를 쫓아와 조금 있으면 거의 잡힐 정도가 되었다. 이때 나무를 뽑는 사람이 이 광경을 보았다. 그는 곧 왕자가 마녀에게서 도망치고 있음을 짐작하고는 나무들을 콱콱 뽑아서 길에 쓰러뜨렸다. 그가 너무나도 열심히, 길에 담을 쌓을 정도로 나무를 넘어뜨렸기 때문에 마녀는 나무들을 이로 갈아서 길을 치워야만 되었다. 마녀가 이 일을 하고 있는 동안 이반 왕자는 더욱 멀리 도망갈 수 있었다. 그러나 마녀는 나무를 다 치워내고는 오빠를 쫓아 더 빠르게 달렸다. 이반 왕자가 한참을 도망가다 여동생이 그를 쫓아오는 소리를 듣자 히니 완전히 가까이에 와 있는 것이었나. 어떻게 해야만 할까? 그때 산을 옮기는 사람이 왕자가 마녀 동생에게 쫓기고 있는 모습을 보았다. 그는 가장 높은 산을 집어들어서는 마녀의 앞에 던져버렸고 그 위에 다른 산들을 계속해서 던졌다. 마녀는 이제 산을 넘어야만 했다. 그녀가 산을 기어오르고 내려가는 동안 왕자는 계속 말을 타고 달려가 잠시 동안은 멀리 도망갈 수 있었다. 하지만 역시 마녀가 산을 다 넘은 후 재빨리 오빠를 따라왔다. 그리고 이번에는 말을 잡을 정도로 가까이 온 마녀가 소리쳤다.

"이제 넌 내게서 벗어날 수 없어!"

무서워진 왕자는 말을 세게 몰아 손체바 누님의 궁전까지 달려갔다.

"손체바 누님! 손체바 누님! 창문을 열어 주세요!"

이반 왕자가 소리쳤다.

손체바 누님은 그의 외침을 듣고 서둘러 창문을 열었다. 왕자는 자기 말과 함께 그곳으로 뛰어들었다. 마녀는 오빠를 넘겨달라고 요구하기 시작했지만 손체바는 그녀의 말을 듣고 싶어하지 않았다. 그러자 마녀는 교활한 술책을 생각해 내고는 말했다.

"이반 왕자를 놔줘. 그리고 나와 함께 저울로 가서 몸무게를 재 보고 누가 더 무거운지 알아보자. 만약 내가 더 무거우면 내가 그를 잡아먹고, 그가 더 무거우면 그가 나를 죽여도 좋아."

그래서 그들은 저울로 갔다. 이반 왕자가 먼저 저울에 앉았다. 그리고 막 마녀가 반대편에 앉으려고 발을 들여놓았을 때 이반 왕자는 위로 날아가 버렸다. 얼마나 높이 날아갔는지 곧장 손체바 누님의 궁전에 떨어질 정도였다.

홀로 땅에 남게 된 마녀는 분통을 터뜨리며 이를 갈았다.

개구리 공주

옛날 아주 오랜 옛날에 한 왕의 슬하에 아들이 셋 있었다. 아들들이 모두 자란 어느 날 왕이 아들 셋을 불러 말했다.

"아들아, 너희들은 각자 활을 만들어 화살을 쏘도록 해라. 어떤 여인이 그 화살을 주워오든 바로 그 여인이 신부가 될 것이다. 만일 쏜 화살을 아무도 가져오지 않으면 그 사람은 결혼하지 못할 것이다."

왕의 말에 왕자들은 활과 화살을 챙겨 성에서 화살을 쏘았다. 맏이가 쏜 화살은 어떤 공주가 주워왔다. 둘째 왕자가 쏜 화살은 어떤 장군의 딸이 주워왔다. 그런데 막내 왕자인 이반의 화살은 개구리가 연못에서 주워 가져왔다. 두 형들은 행복해서 기뻐했지만 이반 왕자는 고민에 빠졌다.

"어떻게 개구리와 함께 삽니까? 한평생 사는 것이 괴로울 거예요!"

● ― 개구리 공주
이반의 화살을 개구리가 주웠다. (이반 빌리빈의 삽화.)

울고 또 울었지만 어쩔 수 없었다. 이반 왕자는 개구리를 아내로 맞아들였다. 왕자들 모두는 결혼식을 올렸고 관례에 따라 신부인 개구리는 접시 위에 올려졌다. 이렇게 해서 이반 왕자와 개구리 신부가 함께 살게 되었다.

어느 날 왕은 왕자비들 중에서 누가 솜씨가 가장 좋은지 알아보기 위해 각자 선물을 하나씩 가져오도록 명령했다. 이반 왕자는 다시 우울해졌다.

'나의 개구리 신부가 도대체 무엇을 만들 수 있단 말인가? 모두가 비웃을 거야.'

그는 그런 생각에 울며 개구리를 보았지만 개구리는 바닥을 뛰어다니며 개굴개굴거릴 뿐이었다. 이반 왕자가 지쳐서 잠이 들자 개구리 신부는 거리로 뛰어나갔다. 그러더니 개구리 가죽을 벗어 버리고 아리따운 처녀로 변하는 것이었다. 그녀가 외쳤다.

"유모 어멈들! 무엇인가 만들어 줘요!"

그러자 어디선가 유모들이 나타났다. 그들은 굉장히 잘 만든 루바슈카(러시아 남성용 전통 의상으로 일종의 셔츠이며 깃, 앞단, 소맷부리 등에 화려한 수를 놓는다)를 가져왔다. 이반의 신부는 그것을 받아 곱게 개어서 이반 왕자 옆에 놓고는 아무 일도 없었던 듯 다시 개구리로 변했다! 다음 날 아침 이반 왕자는 잠에서 깨어나 루바슈카를 보고 매우 기뻐하며 그것을 들고 왕에게 달려갔다. 왕은 루바슈카를 받아서 보고는 감탄했다.

"와, 굉장한 루바슈카구나. 이것은 축제일에 입어야겠다!"

그러나 차남이 가져온 루바슈카를 보고는 "목욕탕에서나 입으면 어울리겠구나!" 하고 말했고 장남이 가져온 루바슈카를 보고는 "이것은 농부의 오두막에서나 입을 만하군!" 하고 말했다. 세 왕자들이 왕에게서 물러나온 후 이반의 두 형들은 생각했다.

"우리가 이반의 아내를 우습게 보아서는 안 돼. 그녀는 개구리가 아니라 마녀임에 틀림없어!"

며칠 후 왕은 며느리들에게 누가 가장 빵을 잘 만드는지 보자며 빵을 만들어서 대령하라고 명령을 내렸다. 이반의 형수들은 전에는 개구리를 비웃고 얕잡아보았지만 이번에는 막내가 어떻게 빵을 만드는지 엿보도록 하녀를 보냈다. 개구리 신부는 그 사실을 눈치 채고는 반죽을 한 다음 난로 위를 도려내고 그 구멍에 반죽을 쏟아 부었다. 이것을 본 하녀들이 달려와 위의 두 왕자비들에게 본 대로 말하자 그녀들도 똑같이 따라했다. 그러나 이것은 영리한 개구리 신부가 그들을 속인 것이었다. 개구리 신부는 즉시 난로에서 반죽을 모두 긁어내고 모든 것을 깨끗이 치운 후 마치 아무 일도 없었다는 듯이 회반죽을 발라 놓았다. 그리고 현관으로 나가서 개구리 가죽을 벗고는 외쳤다.

"유모 어멈들! 아버님이 일요일이나 축제일에만 드시던 것과 같은 빵을 지금 내게 구워다 주세요!"

유모 어멈들은 즉시 빵을 가져왔다. 그녀는 빵을 받아서 이반 왕자 옆에 놓고 자신은 개구리 모습으로 돌아갔다. 이반 왕자는 잠에서 일어나 빵을 보고는 그것을 들고 아버지에게 가져갔다. 마침 그 시각에 아버지는 이반의 형들이 가져온 빵을 받고 있었다. 이반의 형수들은 개구리가 했던 것처럼 반죽을 난로 속으로 떨어뜨렸으므로 그들이 꺼내 온 것은 아무런 모양새가 없는 덩어리였다. 왕은 먼저 맏이가 가져온 빵을 받아 보고는 그것을 부엌으로 되돌려 보냈다. 그리고 둘째 왕자가 가져온 빵 역시 부엌으로 보냈다. 이제 막내 이반 왕자의 차례가 되었다. 이반이 가져온 빵을 내밀자 왕이 말했다.

"이 빵은 축제일에 먹어도 될 만큼 훌륭하구나! 위의 두 왕자비

●──── 이반은 훌륭한 빵을 왕에게 내밀었다.

가 구워 온 것과는 다르구나!"

그 일이 있은 후 왕은 며느리들 중 누가 춤을 제일 잘 추는지 알아보려고 무도회를 열기로 결정했다. 무도회 날, 이반 왕자 부부를 제외한 모든 손님들과 며느리들이 모였는데 이반은 '어떻게 개구리를 데리고 무도회에 간단 말인가?' 하고 생각하며 목놓아 울기 시작했다. 그러자 개구리가 이반 왕자에게 말했다.

"울지 마세요, 이반 왕자님! 무도회에 가세요. 저도 한 시간 후에 갈게요."

이반 왕자는 개구리의 말을 듣고는 어느 정도 기뻤다. 이반 왕자가 떠나자 개구리는 가죽을 벗고 아름다운 아가씨가 되어 멋지게 차려입었다. 이윽고 그녀가 무도회장으로 와 왕자에게 인사를 하자 이반 왕자는 무척 기뻐했고 모든 손님들이 손뼉을 쳤다. 아, 그녀가 얼마나 아름답던지!

손님들은 먹고 마시기 시작했다. 개구리 신부는 고기를 먹고는 뼈를 소매 속에 넣었고 음료를 마시고는 마지막 몇 방울을 다른 쪽 소매 속에 부었다. 이반의 형수들도 개구리 신부가 하는 것을 보고는 고기 뼈들을 소매 속에 넣고 음료를 마실 때마다 마지막 몇 방울을 소매 속으로 부었다

춤을 추는 시간이 되었다. 황제는 위의 두 왕자비를 불렀지만 그들은 개구리 신부에게 먼저 추라고 양보했다. 개구리 신부는 즉시 이반 왕자를 잡고는 춤추기 위해 앞으로 나아갔고 춤을 추며 빙빙 돌았다. 그러자 참으로 놀라운 일이 벌어졌다! 그녀가 오른쪽 손을 흔들자 숲과 호수가 나타났고 왼쪽 손을 흔들자 여러 종류의 새들이 날아다니기 시작했다. 모든 사람들이 감탄해서 넋이 나갔다. 개구리 신부가 춤을 멈추자 모든 것들이 사라졌다.

●──개구리 신부가 춤을 추자 숲과 호수가 나타나고 여러 종류의 새들이 날아갔다. (이반 빌리빈 삽화.)

●──러시아 민담

다른 두 왕자비가 춤을 추려고 앞으로 나왔다. 그들은 빙글빙글 춤을 추며 개구리 공주가 했던 대로 손을 흔들었다. 오른손을 흔들자 소매 속에 있던 고기 뼈들이 손님들에게 날아갔고 왼손을 흔들자 술이 손님들에게 튀었다. 왕은 불쾌해서 "됐다, 됐어!" 하고 소리쳤다. 두 며느리들은 결국 춤을 중단했다.

무도회가 끝난 후 이반 왕자가 방에 먼저 도착했다. 그는 그곳에서 아내의 개구리 가죽을 발견하고는 그것을 불에 태워버렸다. 개구리 공주가 뒤늦게 방에 도착하여 가죽을 찾아보았지만 불타 버렸으니 있을 리가 없었다. 공주는 이반 왕자와 함께 누워 잠을 잔 후 새벽녘에 이반 왕자를 깨워 말했다.

"이반 왕자님, 조금 더 참지 그랬어요. 당신의 아내가 될 수 있었는데! 이제는 신만이 알고 계시답니다. 잘 있어요, 아홉의 세 제곱 나라 너머 열의 세 제곱 왕국에서 저를 찾으세요."

그리고 공주는 사라져 버렸다.

1년이 흘렀다. 그동안 이반 왕자는 아내를 몹시 그리워했다. 마침내 이반은 여행 채비를 하고 왕과 왕비에게 축복을 받고는 아내를 찾아 떠났다. 한참을 걸어가니 갑자기 앞은 숲을 향하고 뒤는 이반을 향하고 선 이즈바_{농민들이 사는 작은 오두막}가 나타났다.

이반이 말했다.

"이즈바야, 이즈바야! 예전에 어머니가 세웠던 것처럼 뒤는 숲을 향하고 앞은 나를 보고 돌아앉으렴!"

그러자 이즈바가 돌아앉았다. 이반이 그 안으로 들어가니 한 노파가 이반을 보고는 외쳤다.

"피우, 피우! 러시아 사람이라고는 보지도 듣지도 못했는데 이제 러시아 사람이 제 발로 걸어왔네! 자네, 이반 왕자여, 어디로 가는 건가?"

"우선 먹고 마실 것 좀 주고 그런 다음 물으세요."

노파는 이반에게 먹을 것과 마실 것을 대접하고 잠자리까지 마련해 주었다. 이반은 노파에게 말했다.

"할머니, 내 아내인 어여쁜 엘레나를 찾아 나섰답니다."

"아니, 여보게, 왜 이제야 오는가! 처음에는 그녀도 자네를 자주 기억했지만, 이제는 더 이상 자네를 기억하지 않으며 오랫동안 나에게도 오지 않았네. 그러면 내 둘째 언니를 찾아가 보게. 언니는 더 잘 알고 있을 것이네."

이반 왕자는 아침 일찍 출발했고 또 다른 이즈바에 도착해서는 말했다.

"이즈바야, 이즈바야! 예전에 어머니가 세웠던 것처럼 뒤는 숲을 향하고 앞은 나를 보고 돌아앉으렴!"

이즈바가 돌아앉았다. 이반 왕자가 그 안으로 들어가니 한 노파가 이반을 보고는 외쳤다.

"피우, 피우! 러시아 사람이라고는 보지도 듣지도 못했는데 이제 러시아 사람이 제 발로 걸어왔네! 자네, 이반 왕자여, 어디로 가는 건가?"

"할머니, 내 아내 어여쁜 엘레나를 찾으려고요."

"아니, 이반 왕자여. 자네는 너무 늦었구먼! 엘레나는 이미 자네를 잊기 시작했고 다른 사람과 결혼하려 하고 있어. 곧 결혼식이 있을 거야! 엘레나는 지금 큰언니 집에서 살고 있네. 그곳으로 가보게. 하지만 조심하게. 자네가 그곳에 다가가면 그들이 눈치 챌 거네. 엘레나는 물레 가락으로 변할 거고 그녀가 입은 옷은 황금 실로 변할 거네. 우리 언니는 그 황금 실을 물레 가락에 감을 거고 다 감고 나면 그것을 상자 안에 넣고는 상자를 잠가 버릴 거네. 자네는 상자의 열쇠를 찾아서 상자를 열고 물레 가락을 부러뜨려서 윗부분은 자네의 등 뒤로 던지고 아랫부분은 앞으로 던지게. 그러면 엘레나가 자네 앞에 나타날 거야."

이반 왕자는 다시 길을 떠났다. 그리고 드디어 맏이 노파의 집에 당도해서는 오두막 안으로 들어갔다.

집 안에서 한 노파가 황금 실을 감고 있더니 물레 가락에 그 실을 다 감고는 상자 안에 그것을 넣고 잠가 버렸다. 그리고 열쇠를 어딘가에 놓았다. 이반 왕자는 열쇠를 잡아서 상자를 열었고 물레 가락을 꺼내서 둘째 할머니가 말한 대로 부러뜨려 위는 자신의 뒤로, 아래는 자신의 앞으로 던졌다. 그랬더니 갑자기 어여쁜 엘레나가 나타나서는 인사를 했다.

"아, 오래 걸리셨군요. 이반 왕자님. 하마터면 다른 사람에게 시집갈 뻔했어요."

곧 다른 신랑감이 찾아오기로 되어 있었다. 어여쁜 엘레나는 노파에게서 하늘을 나는 융단을 받아서 그것에 타고는 새가 날아가듯이 날아갔다. 그런데 갑자기 신랑감이 도착해서 그들이 떠난 것을 알아차렸다. 그 또한 교묘했다. 그는 그들을 뒤쫓아 추격하기 시작했으며 이제 이반과 엘레나는 거의 다 잡힌 신세가 되었다. 그러나 융단에 탄 이반 왕자와 어여쁜 엘레나가 가까스로 러시아 땅으로 날아 들어오자 그는 어째서인지 러시아 땅으로 들어오지 못하고 되돌아갔다. 두 사람은 집에 도착했고 모든 사람들이 기뻐했다. 그들은 모든 사람의 영광을 위해 오래오래 행복하게 살았다.

●──주

1 돌아앉은 이즈바는 다른 세상으로 들어가는 출입구를 상징한다.
2 '피우, 피우.' 또는 '쳇, 쳇!'은 냄새를 맡고 있음을 나타낸다.
3 다른 세상의 신랑감이기 때문에 러시아 땅에 들어오지 못하는 것으로, 이승과 저승처럼 아무나 넘나들 수 없음을 뜻한다.

모로즈카, 겨울의 신령

한 나이 많은 홀아비가 딸을 데리고 살고 있었다. 어느 날 그는 재혼할 생각을 했고 딸이 하나 있는 나이 많은 과부가 그에게 시집오게 되었다. 계모가 된 과부는 의붓딸을 구박하기 시작했다. 계모의 눈에는 의붓딸이 하는 것은 이것도 제대로 된 것이 없어 보였고 저것도 또한 좋아 보이지 않았다.

사실 그녀는 놀랍도록 훌륭하고 순금 같은 소녀였다. 만약 의붓딸이 착한 사람 손에 맡겨졌더라면 매일 칭찬만 받고 살았을 것이었다. 그러나 지금 계모 밑에서는 매일 울면서 세월을 보냈다. 악독한 계모는 의붓딸을 매우 못살게 굴어서 마침내 아버지가 딸을 집에서 내보낼 수밖에 없을 정도가 되었다.

계모가 자기 남편에게 소리쳤다.

"저 애를 어디로 보내 버려요. 내 눈에 보이지 않게 하란 말이에요! 나를 좀 편안하게 해 줘요. 착한 사람들이 있는 따뜻한 곳으로는 절대로 데려가지 말고, 혹독하게 추운 곳으로 저 애를 보내요."

●──노인은 친딸을 데리고 추운 숲으로 갔다. (이반 빌리빈의 삽화.)

●──러시아 민담

노인이 이렇게 저렇게 아내를 설득했으나 그녀는 막무가내로 더 크게 소리 지르는 것이었다. 하는 수 없이 노인은 자기 몸을 따뜻하게 한 후 장작을 말에 싣고는 그 위에 딸을 앉혔는데, 아내의 눈치를 보느라 얇은 나무껍질로도 딸을 덮는 것을 두려워하며 그렇게 그대로 숲으로 데리고 갔다. 거기서 노인은 소나무 밑에 딸을 내려놓고 성호를 그어 준 다음, 딸의 죽음을 보고 싶지 않아서 서둘러 집으로 돌아왔다.

혼자 남겨진 불쌍한 소녀는 오들오들 떨다가 기도를 했다. 그런데 갑자기 나무 뒤에서 겨울의 신령이 나타났다. 한 쪽 발로 껑충껑충 뛰어다니던 그는 소녀에게 돌아서서 말했다.

"안녕하신가, 귀여운 소녀여. 나는 붉은 코의 겨울 신령 모로즈카, 혹한을뜻함 이라네. 따뜻한가?"

"따뜻해요, 신령님. 신의 뜻에 따라 따뜻하기도 하고 춥기도 하지요."

소녀가 대답했다. 이 대답은 겨울 신령의 마음에 들었다. 처음에 그는 소녀를 얼게 하려고 했으나 그녀의 말이 마음에 들어서 그녀에게 값진 털 외투를 던져 주었다. 그녀는 털 외투를 입고 다리를 오그리고 앉았다. 겨울 신령이 다시 그녀에게 다가와, 이 다리 저 다리, 한쪽 다리로만 뛰어다니면서 간격을 좁혀 왔다. 그리고 말했다.

"안녕하신가, 귀여운 소녀! 나는 붉은 코의 겨울 신령이라네."

"저를 불쌍히 여겨 주세요, 붉은 코의 겨울 신령님. 신께서 제 영혼을 데려오라고 당신을 보내신 건 아니죠?"

"나는 너의 영혼이 필요하지 않은걸. 너에게 줄 선물이 든 상자를 가져왔지."

소녀는 털 외투를 기분 좋게 두르고 상자에 앉았다. 그렇게 앉아서는 즐거워했다. 그녀는 그토록 명랑하고 귀여운 소녀였다. 또다시 겨울 신령이 그녀에게 다가와서는, 이 다리 저 다리 바꿔 가며 한쪽 발로 뛰어다니고 소녀와 즐겁게 놀았다. 그녀는 반갑게 그를 맞았고 그는 그녀에게 은과 금으로 수놓은 옷들을 선물로 가져왔다. 그녀가 그 옷들을 입자 이야기 속에나 나올 법하고 뭐라 표현할 수 없을 만큼 아름답게 되었다. 그녀는 상자 위에 앉아서 노래를 불렀다.

한편, 계모는 그동안 의붓딸의 장례식을 준비하기 위해 블린을 굽고는 남편에게 말했다.

"이봐요, 늙은이. 말을 매도록 해요, 당신 딸을 묻어야 하니까."

노인은 준비를 갖추어 숲으로 떠났다. 그런데 개가 식탁 밑에 앉아서 짖어댔다.

"멍! 멍! 할아버지 딸은 화려한 비단옷을 입혀 데려가지만, 할머니 딸은 신랑감이 데려가지 않는다네."

"닥쳐라, 이 쓸모없는 놈아! '할머니 딸은 신랑감들이 데려가지만, 할아버지 딸은 뼈가 되어 오네.'라고 말하는 게 맞잖아."

계모는 개에게 블린을 던져 주었다. 개는 블린을 다 먹고는 다시 짖어대기 시작했다.

"멍! 멍! 할아버지 딸은 화려한 비단옷을 입혀 데려가지만, 할머니 딸은 신랑감이 데려가지 않는다네."

계모가 개를 때리기도 하고 먹을 것을 주기도 했지만 여전히 개는 아까같이 짖어대는 것이었다.

"멍! 멍! 할아버지 딸은 화려한 비단옷을 입혀 데려가지만 할머니 딸은 신랑감이 데려가지 않는다네."

그때 노인이 도착했다. 계모는 남편이 좋은 선물이 가득 든 가방을 가져온 것과 남편 뒤로 의붓딸이 더 예뻐지고 생기 있게 혈색이 도는 모습으로 귀족의 딸처럼 옷을 차려입고 들어오는 것을 보았다. 그녀는 깜짝 놀라 자초지종을 캐물었고, 무슨 일이 일어났는지를 듣고 나자 기운이 빠져 두 손을 늘어뜨렸다. 그러더니 다짜고짜 남편에게 소리쳤다.

"늙은이, 다른 말을 데려와서 내 딸을 거기 데려가요! 만약 당신 딸이 상자 하나를 얻었다면 내 딸은 두 개를 얻을 거야. 내 딸을 태워서 바로 그 장소에 내려 줘요!"

노인이 썰매를 매자 계모는 자기 딸을 거기에 앉히고는 덮는 천 대신 이불을 주고 두꺼운 털 외투를 입혔다. 그리고 노인을 재촉해 길을 떠나게 했다. 이윽고 노인이 예전의 소나무 밑에 이르러 딸을 내려 주고 집으로 돌아왔다.

그러자 겨울 신령이 나타나서는 다리를 바꿔가며 한 다리로만 뛰어다니면서 소녀 앞에서 뱅뱅 돌았다.

"안녕하신가, 귀여운 소녀여. 나는 붉은 코의 겨울 신령이라네. 따뜻한가?"

"저리 가! 귀찮게 굴지 마! 너 없이도 춥단 말이야!"

털 외투로 몸을 감싸며 소녀가 소리를 질렀다.

그러자 겨울 신령이 그녀 앞으로 뛰어와 그녀를 어루만지며 말했다.

"음, 귀여운 소녀여, 따뜻한가?"

"악마한테나 가 버려! 손과 발이 모두 얼어 버린 게 정말 네게는 안 보인단 말이야?"

소녀가 떨면서 소리쳤다. 그러자 겨울의 신령은 소녀에게 더욱 가까이 다가가 그녀를 얼게 했다.

아침이 되자 계모는 노인을 재촉했다.

"말을 빨리, 잘, 더 탄탄히 매요. 선물을 가져와야 하니까. 자, 봐요, 넘어지지 않게 조심해서 몰아요."

그때 개가 식탁 밑에 앉아서 짖어댔다.

"멍! 멍! 할아버지 딸은 신랑감들이 데려가는데, 할머니 딸은 뼈가 되어 자루 속에 담겨 오네!"

"거짓말하지 마!"

할머니가 개를 때리며 말했다.

이때 문 열리는 소리가 났다. 계모는 딸을 맞으러 달려나갔다. 그런데 정말로 노인이 뼈들을 가지고 온 것이었다. 계모는 너무도 화가 나서 남편에게 달려들며 소리쳤다.

"당신, 내 딸을 어떻게 한 거야?"

노인이 대답했다.

"그러면 당신은 내 딸에게 어떻게 하고 싶어한 게지? 당신에게는 안됐지만 말이야."

손 없는 여인

러시아가 아닌 다른 어느 왕국에 한 부유한 상인이 있었다. 그에게는 아들과 딸, 두 명의 자식이 있었다. 그런데 상인과 아내는 어느 날 갑자기 세상을 뜨고 말았다. 뒤에 남은 오빠가 여동생에게 말했다.

"누이동생아, 이 도시를 떠나도록 하자. 가게 하나를 빌려 장사를 하면서 네가 지낼 거처도 찾아보고."

누이가 그 말에 동의하여 그들은 다른 지방으로 갔다. 오빠는 상인 조합에 가입했고 포목점을 하나 빌렸다. 장사를 하며 그럭저럭 살아가던 중 오빠는 결혼을 생각했고 어떤 여인을 아내로 맞이하였다. 그런데 사실 그 여인은 마녀였다.

어느 날 오빠가 장사를 하러 집을 나서면서 누이에게 당부했다.

"동생아, 집 잘 보고 있어라."

이 모습을 본 아내는 남편이 자신에게가 아니라 여동생에게 당부의 말을 하자 모욕감을 느꼈다. 아내는 남편에게 복수할 궁리를 했다. 그녀는 가구들을 전부 망가뜨리고는 남편이 돌아오기를 기다렸다가 저녁에 집에 돌아온 남편을 맞이하며 말했다.

"당신 여동생이 어떤 사람인가 좀 보세요. 그녀가 우리 가구를 전부 망가뜨려 놓았어요."

"괜찮아, 가구야 새로 사면 되지."

남편이 대꾸했다.

이튿날 오빠는 가게로 나가면서 아내와 누이동생에게 인사를 하고 전날처럼 당부를 했다.

"동생아, 가능하면 집을 잘 보아라."

아내는 남편이 돌아올 시간을 알고 있었으므로 마구간으로 가서는 남편이 가장 아끼는 말의 목을 칼로 베어 버렸다. 그리고 현관에 나가서 남편을 기다렸다.

"당신 여동생이 어떤 사람인지 보세요! 당신이 가장 아끼는 말의 목을 베어 버렸어요."

"아이고, 개들이 먹게 주어 버리시오."

다음날 오빠는 가게로 나가면서 인사를 했고 누이동생에게 당부했다.

"내 아내가 아이를 낳을 테니 아내와 아이를 잘 돌보아 주어라."

그가 장사를 하는 동안 마녀는 아이를 낳았고 낳자마자 아기의 목을 베어 버렸다. 그리고 앉아서 슬피 울었다. 남편이 돌아오자 그녀는 울며 남편에게 말했다.

"당신 동생이 무슨 짓을 했나 보세요! 내가 아기를 낳자마자 당신 여동생이 아이를 빼앗아서는 칼로 아기의 목을 베어 버렸어요."

그는 아무 말도 하지 않고 울더니 나가 버렸다. 그리고 한밤중이 되었다. 누이가 자고 있는데 오빠가 그녀를 깨웠다.

"사랑스런 누이야, 준비하고 예배 드리러 가자."
"오라버니, 오늘도 아무 축일도 아니잖아요?"
"아니, 오늘은 축일이란다. 어서 가자."
"오라버니, 하지만 아직 너무 일러요."
"아니, 아가씨들은 준비하는 데 시간이 오래 걸리잖니."
사랑스런 누이가 축일 예배를 위해 치장하기 시작했다. 그러나 그녀는 꾸물거리기만 할 따름이었다. 오빠가 다가와서는 재촉했다.
"자, 누이야, 서둘러라."
"오라버니, 아직 너무 일러요."
"아니, 이르지 않아. 가야 할 시간이야."
드디어 그녀가 준비를 끝마쳤다. 두 사람은 마차에 올라타서는 예배를 드리기 위해 출발했다. 한참 마차를 몬 뒤 두 사람은 어느 숲에 다다랐다. 여동생이 "이 숲은 도대체 뭐예요?" 하고 물었다. 오빠가 대꾸했다.
"이것은 교회 주위에 쳐진 울타리야."
그리고 계속 숲으로 가는데 마차가 덤불에 걸렸다. 그러자 오빠는 여동생에게 말했다.
"누이야, 내려서 마차를 빼내 봐라."
"아니, 사랑스런 오라버니, 난 할 수 없어요. 옷이 더러워질 거예요."
"내가 더 좋은 옷을 새로 사 주마."
할 수 없이 누이가 마차에서 내려 마차를 빼내기 시작했다. 그러자 오빠는 바퀴 밑에 놓인 여동생의 손을 잘라 버렸다! 그러고는 재빨리 말에 채찍질을 해 마차를 몰아 그녀에게서 멀리 떠나 버렸다. 홀로 남겨진 누이동생은 눈물을 흘리며 숲으로 갔다. 얼마나 숲에서 헤매었던지 온통 가시에 찔렸지만 숲을 벗어날 길을 찾을 수 없었다. 마침내 몇 년이 흘러서야 그녀는 숲 밖으로 이어진 오솔길을 발견했다. 그리고 숲에서 나와 구걸하기 위해 도시에서 가장 부유한 상인의 집 창가로 다가갔다. 이 상인에게는 눈에 넣어도 아프지 않을 정도로 귀하게 여기는 외아들이 있었는데 이 아들이 창가에 서 있는 거지 소녀를 보고는 한눈에 반해 버렸다.

"아버지, 어머니, 전 결혼하겠어요."

"누구랑 결혼할 거니?"

"저 창가의 거지 아가씨와 결혼시켜 주세요."

"아아, 애야, 도시의 상인들에게도 아름다운 딸들이 많지 않니?"

"싫어요, 저 아가씨와 결혼시켜 주세요. 만일 저 아가씨와 결혼시켜 주지 않으면 전 무슨 일을 저지를지 몰라요."

귀한 외아들이 고집을 피우므로 상인 부부는 무척 괴로웠다. 그들은 귀한 아들을 거지 아가씨와 결혼을 시켜야 하는지 말아야 하는지 판단해 달라고 모든 상인과 성직자들을 불러모았다. 그러자 사제들은 "그게 아드님의 운명이라면 신도 아드님과 거지 아가씨의 결혼을 축복할 것입니다." 하고 말했다.

마침내 상인의 아들은 거지 아가씨와 결혼을 하여 1년을 살았고 또 다시 1년을 살았다. 상인의 아들은 거지였던 자기 아내의 오빠가 가게를 운영하고 있는 지방으로 가게 되었다. 그는 작별 인사를 하면서 부모님께 부탁했다.

"아버지, 어머니! 제 아내를 내쫓지 마시고 만일 그녀가 아이를 낳거든 바로 제게 편지로 알려 주세요."

상인의 아들이 떠나고 두세 달 후에 그의 아내는 사내아이를 낳았다. 그런데 그 아이의 팔은 팔꿈치까지 황금빛이었고 옆구리에는 별들이 박혀 있었고 이마에는 밝은 달이 있었으며 심장 근처에는 환히 빛나는 태양이 있었다. 상인 부부는 몹시 기뻐서 사랑하는 아들에게 당장 편지를 썼고 그 편지를 급히 전하라고 한 노인을 보냈다. 그런데 마녀가 이 모든 일을 다 알아채고 그 노인을 억지로 초대했다.

"할아버지, 이리 오셔서 잠시 좀 쉬었다 가세요."

"안 돼. 난 시간이 없다우. 급한 용무가 있거든."

"할아버지, 너무 힘들어 보여요. 좀 쉬면서 뭐라도 들고 가세요."

오빠의 아내는 식사를 들라고 열심히 권하여 노인을 앉히고는 그가 쉬는 동안 그의 가방을 훔쳐 편지를 꺼내 읽었다. 그리고 갈기갈기 찢어 버린 후 상인 내외가 아들에게 보내는 편지로 "네 처는 숲에서 짐승들과 정을 통했고 반은 개이고 반은 곰인 괴물을 낳았다."라는 내용의 소식을 써서 노인의 가방에 넣었다.

노인이 상인의 아들을 찾아가서 그에게 편지를 전하자 그는 편지를 읽고 눈물을 흘렸다. 그리고 자신이 직접 돌아가서 어떤 아이를 낳았는지 보겠으니 자신이 돌아갈 때까지 아내와 아이를 건드리지 말라고 부모에게 부탁하는 내용의 답장을 써 노인에게 부탁했다.

마녀는 이번에도 노인을 붙잡고는 좀 쉬었다 가라며 열심히 권하였다. 노인이 그녀의 집에서 쉬는 동안 편지를 훔쳐 읽고 찢어 버린 후 "편지가 도착하는 대로 즉시 아내를 쫓아내세요."라는 내용의 편지를 써 노인의 가방에 넣었다.

노인이 상인 부부의 집에 도착하여 편지를 전하자 아들의 편지를 읽은 상인 부부는 몹시 상심했다. 그들은 탄식하며 외쳤다.

"이게 도대체 무슨 소리인가? 아들이 우리를 왜 이렇게 힘들게 하는 거지? 거지 아가씨와 결혼한다고 고집을 피우기에 결혼을 시컸더니 이제 자기에게 아내가 필요 없다니!"

손자도 손자지만 며느리가 몹시 가여웠다. 그렇지만 아들의 말을 따를 수밖에 없어 상인 부부는 며느리와 손자에게 축복을 내린 후 아기를 며느리 가슴에 묶어 주고 집에서 내보냈다. 며느리는 비탄의 눈물을 흘리며 상인 부부의 집을 떠났다. 그녀가 아무리 걸어가도 마을도 없고 숲도 없는 들판뿐이었다. 그녀는 어느 골짜기에 이르렀고 갈증을 느꼈다. 오른쪽을 쳐다보니 우물이 하나 있었다. 그녀는 물을 마시고 싶었지만 아기를 떨어뜨릴까 봐 몸을 굽히기가 두려웠다. 그런데 마치 우물이 자신에게 다가오는 것처럼 느껴졌다. 결국 그녀는 몸을 구부렸고 아기는 그만 우물에 떨어지고 말았다. 아기를 물에서 건져낼 수 없는 그녀는 우물 주위를 빙빙 돌면서 울기만 했다. 그때 한 노인이 다가와서 "그리스도 자매여, 왜 울고 있는가?" 하고 말했다.

"어떻게 울지 않을 수 있겠어요? 우물의 물을 마시려다 그만 아기를 물에 빠뜨리고 말았어요."

"몸을 숙여서 아기를 꺼내라."

"어르신, 그럴 수가 없어요. 저는 손이 없어요."

"괜찮다, 몸을 숙여 아기를 꺼내라."

그녀는 우물로 다가가서 몸을 숙였다. 신이 그녀를 사랑하여 그녀는 갑자기 양손을 되찾았다. 그녀는 기뻐하며 팔을 뻗어 아기를 꺼냈고 사방을 향해 신께 기도했다. 기도를 드린 후 그녀는 계속 길을 걸어 마침내 자기 오빠와 남편이 살고 있는 집에 도착하게 되었다. 그녀는 문을 두드린 후 묵어가게 해달라고 부탁했다. 그러자 그녀의 남편이 오빠에게 말했다.

"형제여, 저 거지 여인을 들어오게 합시다. 걸인들은 옛날 얘기를 할 줄 알고 여러 가지 세상 이야기를 들려줄 줄도 안다오."

그러자 오빠의 아내인 마녀가 말했다.

"우리 집은 좁아서 손님이 묵어 갈 곳이 없답니다."

"아니, 그러지 말고, 형제여, 들어오게 합시다. 나는 걸인들이 하는 옛날 얘기를 아주 좋아해요."

그래서 집주인은 거지 여인을 들어오게 했다. 그녀는 아기와 함께 페치카 옆에 앉았다. 그녀의 남편이 말했다.

"자, 사랑스런 이여, 어디 우리에게 얘기 좀 해주시오. 아무 이야기라도 좋으니."

"저는 옛날이야기는 할 줄 모르지만 세간의 이야기라면 해 드릴 수 있어요. 여러분, 들어들 보세요. 제가 정말로 있었던 일을 얘기할 테니까요."

그녀는 아기를 안고 이야기를 시작했다.

"우리나라가 아닌 어느 왕국에 한 부유한 상인이 살고 있었는데 그에게는 아들과 딸, 이렇게 두 명의 자식이 있었어요. 그런데 갑자기 상인과 그 아내는 세상을 뜨고 말았지요. 어느 날 오빠가 여동생에게 말했습니다. '누이동생아, 이 도시를 떠나도록 하자. 가게 하나를 빌려 장사를 하면서 네가 지낼 거처도 찾아보고.' 여동생이 그 말을 옳게 여겨 그들은 다른 지방으로 갔지요. 오빠는 상인 조합에 가입하고 포목점을 빌려 장사를 하다가 결혼을 생각했고 어떤 여인과 결혼했는데 그녀는 마녀였어요."

바로 그때 오빠의 아내가 "저것 봐, 쓸데없는 얘기를 지껄여 대네, 따분해!" 하고 말을 가로막았다. 그러나 여동생의 남편은 격려했다.

"어서 계속해요. 난 그런 이야기를 무척 좋아해요."

그래서 거지 여인은 계속 말했다.

"오빠는 장사하러 가게로 나가면서 여동생에게 '동생아, 집 잘 보아라.' 하고 당부의 말을 했어요. 아내는 남편이 자신에게가 아니라 여동생에게 그 말을 하자 모욕감을 느꼈어요. 그래서 분개한 아내는 가구들을 전부 망가뜨렸어요."

그리고 그녀는 그 뒤의 이야기들과 오빠가 동생을 예배에 데려가면서 두 손을 잘라 버린 이야기며, 결혼을 하고 아기를 낳게 된 사연, 마녀가 노인을 어떻게 꾀어들여 편지를 바꿔치기 했는지에 대해 이야기했다. 그러자 오빠의 아내는 다시 소리쳤다.

"저 봐, 쓸데없는 소리를 늘어놓는군!"

여동생의 남편이 말했다.

"형제여, 당신 아내에게 조용히 좀 하라고 해요. 이야기가 흥미진진하지 않소?"

이윽고 거지 여인이 남자가 부모님께 자기가 집에 돌아갈 때까지 아내와 아기를 그대로 놔두라는 편지를 쓴 대목까지 이야기하자 오빠의 아내는 "말도 안 되는 소릴 하는군!" 하고 중얼거렸다. 이제 여동생이 오빠와 남편이 있는 집에 찾아온 대목까지 이야기하자 오빠의 아내는 "아이고, 놀고 있네!" 하고 중얼거리기 시작했다.

여동생의 남편이 말했다.

"형제여, 부인 입 좀 다물게 해요. 왜 저렇게 이야기 내내 방해만 하는 겁니까?"

마침내 거지 여인은 이야기 속의 여인이 그녀의 오빠와 남편이 있는 집에 들어와 이야기를 들려주는 대목을 말하기에 이르렀다. 거지 여인은 자기 앞에 앉아 있는 사람들을 가리키며 "이분이 바로 제 남편이고, 이분은 제 오빠, 그리고 이 여인은 제 오빠의 아내입니다." 하고 말했다. 그러자 그녀의 남편은 페치카 옆에 있는 아내에게 뛰어갔다.

"아, 내 사랑. 내게 아기를 보여 주시오. 부모님께서 내게 진실을 써 보내셨는지 보게 해 주시오"

그가 아기를 안아들고 담요를 벗기자 온 방이 환하게 빛났다.

"정말로 당신은 꾸민 이야기가 아니라 사실을 이야기했군! 여기에 내 아내가 있고, 여기에 팔꿈치까지 황금색이고 옆구리에 별들이 박혀 있고 이마에는 밝은 달이 있으며 심장 근처에는 환히 빛나는 태양이 있는 내 아기가 있구나!"

이야기를 모두 들은 오빠는 마구간으로 달려가 가장 좋은 암말을 꺼냈다. 그리고 마녀를 데려와 머리칼을 말의 꼬리에 묶은 뒤 말을 들판에 풀어 놓았다. 암말은 마녀를 땅에 질질 끌며 뛰어다녔다. 점차 사악한 마녀의 머리채만 말꼬리에 남아 매달려 있게 되고 몸은 들판 여기저기 흩어져 버렸다. 여동생과 오빠와 남편은 트로이카 마차를 준비하여 부유한 상인 내외가 사는 집으로 갔다. 그리고 세 사람은 함께 행복하게 오래오래 살았다.

나도 그곳에 있었고 꿀이 든 술을 마셨지만, 술은 수염을 따라 흘러내릴 뿐 목구멍으로 한 모금도 넘어가지 않았다.

세 왕국 이야기

옛날 어느 왕국에 벨 벨랴닌이라는 왕이 살고 있었다. 그에게는 황금 머리채를 땋은 아내 나스타샤가 있었고 그 사이에 표트르, 바실리, 이반이라는 세 아들이 있었다. 어느 날 왕비가 유모들과 정원을 거닐고 있는데 갑자기 강한 회오리바람이 일더니 놀랍게도 왕비를 낚아채서는 아무도 모르는 곳으로 데리고 가버렸다. 왕은 슬픔에 빠졌고 어떻게 해야 할지를 몰랐다. 세월이 흘러 왕자들이 장성하자 왕이 말했다.

"나의 사랑하는 왕자들아! 너희들 중 누가 어머니를 찾으러 가겠느냐?"

왕의 말에 두 아들이 나서서 떠날 채비를 갖추고 왕비를 찾아 떠났다. 그러자 막내 이반도 따라가겠다고 아버지에게 간청했다. 그러나 이미 아들 둘을 여행에 보낸 왕이 만류하였다.

"아들아, 가지 마라. 이 늙은 아비를 혼자 남겨두지 마라."

"허락해 주세요, 아버님. 세상을 돌아다니며 어머님을 찾고 싶습니다."

왕이 설득하고 설득했지만 아무 소용이 없었다. 마침내 왕은 체념하고 말했다.

"좋다. 어쩔 도리가 없구나. 떠나라. 신께서 너와 함께하실 게다!"

이반 왕자는 자신의 준마에 타고 길을 떠났다. 그는 얼마 동안 달리고 또 달렸다. 옛날 이야기에서는 신속하게 얘기되지만 실제로는 그렇지는 않은 법인데 어쨌든 마침내 이반 왕자는 어느 숲에 이르게 되었다. 그곳에는 매우 화려한 궁궐이 있었다. 넓은 안뜰로 들어가자 한 노인이 있는 걸 보고 이반은 인사를 했다.

"안녕하십니까, 노인장!"

"어서 오게나, 젊은이! 그런데 자네는 누구인가?"

"저는 벨 벨랴닌 왕과 황금 머리채를 땋은 나스타샤 왕비의 아들인 이반 왕자입니다."

"아, 나의 조카로군! 그런데 대체 어디 가는 길인가?"

이반은 나스타샤 왕비가 바람에 휩쓸려 간 이야기를 노인에게 했다.

"어머니를 찾아 나섰습니다. 어디에서 어머니를 찾을 수 있는지 알려주시겠습니까?"

"아, 조카, 나도 모르겠는걸. 하지만 도와줄 수는 있지. 자, 여기 작은 공이 하나 있다. 이것을 네 앞으로 굴려라. 그러면 공이 험준하고 높은 산으로 너를 인도할 거야. 그 산에는 동굴이 하나 있는데 그곳으로 들어가라. 쇠로 된 손톱과 발톱을 손과 발에 낀 후에 그 산을 오르도록 해라. 아마 황금 머리채를 땋은 네 어머니 나스타샤를 그곳에서 찾을 수 있을 게다."

이반 왕자는 노인에게 인사를 하고 작은 공을 앞에 놓았다. 공이 굴러가자 이반은 그 뒤를 따라갔다. 얼마나 갔을까, 이반은 형인 표트르 왕자와 바실리 왕자가 들판에 수많은 군대와 함께 있는 것을 보았다. 형들은 이반을 보자 "아니, 이반 아니냐. 어디 가는 게냐?" 하고 물었다.

"집에 있는 것이 지루해서 어머님을 찾아 나섰어요. 군대는 집으로 돌려보내고 함께 갑시다."

이반이 말했다.

형들은 이반의 말에 따라 군대를 돌려보내고 셋이서 함께 작은 공을 따라갔다. 그들은 저 멀리 아주 가파르고 높은 산들을 볼 수 있었는데, 맙소사! 산봉우리들이 하늘 높이 솟아 있었다. 작은 공은 노인이 말한 대로 동굴을 향해 굴러갔다. 이반 왕자는 말에서 내려 형들에게 말했다.

"형님들, 여기 제 말을 맡아 주세요. 저는 어머님을 찾으러 산 위로 갈 거예요. 형님들은 여기 계세요. 정확히 석 달 동안 저를 기다리시고, 석 달 내에 제가 돌아오지 않으면 더 이상 기다릴 필요 없어요!"

형들은 '이 산을 어떻게 올라간담, 이 산을 오르다간 목이 부러지겠는걸!' 하고 생각하던 참이었다. 그래서 "그래, 어서 가거라, 우리는 여기서 기다릴 테니." 하고 말했다.

이반 왕자는 동굴로 다가가 강철로 된 문을 온 힘을 다해 밀었다. 문이 가까스로 열리자 그는 동굴 안으로 들어갔다. 그랬더니 쇠 손톱과 발톱이 이반의 손과 발에 저절로 끼워졌다. 이반은 산을 오르기 시작했다. 이반은 한 달 내내 오르고 또 올라 드디어 꼭대기에 도착했다. 그는 몹시 기뻐하며 말했다.

"아, 신이여, 감사합니다!"

그리고 그는 잠시 쉬었다가 산봉우리를 따라 걸어갔다. 걷고 또 걸어갔더니 동으로 된 궁궐이 나타났다. 궁궐의 문 옆에는 무시무시한 뱀들이 구리 사슬에 묶여 있었다. 그리고 근처에는 우물이 하나 있었고 그 우물에는 구리로 된 두레박이 걸려 있었다. 왕자가 그 두레박으로 물을 길어 뱀에게 먹이니 뱀들이 온순해져서 누웠다. 이반이 궁궐 안으로 들어가자 동 왕국의 여왕이 이반에게 뛰어와서 물었다.

"선량한 젊은이여, 당신은 누구인가요?"

"저는 이반 왕자라고 합니다."

"이반 왕자님, 당신은 스스로 이곳에 온 것입니까, 아니면 어쩔 수 없이 온 것입니까?"

"스스로 왔습니다. 저는 황금 머리채를 땋은 제 어머님이신 나스타샤를 찾고 있습니다. 어떤 회오리바람이 정원에서 어머님을 유괴해 갔습니다. 어머님이 어디 계신지 아십니까?"

"아니요, 저는 모릅니다. 하지만 이곳에서 멀지 않은 곳에 제 둘째 언니인 은 왕국의 여왕이 살고 있어요. 아마도 언니는 당신에게 뭔가 알려줄 거예요."

동 왕국의 여왕은 이반 왕자에게 동으로 만든 작은 공과 반지를 주면서 말했다.

"이 작은 공이 당신을 언니에게로 안내할 것입니다. 그리고 이 반지 안에는 동 왕국 전체가 들어 있습니다. 회오리바람이 이곳에 저를 가두어놓고 세 달에 한 번씩 찾아오는데, 만일 당신이 그를 무찌르면 불쌍한 저를 잊지 마시고 이곳에서 구출해서 자유로운 세상으로 데려가 주세요."

"알았습니다."

이반 왕자는 동 왕국 여왕에게 대답하고 동으로 된 작은 공을 앞에 던졌다. 작은 공은 앞에서 굴러갔고 이반은 그 뒤를 따라가 은 왕국에 도착했다. 그리고 은으로 된 궁궐을 보게 되었다. 궁궐 문가에는 무시무시한 뱀들이 은으로 된 사슬에 매여 있었고 근처에는 은으로 된 두레박과 함께 우물이 있었다. 이반 왕자가 물을 떠서 뱀에게 마시게 했더니 뱀들이 온순해져서 누우며 이반을 안으로 들여보내 주었다.

은 왕국의 여왕이 밖으로 나와서 말했다.

"무시무시한 회오리바람이 저를 이곳에 가둔 지가 3년이 다 되어 갑니다. 그동안 저는 러시아 사람의 소리도 들어보지 못했고 모습도 보지 못했는데 러시아 사람이 이렇게 나타났군요. 선량한 젊은이여, 당신은 누구인가요?"

"저는 이반 왕자입니다."

"이반 왕자님, 당신은 스스로 이곳에 온 것입니까, 아니면 어쩔 수 없이 온 것입니까?"

"스스로 왔습니다. 저는 황금 머리채를 땋은 제 어머님이신 나스타샤를 찾고 있습니다. 어머님이 산책하러 정원에 나가셨는데 갑자기 회오리바람이 일더니 어머님을 어디론가 유괴해 갔습니다. 어디서 어머님을 찾을 수 있는지 당신은 알고 계십니까?"

"아니요, 저는 모릅니다. 하지만 이곳에서 멀지 않은 곳에 금 왕국의 여왕 '아름다운 엘레나'가 살고 있습니다. 아마도 언니는 당신에게 뭔가 알려줄 겁니다. 자, 여기 은으로 된 작은 공을 받으세요. 앞에 그것을 굴리고 따라가면 작은 공이 당신을 금 왕국으로 안내할 겁니다. 만일 당신이 회오리바람을 죽이면 불쌍한 저를 잊지 마시고 이곳에서 구출하여 자유로운 세상으로 데려가 주세요. 회오리바람은 저를 이곳에 가둬 두고 두 달에 한 번씩 날아온답니다."

그리고 여왕은 은으로 된 반지를 주며 말했다.

"이 반지 안에는 은 왕국 전체가 들어 있습니다."

이반 왕자는 작은 은공을 앞에 굴렸고 그 공이 굴러가는 곳으로 따라갔다. 얼마가 지난 후 이반 왕자는 불타듯 빛나는 황금 궁궐을 보게 되었다. 궁궐 문가에는 황금 사슬에 매인 뱀들이 우글거렸다. 근처에는 황금으로 된 우물이 하나 있었고 그 우물에는 황금 두레박이 황금으로 된 사슬에 걸려 있었다. 이반 왕자는 그 물통으로 물을 떠서 뱀들에게 먹였고 뱀들이 누워서 조용해지자 성으로 들어갔다.

아름다운 엘레나가 그를 맞이했다.

"선량한 젊은이여, 당신은 누구인가요?"

"저는 이반 왕자입니다."

"어떻게 이곳에 오게 되었나요? 당신은 스스로 이곳에 온 것입니까, 아니면 어쩔 수 없이 온 것입니까?"

"스스로 왔습니다. 저는 황금 머리채를 땋은 제 어머님이신 나스타샤를 찾고 있습니다. 어떤 회오리바람이 정원에서 어머님을 유괴해 갔습니다. 어머님을 어디서 찾을 수 있는지 알고 계십니까?"

"어찌 모를 수 있겠습니까! 당신의 어머니는 이곳에서 멀지 않은 곳에 살고 있는데 회오리바람은 일주일에 한 번씩 당신의 어머니를 찾아가고 제게는 한 달에 한 번씩 날아옵니다. 자, 이 황금으로 된 작은 공을 받으세요. 이 작은 공을 앞에 굴리고 그 뒤를 따라가세요. 이 작은 공이 당신이 가야 하는 곳으로 안내할 겁니다. 그리고 이 황금 반지도 가져가세요. 이 반지 안에는 황금 왕국 전체가 들어 있습니다. 왕자님! 만일 당신이 회오리바람을 무찌르거든 불쌍한 저를 잊지 마시고 자유로운 세상으로 데려가 주세요."

"알았습니다. 잊지 않겠습니다."

이반 왕자는 작은 공을 굴리고 그 뒤를 따라갔다. 이반은 걷고 또 걸어서 다이아몬드와 보석들로 빛나는 궁궐에 도착했다. 이 궁궐 앞에는 머리가 여섯 개 달린 뱀들이 있었다. 이반이 그들에게 물을 먹이자 뱀들은 온순해져서 그를 성으로 들어가게 해 주었다. 그는 성에 들어가 여러 개의 커다란 방들을 지나 마지막 방에서 어머니를 발견했다. 어머니는 왕실의 의상을 입고 보석으로 장식된 왕관을 쓰고는 높은 옥좌에 앉아 있었다. 그녀는 성에 들어온 손님을 보더니 외쳤다.

"아아, 신이여! 너는 사랑하는 내 아들이 아니냐? 어떻게 이곳에 온 거냐?"

이반은 그녀를 찾아 여기까지 오게 된 일을 설명했다.

"아들아, 네게는 어려울 텐데! 이곳의 모든 산은 무서운 회오리바람이 다스리고 있고 모든 이들은 그에게 복종하고 있단다. 나도 이곳으로 납치되어 왔지. 나를 데려가려면 그와 싸워야 한다. 지하실로 가자."

그들은 지하실로 내려갔다. 그곳에 좌우에 하나씩 두 개의 물통이 있었다. 황금 머리채를 땋은 나스타샤 왕비가 왕자에게 오른쪽에 있는 물통의 물을 마시라고 하자 이반은 어머니가 시키는 대로 물을 마셨다.

"자, 어떠니? 이제 기운이 좀 솟아나느냐?"

"한 손으로 궁궐 전부를 뒤집어엎을 수 있을 것 같습니다."

"자, 조금 더 마셔라."

그러자 이반은 물을 더 마셨다.

"이제는 얼마나 기운이 세진 것 같니?"

"이제는 온 세상을 뒤집어엎을 수도 있을 것 같습니다."

"아, 그 정도면 충분하구나! 이제 물통들을 바꾸어놓아라. 오른쪽에 있는 것을 왼쪽에 놓고 왼쪽에 있는 것을 오른쪽으로 옮겨놓아라."

이반은 물통들을 들어 서로 자리를 바꾸어 놓았다.

"얘, 사랑하는 아들아, 한 통에는 기운이 솟아나는 물이 들어 있고 다른 한 통에는 기운이 빠지는 물이 들어 있단다. 첫 번째 물통에 있는 물을 마시면 힘센 보가트리가 되지만 두 번째 통에 있는 물을 마시면 완전히 허약해진단다. 회오리바람은 언제나 기운이 솟는 물을 마시고 그것을 오른쪽에 놓아둔단다. 그러니 그를 속여야만 해. 그러지 않으면 결코 그와 대적할 수 없단다!"

두 사람은 다시 궁전으로 돌아왔다. 왕비는 이반 왕자에게 말했다.

"이제 곧 회오리바람이 날아올 거야. 그가 너를 보지 못하도록 내 옷자락 아래 앉아 있어라. 회오리바람이 날아와서 나를 껴안고 입을 맞추려고 할 때 그의 곤봉을 잡아라. 그는 아주 높이 솟아올라서 너를 바다 위로 그리고 낭떠러지 위로 끌고 다닐 거야. 하지만 절대로 그 곤봉을 손에서 놓지 않도록 하여라. 지친 회오리바람은 힘이 솟아나는 물을 마시려고 지하실로 내려가 오른쪽에 있는 물통으로 달려갈 거야. 너는 그때 왼쪽에 있는 물을 마셔라. 그러면 그는 완전히 힘이 빠질 테니 네가 그에게서 칼을 빼앗아 단칼에 그의 목을 베어 버려라. 그의 목을 베고 나면 즉시 네 뒤에서 '다시 쳐라, 다시 쳐라!' 하고 외치는 소리가 들릴 거야. 하지만 아들아, 다시 베지 마라. 그 대신 '보가트리의 손은 두 번 베지 않는다, 단번에 모든 것을 날려 버리지!' 하고 말해라."

왕비가 말한 대로 이반 왕자가 어머니의 옷자락 아래에 숨자마자 정원이 갑자기 어두워졌고 주위의 모든 것이 흔들리면서 회오리바람이 날아왔다. 회오리바람은 땅바닥에서 재주를 넘어 멋진 젊은이로 변신하고 궁궐 안으로 들어왔다. 그는 손에 전투용 곤봉을 들고 있었다.

"푸, 푸, 푸! 웬 러시아 놈 냄새가 나는 거지? 아니면 누군가 왔어?"

왕비는 "왜 당신이 그렇게 생각하는지 저는 모르겠군요."라고 대답했다.

회오리바람이 왕비를 끌어안고 입을 맞추려 들자 이반 왕자는 즉시 옷자락에서 튀어 나와 회오리바람의 곤봉을 잡았다. 그러자 회오리바람은 "네 놈을 잡아먹어 버리겠어!" 하고 이반에게 고함을 쳤다. 이반이 대꾸했다.

"그래, 우리 할머니께서 둘 중 하나라고 하셨지. 네가 나를 잡아먹거나 잡아먹지 못하거나!"

회오리바람이 창문으로 나가 하늘 높이 솟아올라서는 이반 왕자를 끌고 다녔다. 회오리바람은 이반을 산 위까지 끌고 올라가서는 "네 놈을 박살내 버릴까?" 하고 말하기도 하고 바다 위로 끌고 가서는 "네 놈을 물에 빠뜨려 버릴까?" 하기도 했다. 그러나 아무 소용이 없었다. 이반 왕자는 결코 곤봉을 놓지 않았다.

온 세상을 다 날아다닌 회오리바람은 지쳐서 내려오기 시작했다. 회오리바람은 지하실로 곧장 가서는 오른쪽 물통으로 달려들었고 기운이 빠지는 물을 마셨다. 그러나 이반 왕자는 왼쪽의 물통으로 달려들어 기운이 솟는 물을 마시고 세상에서 가장 힘이 센 보가트리가 되었다. 이반 왕자는 회오리바람의 힘이 완전히 빠진 것을 보자 그에게서 날카로운 칼을 빼앗아 단칼에 그의 머리를 베어버렸다. 그러자 뒤에서 "다시 쳐라, 다시 쳐라, 그러지 않으면 그가 다시 살아난다!" 하고 외치는 소리가 들렸다. 그러나 이반은 이렇게 대꾸했다.

"아니야, 보가트리의 손은 두 번 베지 않는다. 단번에 모든 것을 날려 버리지!"

그리고 그는 즉시 불을 피워 회오리바람의 몸통과 머리를 태우고 재를 바람에 흩날려 보냈다. 이반 왕자의 어머니는 몹시 기뻐하며 말했다.

"사랑하는 내 아들아, 이제 뭔가를 좀 먹고 어서 집으로 돌아가자. 이곳은 지겹구나. 함께 말을 나눌 사람도 없단다."

"이곳에서는 누가 시중을 들어 주지요?"

"자, 봐라."

두 사람이 먹는 것에 대해 생각하자마자 즉시 식탁이 나타나고 온갖 종류의 요리와 포도주가 차려졌다. 왕비와 이반 왕자가 식사를 하는 동안 보이지 않는 음악가들이 그들을 위해 멋진 노래를 연주했다. 두 사람은 배불리 먹고 마신 후 쉬었다. 이반이 어머니에게 말했다.

"이제 갈 시간이 되었군요, 어머니. 형들이 산 아래에서 우리를 기다리고 있어요. 그리고 가는 도중에 이곳에서 회오리바람에게 붙잡혀 살고 있는 세 여왕도 구해 줘야 해요."

이반과 어머니는 필요한 모든 것들을 챙겨 길을 떠났다. 먼저 황금 왕국의 여왕에게 들른 후 은 왕국의 여왕에게 갔고, 마지막으로 동 왕국의 여왕을 찾아갔다. 이반과 왕비는 이 여왕들과 함께 리넨 천과 다른 물건들을 챙겨 산 아래로 내려가야 하는 지점에 도착했다.

이반 왕자는 우선 어머니를 천에 묶어 아래로 내려보내고 아름다운 엘레나와 그녀의 두 동생들도 내려보냈다. 아래에서 기다리고 있던 형들은 왕비와 여왕들이 내려오자 생각했다.

'이반을 저 위에 남겨두어야지. 그리고 어머님과 여왕들을 아버님에게 데리고 가서 우리가 그들을 찾았다고 말씀드려야겠다.'

표트르 왕자가 동생 바실리 왕자에게 말했다.

"아름다운 엘레나는 내가 차지할 테다. 너는 은 왕국의 여왕을 차지해라. 그리고 다른 장군에게 동 왕국의 여왕을 주자."

바실리 왕자가 이에 동의했다. 그리고 이제 이반 왕자가 산을 내려가려 하자 두 형들은 천을 완전히 찢어 버렸다. 산 위에 홀로 남게 된 이반은 어찌할 바를 몰라 슬프게 울면서 뒤돌아섰다. 이반이 걷고 또 걸어 동 왕국을 지나고 은 왕국을 지났으며 황금 왕국을 지나왔지만 사람이라곤 없었다. 그는 다이아몬드 왕국까지 왔지만 역시 아무도 없었다.

혼자서 무얼 한단 말인가! 그는 너무나 지루했다. 그런데 문득 눈을 들어 보아하니 창턱 위에 피리가 하나 놓여 있었다. 이반은 지루함을 달랠 겸 피리를 불 생각으로 그것을 들었다. 그런데 이반이 피리를 불자마자 웬 절름발이와 애꾸눈이 튀어나오더니 이반에게 물었다.

"무엇을 원하십니까, 이반 왕자님?"

"어, 뭔가 좀 먹고 싶구나."

어디서 나타났는지 최고급의 포도주와 요리들이 놓인 식탁이 생겼다. 이반이 식사를 하고 나서 이제 쉬어 볼까 생각하고 피리를 부니 절름발이와 애꾸눈이 다시 나타나서는 "무엇을 원하십니까, 이반 왕자님?" 하고 물었다.

"어, 침대가 준비되면 좋겠는데."

이반의 말이 떨어지기 무섭게 가장 근사한 침대가 준비되었다. 이반은 그 침대에 누워 단잠을 자고 나서 깨어나 다시 피리를 불었다.

"무엇을 원하십니까?"

절름발이와 애꾸눈이 물었다.

"그래, 자네들은 뭐든지 다 할 수 있단 건가?"

"모든 것을 할 수 있습니다, 이반 왕자님! 우리는 이 피리를 부는 사람을 위해서는 무엇이든지 해 드릴 수 있습니다. 전에 회오리바람을 섬겼던 것처럼 이제는 당신을 섬기게 되어 기쁩니다. 하지만 이 피리를 언제나 당신이 지니고 계셔야 합니다."

"알겠다. 나는 지금 고국으로 돌아가고 싶다."

이반은 자신의 말이 떨어지자마자 고국의 시장 한복판에 있는 자신을 발견했다. 이반은 시장을 돌아다니다가 구둣방 주인을 만났다. 왕자가 물었다.

"이봐요, 어디 가는 길인가요?"

"신발을 팔러 가지. 나는 구둣방을 한다네."

"나를 조수로 데려가 줄 수 있겠습니까?"

"자네 구두를 만들 줄 아나?"

"무엇이든 할 줄 알아요. 신발뿐 아니라 옷도 만들 줄 알지요."

"그래, 그럼 함께 가지!"

집에 도착한 구둣방 주인은 이반에게 말했다.

"자, 여기 최고급 재료가 있네. 자네가 얼마나 근사하게 신발을 만드는지 봄세."

이반은 자신의 방으로 가서 피리를 꺼내 불었다. 그러자 절름발이와 애꾸눈이 나타났다.

"무엇을 원하십니까, 이반 왕자님?"

"내일까지 신발 한 켤레를 준비해 주게."

"아, 그것은 일도 아닙니다."

"여기 재료가 있네."

"이게 도대체 무슨 재료입니까? 걸레지요! 창 밖으로 던져 버리는 게 낫겠네요."

이튿날 이반 왕자는 잠에서 깨어나 탁자 위에 굉장히 멋진 구두 한 켤레가 놓인 것을 보았다. 구둣방 주인도 일어나 이반에게 물었다.

"젊은이, 신발을 만들었는가?"

"다 준비가 되었지요."

"보여 주게."

구두를 본 구둣방 주인은 놀라워했다.

"정말 대단한 솜씨로구먼! 아니, 이건 솜씨 정도가 아니라 기적이지!"

감탄한 구둣방 주인은 이 신발을 팔기 위해 시장으로 가지고 갔다. 때마침 궁궐에서는 세 사람의 결혼식을 준비하고 있었다. 아름다운 엘레나와 표트르 왕자의 결혼식, 은 왕국의 여왕과 바실리 왕자의 결혼식 그리고 동 왕국의 여왕과 장군의 결혼식이었다. 그들은 혼례복을 사기 시작했고 아름다운 엘레나는 구두가 필요했다. 이반을 데리고 간 구둣방 주인의 구두가 제일 훌륭했기 때문에 그는 그 구두를 들고 궁궐에 가게 되었다. 아름다운 엘레나가 그 구두를 보고는 놀라 중얼거렸다.

"아니, 이게 어찌된 일일까? 이런 구두는 오로지 산 위에 있는 왕국에서만 만들 수 있는 것인데."

아름다운 엘레나는 값을 후하게 지불하고 구두를 산 다음 구둣방 주인에게 명령했다.

"내 치수를 재지 말고 구두 한 켤레를 만들어라. 보석으로 장식하고 다이아몬드도 박아 넣어서 아주 멋지게 만들어야 한다. 내일까지 완성해라. 그러지 못하면 교수형을 각오하여라!"

구둣방 주인은 돈과 보석들을 받아 들고 울상이 되어 집으로 돌아왔다.

'큰일났다! 이제 어떻게 하지? 내일까지 그런 구두를 도대체 어디에서 만든단 말인가? 더군다나 치수도 모르면서! 내일이면 틀림없이 교수형을 당하겠네! 마지막으로 친구들과 술이나 실컷 마셔야겠다.'

구둣방 주인은 주점으로 들어갔다. 그곳에는 많은 친구들이 있었다. 친구들은 구둣방 주인에게 물었다.

"여보게, 왜 그렇게 울상인가?"

"아, 사랑하는 친구들이여, 내일이면 나는 교수형을 당할 거야!"

"아니, 도대체 왜?"

구둣방 주인은 자신의 불행에 대해 이야기한 후 탄식했다.

"도대체 어디서 그런 것을 만든단 말인가? 술이나 진탕 마시는 게 낫지."

그들은 술을 진탕 퍼마셨고 흥청거렸다. 구둣방 주인이 비틀거리며 중얼거렸다.

"좋아, 포도주 한 통을 집으로 가져가서 잠이나 자야지. 내일 나를 데리러 오면 이 술통의 반을 퍼마셔야지. 그럼 교수형 당할 때 아무 생각도 없겠지."

구둣방 주인은 집으로 돌아와서 이반에게 투덜거리며 일이 전말을 늘어놓은 후 소리쳤다.

"아, 저주스러운 놈 같으니라고. 네 녀석이 만든 구두가 불행한 일을 불러왔다. 아침에 궁전에서 나를 잡으러 오면 깨우기나 해!"

구둣방 주인이 곯아 떨어지자 이반은 한밤중에 피리를 꺼내어 불었다. 절름발이와 애꾸눈이 나타나 "무엇을 원하십니까, 이반 왕자님?" 하고 묻자 이반은 주문받은 구두에 대해 설명하였다.

"그런 구두를 준비해 다오."

"네, 알겠습니다."

이반 왕자가 잠자리에 들고 다음 날 아침 깨어 보니 탁자 위에 불처럼 반짝이는 구두가 놓여 있었다. 이반은 주인을 깨우러 갔다.

"주인님, 일어나세요."

"뭐야, 나를 잡으러 왔다고? 어서 포도주 통을 가져와서 이 잔에 부어라. 어서 마시고 취하게."

"구두가 다 준비되었는데요."

"준비되었다니? 어디? 어디냐?"

주인은 이반을 따라가서 구두를 보고는 외쳤다.

"아니, 우리가 언제 이것을 만들었지?"

"밤에 만들었지요. 우리가 재단하고 꿰맸던 것을 정말로 기억하지 못하세요?"

"여보게, 나는 어제 완전히 곯아떨어졌어. 이제는 조금씩 생각나는군!"

구둣방 주인은 구두를 싸들고 궁궐로 달려갔다. 아름다운 엘레나는 구두를 보고 짐작을 했다.

'이것은 틀림없이 정령들이 이반 왕자에게 만들어 준 거야.'

그리고 그녀는 구둣방 주인에게 물었다.

"어떻게 이 신발을 만들었느냐?"

"저는 뭐든지 할 수 있답니다!"

"그렇다면 황금 자수를 놓고 다이아몬드와 보석을 박은 결혼 예복을 만들어라. 내일까지 준비해라. 그러지 못하면 네 목이 성하지 못할 게다!"

구둣방 주인이 다시 울상이 되어 집으로 오는데 친구들이 일이 어찌되었나 보려고 오랫동안 그를 기다리고 있었다.

"어떻게 되었나?"

"제기랄! 기독교도의 적이 나타났어. 그 여자가 황금과 보석으로 된 예복을 내일까지 만들라는군. 도대체 내가 재봉사인가? 이젠 내일이면 나를 처형시키겠지."

"여보게. 사람은 저녁보다 아침에 더 지혜로워진다네. 실컷 마시고 놀기나 하세."

그들은 주점으로 가서 실컷 마시며 즐겼다. 구둣방 주인은 다시 흠뻑 취해서 포도주 한 통을 집으로 끌고 왔다. 그리고 이반에게 투덜대며 말했다.

"여보게, 내일 자네가 나를 깨우면 나는 술을 통째로 다 마셔버릴 거야. 그러면 취한 놈을 처형시키겠지. 나는 그런 옷은 평생이 걸려도 못 만든다고."

구둣방 주인이 코를 골기 시작하자 이반 왕자는 피리를 불었고 절름발이와 애꾸눈이 나타났다.

"무엇을 원하십니까, 왕자님?"

"회오리바람의 궁궐에서 아름다운 엘레나가 입었던 것과 똑같은 옷을 내일까지 준비해 다오."

"네! 준비하겠습니다."

다음날 아침 이반 왕자가 깨어나 보니 불처럼 빛나는 옷이 온 방 안을 환히 비추며 탁자 위에 놓여 있었다. 이반이 주인을 깨우자 주인은 일어났다.

"뭐야, 나를 처형시키려고 잡으러 와? 빨리 포도주를 주게."

"옷이 준비되었는데요."

"그럴 리가! 우리가 언제 만들 시간이 있었나?"

"물론 밤에 만들었죠. 기억하지 못합니까? 주인님이 직접 재단했잖아요."

"아, 조금씩 생각이 나는군, 마치 꿈속에서 본 듯이."

주인은 옷을 들고 궁궐로 달려갔다.

아름다운 엘레나는 그에게 많은 돈을 주며 다른 것을 명령했다.

"잘 들어라. 내일 새벽까지 여기서 일곱 베르스타 떨어진 바다 위에 황금 궁궐을 세우고 그곳에서 이곳 궁궐까지 황금 다리를 놓고 값진 벨벳으로 그 다리 위를 덮을 것이며 양쪽의 난간에는 멋진 나무들이 자라게 하고 새들이 다양한 음성으로 노래하도록 하여라. 내일까지 하지 못한다면 너의 팔다리를 찢도록 할 테니까."

구둣방 주인은 아름다운 엘레나에게서 물러나 풀이 죽어 고개를 늘어뜨렸다. 친구들이 그를 맞으며 물었다.

"그래, 어떻게 됐나?"

"어떻게 되긴! 완전히 망했지. 내일이면 나는 사지가 찢겨서 죽을 처지야. 어떤 악마도 할 수 없는 그런 엄청난 일을 시키더군."

"아, 됐네! 사람은 저녁보다 아침에 더 지혜로워진다네. 주점에나 가세."

"그래, 가자! 죽기 전에 실컷 놀기나 해야지."

그들은 실컷 마시고 또 마셨다. 구둣방 주인은 친구들이 집에 데려다줘야 할 정도로 마셨다. 집에 온 그는 이반 왕자에게 푸념했다.

"이봐, 이젠 작별이야. 내일이면 나라에서 나를 처형할 거야."

"새로운 임무를 주던가요?"

"그렇다니까. 이번엔 이런 일이야!"

주인은 이반에게 새로운 임무를 말하고는 누워서는 코를 골기 시작했다. 이반 왕자는 즉시 자신의 방으로 가서 피리를 불었고 절름발이와 애꾸눈이 나타났다.

"원하는 것이 무엇입니까, 이반 왕자님?"

"이런 일을 해줄 수 있나?"

이반의 설명을 들은 절름발이와 애꾸눈이 말했다.

"물론이죠, 이반 왕자님. 이제야 일 같은 일을 맡았군요! 좋습니다. 아침이면 모든 것이 준비될 것입니다."

다음 날 동이 틀 무렵 이반이 잠에서 깨어 창 밖을 바라보니, 세상에! 모든 것이 이미 다 되어 있고 황금 궁궐은 마치 불타는 듯했다. 이반이 주인을 깨우자 주인은 벌떡 일어나며 외쳤다.

"뭐야, 나를 잡으러 왔다고? 빨리 포도주를 주게. 술 취한 놈을 처형시키겠지!"

"궁궐이 준비되었습니다."

구둣방 주인은 "자네 무슨 소리인가!" 하고 말하며 창 밖을 내다보고는 경악했다.

"도대체 어떻게 된 일이지?"

"우리가 만든 것을 기억하지 못합니까?"

"아, 내가 곯아떨어졌던 것이 분명해. 조금 기억이 나는군!"

두 사람이 황금 궁궐로 달려가 보았더니 그곳에는 이제껏 듣지도 보지도 못한 보물들이 가득했다. 이반 왕자는 구둣방 주인에게 빗자루를 주며 말했다.

"주인님, 여기 빗자루가 있어요. 어서 가서 다리 난간을 쓸도록 하세요. 그리고 누군가가 와서 이 궁궐에 누가 사느냐고 물으면 아무 대답하지 말고 이 쪽지를 건네 주세요."

구둣방 주인은 신바람이 나서 다리 난간을 쓸기 시작했다. 아침이 되자 아름다운 엘레나가 잠에서 깨어 황금 궁궐을 보고는 왕에게로 달려갔다.

"우리에게 일어난 일을 좀 보세요, 전하! 바다 위에 황금 궁궐이 지어졌고 그 궁궐에서 일곱 베르스타나 되는 이곳까지 다리도 놓여 있어요. 다리 주변에는 멋진 나무들이 자라고 새들이 다양한 음성으로 노래하고 있어요."

왕은 이것이 무엇을 의미하는지, 어떤 보가트리가 자신의 왕국에 나타난 것인지 알아보도록 전령을 보냈다. 전령들이 구둣방 주인에게 다가와 묻자 구둣방 주인은 전령들에게 쪽지를 주며 말했다.

"저도 모릅니다. 여기 당신의 왕에게 보내는 편지가 있습니다."

이반 왕자는 그 편지에 어떻게 자신이 어머니를 구출했고 아름다운 엘레나를 얻게 되었는지 그리고 형들이 자신을 어떻게 속였는지 등 그동안 있었던 모든 일을 적었다. 이반 왕자는 편지와 함께 황금 마차를 보내 왕과 왕비 그리고 아름다운 엘레나와 그녀의 동생들을 자신의 궁궐로 초청했다. 그렇지만 형들은 보통의 마차를 타고 뒤에 따라오도록 했다. 모든 사람들이 즉시 채비를 하고 출발했다.

이반 왕자는 그들 모두를 기쁘게 맞이했다. 왕이 이반의 두 형을 처형하려고 했지만 이반 왕자는 형들을 용서해 달라고 부탁했다. 성대한 잔치가 시작되었고 이반 왕자는 아름다운 엘레나와 결혼했으며 은 왕국의 여왕은 표트르 왕자와, 동 왕국의 여왕은 바실리 왕자와 결혼했다. 그리고 구둣방 주인에게는 장군의 칭호를 부여했다.

나도 그 잔치에 참석해서 꿀과 술을 마셨지만 수염을 따라 흘러내릴 뿐, 목구멍으로는 한 모금도 넘어가지 않았다.

● 주

1 영웅 서사시인 '브일리나'에 어김없이 등장하는 호걸을 일컫는 말이다. 이 호기로운 주인공은 선량한 민중을 돕고 고난을 극복하여 행복한 결말을 맺는 젊은 남성이며 대개 아름다운 여왕이나 공주와 만나 왕이 된다.

곰의 아들 이반코

옛날 옛날에 어느 마을에 한 부유한 농부와 아내가 살고 있었다. 어느 날 농부의 아내는 버섯을 따러 숲으로 갔다가 그만 길을 잃고는 곰의 굴에 들어가게 되었는데 곰이 그녀를 자신의 집에 붙잡아 두었다. 얼마가 지난 후 농부의 아내는 허리 위는 사람이고 허리 아래는 곰인 아들을 낳았다. 농부의 아내는 그 아이를 '작은 곰 이반코'라고 불렀다. 세월이 흘러 작은 곰 이반코가 성장하였다. 이반코는 어머니와 함께 사람들이 있는 마을로 가고 싶어했다.

어머니와 아들은 곰이 양봉장에 꿀을 따러 가기를 기다렸다가 채비를 해서는 도망쳤다. 그들은 도망치고 도망쳐서 마침내 마을에 다다랐다. 농부는 아내가 돌아오리라고 기대하지 않았기 때문에 몹시 기뻐했지만 잠시 후 아내가 데리고 온 이반코를 보고 놀라서 말했다.

"이 괴물은 도대체 누구야?"

농부의 아내는 어떤 일이 있었는지, 곰의 굴에서 어떻게 살았는지, 어떻게 해서 이반코를 낳게 되었는지 남편에게 이야기했다. 그러자 농부가 이반코에게 말했다.

"좋다, 작은 곰 이반코야. 뒷마당에 가서 양을 한 마리 잡아오너라. 어머니와 너를 위해 식사를 준비해야 하니까."

"어떤 놈으로 잡을까요?"

"너를 쳐다보는 놈 아무거나."

작은 곰 이반코는 칼을 들고 뒷마당으로 나가서 양들에게 고함을 쳤다. 그러자 모든 양들이 그를 쳐다보았다. 작은 곰 이반코는 즉시 모든 양을 죽이고 가죽을 벗긴 다음 고기와 가죽을 어디에 쌓아둘지 물었다. 이반코가 양들을 전부 죽인 것을 보자 농부는 작은 곰 이반코에게 화를 내며 소리를 질렀다.

"이런! 양 한 마리를 잡으라고 했는데 전부 다 죽이다니!"

"아니, 아버지. 아버지께서 저를 쳐다보는 놈을 잡으라고 하셨잖아요. 제가 뒷마당으로 가니까 한 놈도 빼놓지 않고 모든 양들이 저를 쳐다보았어요!"

"아이고, 영리한 놈아! 하는 수 없지. 고기와 가죽들을 전부 창고에 들여놓고 밤에 도둑들이 훔쳐가거나 개들이 먹어치우지 않게 창고 문을 지켜라!"

"알았어요, 감시할게요."

뜻밖에도 그날 밤 폭풍우가 몰아쳐 억수같이 비가 퍼부었다. 작은 곰 이반코는 창고의 문을 떼어 목욕탕으로 가져갔고 그곳에서 밤을 샜다. 어두운 밤인 데다 창고는 열려 있고 지키는 사람은 없으니 도둑들에게 안성맞춤이었다. 다음 날 아침 농부가 일어나 모든 것이 안전한지 확인하려고 나가 보니 개들이 고기를 먹어치우고 도둑들이 가죽을 가져가서 아무것도 남아 있지 않았다. 농부는 이반

코를 찾기 시작했고, 그를 목욕탕에서 찾아내서는 지난번보다 훨씬 호되게 나무라기 시작했다.

그러자 작은 이반코가 말했다.

"아니, 아버지! 제가 뭘 잘못했나요? 문을 지키라고 하셨잖아요. 그래서 저는 문을 지켰어요. 자, 여기 있잖아요. 도둑들이 훔쳐가지도, 개들이 먹어치우지도 않았잖아요!"

농부는 기가 막혔다.

'이 바보를 어떻게 하지? 이런 식으로 한두 달 지내면 완전히 파산하겠군! 어떻게 이놈을 없애 버리지?'

그때 좋은 생각이 떠올랐다. 다음 날 농부는 모래로 밧줄을 꼬아오라며 작은 곰 이반코를 호수로 보냈다. 그 호수에는 악마들이 많이 살고 있었다. 농부는 생각했다.

'악마들이 작은 곰 이반코를 물 속으로 끌고 가도 괜찮아!'

작은 곰 이반코가 호숫가에 앉아 모래로 밧줄을 꼬기 시작하는데 갑자기 꼬마 악마 하나가 물에서 튀어 나왔다.

"뭐 하고 있니, 작은 곰?"

"뭐 하냐고? 밧줄을 꼬고 있잖아. 밧줄을 다 꼬면 그걸로 악마들과 이 호수를 후려칠 거야. 너희들은 나의 물 속에 살면서 세금을 내지 않으니 화가 나잖아."

"잠깐만 기다려, 작은 곰. 내가 얼른 가서 할아버지에게 전할게."

이렇게 말하고 꼬마 악마는 물 속으로 퐁당 들어갔다. 대략 5분이 지나자 꼬마 악마가 다시 나왔다.

"할아버지 말씀이, 네가 나보다 달리기를 더 잘하면 세금을 낼 테니 내가 더 잘 달리면 너를 물 속으로 끌고 오시는데."

"아, 재빠르다고? 네가 나보다 잘 달린다고? 어제 태어난 나의 손자가 있는데 그 아이조차도 너보다 빨리 달릴걸! 그 애와 한판 붙어 볼래?" 하고 작은 곰 이반코가 말했다.

"도대체 어떤 손자인데?"

"저기 통나무 아래 누워 있잖아. 어이, 자유쉬코, 너무 열심히 하지는 말아라!"

작은 곰 이반코가 토끼에게 소리를 지르자 토끼는 깜짝 놀라 정신없이 들판으로 내달렸고 순식간에 시야에서 사라졌다. 꼬마 악마가 허겁지겁 그 뒤를 쫓았지만 어쩔 수 없이 한참 뒤처졌다.

"이제, 원하면 나랑 한번 해보자. 하지만 한 가지 조건이 있어. 네가 나한테 지면 너를 죽도록 두들겨 패 줄 테다."

작은 곰은 꼬마 악마를 위협했다.

"아이고, 무슨 소리!"

꼬마 악마는 물 속으로 풍당 들어가 버렸다. 얼마가 지나자 꼬마 악마가 다시 자기 할아버지의 쇠지팡이를 가지고 나왔다.

"할아버지 말씀이 네가 이 지팡이를 나보다도 더 높이 던질 수 있다면 세금을 내신다는데."

"그래, 네가 먼저 던져 봐!"

꼬마 악마는 지팡이가 겨우 점처럼 보일 정도로 높이 던졌고, 지팡이는 무시무시한 굉음을 내며 다시 떨어졌는데 땅이 움푹 패었다.

"이제 네가 던져 봐!"

작은 곰 이반코가 지팡이를 손에 잡아 보니 어찌나 무거운지 들어올릴 수도 없었다. 이반코는 꾀를 내어 말했다.

"보자, 저기 구름이 다가오고 있군. 저 구름 위로 던져야지!"

꼬마 악마는 이 말에 깜짝 놀랐다.

"어이쿠, 안 돼! 지팡이가 없으면 할아버지는 어떻게 하란 말이냐!"

그러고는 지팡이를 낚아채어 물 속으로 잽싸게 들어갔다. 얼마가 지나자 꼬마 악마는 말 한 마리와 함께 또다시 물 밖으로 튀어나왔다.

"할아버지 말씀이, 만일 네가 나보다 한 바퀴라도 더 호수 주변에서 말을 나르면 세금을 내겠지만, 그렇지 못하면 너는 물 속으로 들어와야 한대."

"아, 멋지구나! 시작하자."

꼬마 악마는 자신의 등에 말을 얹고 질질 끌며 호수 주변을 돌기 시작했다. 열 바퀴쯤 돌자 꼬마 악마는 땀으로 범벅이 되었다.

"좋아, 이제 내 차례야!"

이반코가 외치고는 말 위에 올라타서는 말이 지쳐서 쓰러질 때까지 호수 주변을 달렸다.

"와, 놀랍군! 어떻게 그럴 수 있지? 너는 나보다 훨씬 많이 돌았고, 게다가 말을 다리 사이에 끼고 나르다니 신기하네! 나는 그런 방법으로는 한 바퀴도 못 돌 텐데! 세금을 얼마 내야 하지?"

꼬마 악마가 말했다.

"내 모자에 금을 가득 채우고 1년 동안 내 밑에서 일을 해라. 그거면 나는 만족이야!"

꼬마 악마는 금을 가지러 달려갔고 작은 곰 이반코는 모자의 바닥을 뜯어내고 깊은 구덩이 위에 그것을 올려놓았다. 악마는 금을 계속 가져다가 모자 속으로 쏟아붓느라 하루 종일 부지런히 왔다갔다해서 저녁 무렵에야 모자를 채웠다. 작은 곰 이반코는 수레를 가져와 금을 실었고, 꼬마 악마가 이반코의 집으로 수레를 끌고 갔다. 이반코가 농부에게 외쳤다.

"받으세요, 아버지! 여기 아버지를 위한 일꾼과 금이 있어요."

● 주

1 러시아 특유의 지소체를 사용한 이름이다. 한국어로는 '토순이'나 '토깽이' 정도로 생각할 수 있다. 토끼는 본래 '자야츠(заяц)'라고 하는데 이를 변형시켜 사람의 애칭처럼 부르는 표현이다. '자이카(зайка)'나 '자이칙(зайчик)' 등으로도 쓴다.

젊게 만드는 사과와 생명의 샘

옛날에 나이 많은 왕이 살았는데 그에게는 아들이 셋 있었다. 그 왕은 나이가 너무 많아서 점점 눈이 보이지 않게 되었다. 그런데 어느 날 그는 아홉의 세 곱절 나라 너머 열의 세 곱절 왕국에 젊게 만드는 사과와 생명의 샘이 있는 놀라운 정원이 있다는 얘기를 들었다. 노인이 그 사과를 먹으면 곧바로 젊어지고 생명의 물로 눈을 씻으면 잘 보인다는 것이었다. 왕은 젊어지고 싶었고 눈을 고치고 싶었다. 그래서 자신의 큰아들에게 그 사과와 생명의 물을 가져오라고 시켰다.

왕자는 자신의 말에 안장을 얹고 길을 떠났다. 그는 말을 타고 가다 세 가지 길을 가리키는 푯말에 이르렀다. 그 푯말에는 첫 번째 길로 가면 사람은 굶주릴 것이나 말은 배부를 것이라 씌어 있었다. 두 번째 길에 대해서는 거기로 가는 사람은 죽을 것이라고, 세 번째 길에서는 말이 굶주리고 사람은 배부를 것이라고 적혀 있었다.

큰아들은 세 번째 길을 따라 떠났다. 그는 말을 타고 계속 가다가

●──러시아 민담

●── 왕자는 세 갈래 길을 표시한 푯말 앞에 도착했다. (이반 빌리빈의 삽화.)

자기가 떠나온 궁전같이 크고 좋은 집을 발견했다. 그가 그 집 뜰로 들어갔을 때 문 앞에서 아름답고 젊은 여주인이 그를 맞으며 쉬어 가라고 불렀다. 왕자는 매우 기뻐하며 집 안으로 들어가 식탁에 앉아 실컷 먹고 마신 후, 잠에 빠졌다. 그러나 잠에 취한 그가 여주인의 인도에 따라 침대에 눕자마자 침대가 벌어지면서 결코 헤어 나올 수 없는 지하실로 떨어졌다.

왕은 돌아오지 않는 큰아들을 기다리고 기다리다가 더 이상 기다리지 못하고 둘째를 보냈다. 둘째도 형과 같은 길을 택해 바로 그 여인의 집에 머물러서 실컷 먹고 마신 후, 여주인의 안내에 따라 침대에 누웠고 지하실로 떨어졌다. 왕에게는 이제 막내아들 이반만이 남았다. 이반 왕자가 말했다.

"아버님, 사과와 물을 구해 오도록 저를 보내 주십시오."

"애야, 어디 그 먼 데를 가겠다는 거냐? 나는 이미 아들 둘을 잃었다. 그걸로 충분하다. 그리고 넌 아직 어린데 어디로 가겠다는 거냐?"

"믿어주십시오, 아버님. 필요하신 것 모두를 가지고 아무 일 없이 돌아오겠습니다."

이반 왕자는 간곡히 말했다. 왕은 오랫동안 망설이다가 마침내 승낙을 하고 자신의 막내아들이 길을 떠나도록 준비시켰다. 드디어 이반은 길을 떠났고 형들과 같은 길을 선택해 바로 그 여인의 집에 묵게 되었다. 이반 왕자도 그 집에서 많이 먹고 마셨지만, 잠만은 마루에서 자려고 누웠다. 그러자 여주인은 침대에서 자라고 고집을 피우며 이반을 귀찮게 하는 것이었다. 이반이 말했다.

"아닙니다, 마나님. 여행하는 사람이 편하게 지낼 필요는 없지요. 팔을 베개 삼고 이렇게 웅크리고 자겠습니다. 그냥 이 마루에서 자게 두십시오."

그러자 여주인은 이반을 질식시켜 죽이기 위해 딸에게 목욕탕에 불을 때라고 시켰다. 여주인의 딸 두냐는 목욕탕의 불을 지피고 연기가 나가는 구멍을 막은 다음 왕자를 목욕탕으로 데리고 갔다. 그녀는 왕자를 목욕탕 안으로 넣은 다음 그의 등 뒤에서 문을 세게 닫아 버리려 했다. 그런데 그 순간 왕자가 어깨로 문을 밀어내고 두냐의 손을 낚아챈 다음 철로 된 회초리를 휘둘러 그녀를 때리기 시작하며 말했다.

"말해 봐라, 사악한 두냐, 내 형들을 어디에 두었지?"

그러자 두냐는 괴로운 나머지, 이반의 형들이 지하실에 앉아 보리를 찧고 있다고 말했다. 왕자는 지하실로 내려가 거기서 형들을 꺼내 왔다. 이반 왕자가 형들에게 말했다.

"자, 형님들, 아버님께 돌아가서 위로해 드려요. 저는 더 가 보겠습니다."

그러나 형들은 그렇게 다시 돌아가는 것이 창피했기 때문에 들과 숲을 방황하기 시작했다.

한편, 이반 왕자는 더 말을 타고 길을 가서 근사한 집에 이르렀다. 그가 집에 들어가 방 안을 들여다보니 아름다운 아가씨가 베틀에 앉아 수건을 짜고 있는 것이 보였다. 이반 왕자는 아가씨에게 말했다.

"수고하십니다, 아름다운 아가씨."

"감사합니다. 어디로 가십니까? 스스로 원해서 온 것입니까 아니면 어쩔 수 없이 온 것입니까?"

"스스로 원해서 왔습니다, 아름다운 아가씨. 늙고 앞을 보지 못하시는 내 아버님을 위해 젊게 만드는 사과와 생명의 물을 구하려

● ─ 민담의 주인공들은 집을 떠나 길을 찾아가는 과정에서 원조자를 만난다. 이 그림은 바바 야가로부터 받은 해골의 도움으로 귀향하는 소녀 바실리사를 그린 것으로, 소녀의 뒤에 선 이즈바 앞의 해골들이 바바 야가의 존재를 말해 준다.

●── 바바 야가는 평범한 인간들의 세계를 떠나 모험에 나선 주인공을 시험하는 마법적 존재이다.

고 아홉의 세 곱절 나라 너머 열의 세 곱절 왕국으로 갑니다."

"아아, 이반 왕자님, 당신이 그 사과들이 있는 정원에 가시기는 어려울 거예요. 이 길을 따라 좀더 가세요. 거기 내 언니가 살고 있는데 그녀를 만나 보세요. 그녀는 나보다 더 많은 것을 알고 있으니 그 정원에 어떻게 갈 수 있는지 당신에게 알려줄 거예요."

그래서 왕자는 다시 길을 떠나 오래 걸리지 않아 아가씨의 언니에게 도착했다. 이반이 그녀에게 젊게 만드는 사과와 생명의 물을 구하러 간다고 얘기하자, 그녀는 이반에게 자기 언니가 더 잘 알고 있다며 그의 말을 자기에게 남겨두라고 이르고 더 빨리 갈 수 있도록 날개가 둘 달린 말을 주었다.

이반 왕자는 날개가 둘 달린 말을 타고, 순식간에 세 번째 아가씨에게 날아갔다. 그녀는 이반을 친절하게 맞이한 다음 젊게 만드는 사과들과 생명의 물을 어떻게 구할 수 있는지 얘기하고 날개가 넷 달린 말을 주며 말했다.

"보세요, 그 정원에는 우리 큰어머니인 바바 야가가 산답니다. 그 정원으로 다가가면 말을 아까워하지 말고 있는 힘을 다해 몰아서 단번에 훌쩍 담을 넘도록 하세요. 만약 힘이 모자라 말이 담에 걸리면 종이 많이 매달려 있는 줄들이 흔들리기 시작할 거예요. 그러면 바바 야가가 잠에서 깰 것이고 당신은 거기를 벗어나지 못할 겁니다! 그녀에게는 날개가 여섯 달린 말이 있어서 당신을 잡을 수가 있어요."

이반 왕자는 이 지혜로운 처녀가 그에게 시킨 대로 모든 일을 해치웠다. 그러나 말이 조금 줄을 건드리자 줄이 흔들리며 종이 울리기 시작했다. 그 바람에 바바 야가가 잠에서 깼다. 하지만 금방 조용해졌기 때문에 그녀는 자기가 잘못 들었다고 생각하고는 다시 깊게 잠이 들어버렸다.

이반 왕자는 재빨리 젊어지는 사과를 따고 생명의 물을 퍼낸 다음 날개가 넷 달린 말을 타고 세 번째 아가씨에게 날아왔다. 거기서 또 날개가 둘 달린 말로 바꿔 타고는 두 번째 아가씨에게 빠르게 달려와 자기 말을 찾아 타고 계속해서 길을 달려갔다.

한편, 바바 야가는 아침 일찍 일어나자마자 금세 사과와 물을 누군가 훔쳐간 것을 알아챘다. 바바 야가는 자기의 날개 여섯 달린 말에 뛰어올라 큰조카에게 날아갔다. 바바 야가가 처녀에게 물었다.

"누가 여기로 오지 않았느냐?"

"벌써 오래전에 용감한 젊은이가 지나갔어요."

아가씨가 바바 야가에게 대답했다. 그러자 바바 야가는 둘째 조카딸에게 날아갔다.

"누가 여기로 오지 않았느냐?"

"왜 아니겠어요, 용감한 젊은이가 아주 오래전에 지나갔답니다."

바바 야가는 막내 조카딸에게 가서 똑같은 질문을 했고 그 처녀도 언니들과 똑같은 대답을 했다.

"벌써 오래전에 용감한 젊은이가 지나갔어요."

그러자 바바 야가는 더 달려나가 마침내 이반 왕자를 보았다. 그러나 이반이 이미 바바 야가의 땅을 벗어나 있었기 때문에 그를 잡을 수 없는 노릇이었고 그녀는 아무것도 할 수가 없었다. 바바 야가는 이반의 등에 대고 쉰 목소리로 이렇게 소리칠 뿐이었다.

"아이고, 이 도둑놈아! 네 놈이 나한테서는 벗어났지만, 결국은 형들 손에 없어질걸."

이반 왕자는 바바 야가의 이런 말에 신경을 쓰지 않고 길을 계속해서 달려갔다. 그런데 들판에서 그는 자기 형들이 깊이 잠들어 있는 것을 보았다. 그는 말에서 내린 다음 그들 곁에 머물러 자기도 잠을 청했다. 잠에서 깨어난 두 형은 자기들 곁에 이반이 와서 잠든 것을 보고 또 그가 구한 사과를 보았다. 그들은 순간 의기투합하여 이반에게서 사과를 조심스럽게 꺼내고는 이반을 깊은 구덩이 속으로 던져 버렸다.

이반 왕자는 사흘 밤낮 동안 구덩이 깊이깊이 떨어지고 있었다. 마침내 그는 사람들이 항상 불을 켜고 사는 지하 왕국에 이르렀는데 이반이 보기에 그곳은 우울하고 슬퍼하는 사람들만 있는 듯했다. 만나는 사람마다 모두 울고 있는 것이었다.

"당신들에게 무슨 일이 일어났나요?"

우는 사람들이 이반에게 대답했다.

"우리 임금님에게 일이 생겼지요. 임금님의 외동딸인 아름다운 팔리우샤 공주님을 내일 머리 일곱 달린 뱀에게 먹이로 주기 위해 데려간답니다. 우리나라에는 매달 뱀에게 처녀 하나씩을 순서대로 바치는 풍습이 있는데 이제 공주님의 순서가 되었지 뭡니까."

이반 왕자는 모든 것에 대해 자세히 물은 다음 임금님에게 가서 자기가 그의 딸을 구해 오겠다고 얘기했다. 임금님은 매우 기뻐하며 이반에게 만약 그렇게만 해 준다면 그가 원하는 것 모두를 주겠으며 자기 딸도 아내로 주겠다고 약속했다. 드디어 공주를 바닷가로 데려갈 시간이 되자, 이반 왕자는 5푸드¹⁾푸드는 16.38킬로그램 짜리 몽둥이를 집어들고 공주와 함께 갔다. 왕자는 공주와 둘이 남게 되자 그녀에게 말했다.

"나는 잘 테니, 당신은 뱀을 보면 즉시 이 몽둥이로 나를 때려서 깨우시오. 난 잠이 아주 깊이 든다오."

그리고 이반이 잠이 든 지 얼마 안 되어 공주는 머리가 일곱 개 달린 뱀을 보게 되었다. 그녀는 이반 왕자를 깨우기 시작했으나 아무리 애써도 그를 정신 차리게 할 수가 없었다. 이반을 흔들어 보기도 하고 몽둥이로 때려 보기도 했지만 아무 소용이 없었고 뱀은 점점 가까이 다가오고 있는 것이었다. 공주는 죽음을 피할 수 없게 되자 울음을 터뜨렸다. 눈물이 공주의 아름다운 뺨을 타고 흘러내렸고 곁에서 잠에 빠져 있는 이반의 얼굴에도 떨어졌다. 그러자 왕자는 벌떡 일어났다. 그는 몽둥이를 집어들고 손으로 뱀을 움켜쥔 다음 단번에 뱀의 목을 후려쳐 머리 일곱을 모두 떨어뜨렸다. 그러고 나서 뱀의 목은 돌 밑에 놓고 몸은 바다에 던져 버렸다. 그러곤 공주를 궁궐로 데려다 주었다. 왕은 진심으로 왕자가 공주와 결혼하기를 바랐으나 이반 왕자는 솔직하게 말했다.

"아닙니다, 전하. 저는 아무것도 필요 없습니다. 다만 저를 바깥으로 올라갈 수 있게만 해 주십시오. 늙고 앞을 못 보시는 아버님이 저를 기다리고 계십니다."

"너를 위로 보내고는 싶다만 어떻게 해야 할지를 모르겠구나."

왕이 대답했다. 그러자 공주가 자신이 왕자와 함께 가겠다면서 자신에겐 두 사람을 위로 데려다 줄 새가 있으니 먹이를 많이만 주면 그 새가 자신들을 바깥으로 데려다 줄 거라고 말했다. 그래서 왕자와 공주는 왕과 작별 인사를 하고 새에 황소 한 마리를 태우고 자기들도 탄 다음, 바깥을 향해 위로 날아갔다.

그들이 새에게 많이 먹일수록 새는 그만큼 더 빠르게 날아갔다. 그런데 점차 황소의 고기도 바닥이 나고 가야 할 길은 아직 좀 남아 있었다. 이반과 공주는 새가 다시 밑으로 내려갈까 봐 겁이 났다. 그러나 새는 날개를 힘차게 펄럭이더니 단숨에 바깥으로 날아 나왔다.

그들은 곧장 이반의 아버지에게로 갔다. 왕은 이반이 돌아오자 매우 기뻐했다. 왕자는 아버지가 젊어졌지만 눈은 아직 보이지 않는다는 것을 알게 되었다. 이반이 생명의 물을 꺼내 왕의 눈에 발랐다. 왕은 곧 아들과 약혼녀를 보게 되었고 자초지종을 물었다. 이반 왕자가 어떻게 해서 사과와 물을 얻었고 어떻게 해서 사과를 형들에게 도둑맞고 구덩이로 떨어지게 되었으며 어떻게 해서 공주를 구하고 밖으로 나오게 되었는지 이야기하자 이반의 형들은 강가로 도망쳤다. 너무나 허겁지겁 도망치던 나머지 그들은 강에 **빠졌고** 곧 익사하고 말았다.

  이반 왕자는 팔리우샤 공주와 성대한 결혼식을 올렸다. 잔치는 화려하게 치러졌다. 나도 그 잔치에 참석해서 꿀과 술을 마셨지만 수염을 따라 흘러내릴 뿐 목구멍으로는 한 모금도 넘어가지 않았다.

샤 바 르 샤

사기꾼 중의 사기꾼인 샤바르샤라고 하는 일꾼이 있었다. 때는 곡식도 푸성귀도 자랄 수 없을 정도의 굉장한 흉년이었다. 도대체 이 혹독한 시기를 어찌 넘기고, 입에 풀칠은 무엇으로 하고 돈은 어디서 구한단 말인가? 주인 영감은 침통하게 생각에 잠겨 있었다. 샤바르샤가 주인에게 말을 했다.

"주인님, 너무 상심 마십시오. 빵도 돈도 생길 날이 있을 겁니다."

그리고 샤바르샤는 물방앗간 둑 쪽으로 걸어가며 생각했다.

'아, 그렇지. 고기를 잡아다 팔면 돈이 되겠네. 엥, 낚싯줄로 삼을 끈이 없군. 이제라도 꼬아 만들어야겠다.'

샤바르샤는 방앗간 주인에게 대마 줄기를 얻어다가 자작나무 위에 걸터앉아 낚싯대를 꼬았다. 한참을 꼬고 있는데 물 속에서 까만 저고리에 빨간 모자를 쓴 어떤 꼬마 녀석이 팔딱 뛰어나왔다. 그 꼬마는 악마였다.

"샤바르샤, 여기서 뭘 하는 거야?"

"밧줄을 꼬는 중이다."

"무엇에 쓰려고?"

"너희들 같은 놈들 다 이 연못에서 싹 쓸어 낚으려고 그러지."

"으악, 안 돼. 잠깐만 기다려. 내가 가서 할아버지한테 말해 볼게."

꼬마 악마가 물 속으로 뛰어 들어가고 샤바르샤는 다시 하던 일을 계속하다가는 좋은 생각이 떠올랐다.

'가만있자! 좋은 수가 있다. 내가 악마 놈들을 한번 놀려줘야지. 이제 너희들은 나한테 금이고 은이고 모두 가지고 오게 될 게야.'

그러고는 구덩이를 파더니 그 위에 구멍 뚫린 모자를 세워 놓았다.

"샤바르샤, 샤바르샤! 할아버지가 나보고 한번 흥정해 보라는데, 우리를 물에서 쓸어내지 않는 대가로 뭘 원하지?"

"금과 은으로 여기 이 모자를 가득 채워 봐."

꼬마는 이 말에 다시 물 속으로 들어갔다가 나와서 말했다.

"할아버지 말씀이 먼저 샤바르샤와 한번 겨뤄 보라는데."

"뭣이, 너같이 애송이가 나하고 겨뤄 보겠다고! 너는 내 동생 미슈카의 상대도 안 될걸."

"미슈카는 어디 있는데?"

"저기 봐라. 숲 밑에 둑 위에서 쉬고 있잖아."

"어떻게 그를 불러내지?"

"가까이 가서 옆구리를 때리면 일어날 거야."

꼬마는 숲 밑의 둑 위로 갔다. 거기에서는 곰이 자고 있었다. 꼬마가 곰의 옆구리를 몽둥이로 치자 미슈카는 뒷발로 일어서더니 꼬마의 뼈가 으스러지도록 꽉 움켜잡았다. 곰의 팔에서 가까스로 빠져나온 꼬마는 할아버지한테 달려갔다.

"할아버지, 샤바르샤에게 미슈카라는 동생이 있기에 내가 한번 그와 붙어보려고 했다가 뼈가 으스러질 뻔했어요. 샤바르샤하고 붙었다가는 정말로 무슨 일 나겠어요."

꼬마가 공포에 사로잡혀 이르자 할아버지 악마가 말했다.

"으흠! 그러면 샤바르샤와 달리기 내기를 해 보아라. 누가 더 빠른지 말이야."

빨간 모자의 꼬마 악마가 다시 샤바르샤한테 가서 할아버지의 말을 전하자 샤바르샤가 대답하였다.

"애송이 녀석이 나하고 달리기를 한다고? 우리 막내 자인카와 뛰어도 저만큼 뒤처질 텐데!"

"자인카는 어디 있는데?"

"저기 봐라. 풀 위에 누워 쉬고 있잖아. 가까이 가서 귀를 건드려 봐. 그러면 너하고 달리기 시합을 할 거야."

꼬마는 풀 위로 갔다. 거기에서는 토끼가 자고 있었다. 꼬마가 토끼의 귀를 건드리자 자인카는 벌떡 일어나 잽싸게 뛰었다.

"기다려봐, 자인카, 기다려봐. 같이 좀 가자. 아이, 벌써 가 버렸네!"

꼬마 악마는 다시 할아버지 악마에게 갔다.

"저어, 할아버지, 굉장히 빨리 뛰려고 했거든요. 근데 웬걸요! 나란히도 못 갔어요. 샤바르샤도 아니고 그의 막내 동생이 뛰었는데도 말이예요."

"으흠! 샤바르샤에게 가서 누가 더 세게 휘파람을 부는지 겨루어 보아라."

"샤바르샤, 샤바르샤, 할아버지가 누가 더 휘파람을 세게 부는지

내기해 보라셔."

"그러렴, 어디 네가 먼저 불어 봐."

꼬마 악마가 휘파람을 부는데 샤바르샤가 겨우 서 있을 정도였다. 나뭇잎이 가지에서 우수수 떨어질 정도로 거셌다.

"잘 불긴 하는데 나한테는 상대가 안 되지. 내가 한번 불었다 하면 너는 서 있지 못하고 날아가 버릴걸. 그뿐만 아니라 네 귀의 고막도 터져버릴 거야. 어서 땅에 엎드려 손가락으로 귓구멍을 틀어막고 있어."

꼬마 악마는 땅바닥에 엎드려 손가락으로 귀를 틀어막았다. 그러자 샤바르샤는 몽둥이를 들고 온 힘을 다해 도깨비의 목을 두들겨 팼다. 그러면서 "퓨우! 퓨우! 퓨우!" 하고 휘파람 소리를 냈다. 꼬마 악마는 어안이 벙벙해 할아버지에게 왔다.

"할아버지, 할아버지! 샤바르샤가 휘파람 소리를 어찌나 우렁차게 내던지 눈에서는 별이 번쩍하고 목이며 허리며 할 것 없이 온몸의 뼈가 다 부러진 것 같아요."

"아니, 저런! 너는 악마치고는 너무 허약해! 저기 갈대 숲에 있는 내 금방망이를 가지고 가서 누가 더 멀리 던지나 겨뤄라."

꼬마 악마는 방망이를 들어서 어깨에 둘러메고 샤바르샤에게 갔다.

"자, 샤바르샤! 할아버지가 마지막으로 누가 이 방망이를 더 멀리 던지는지 내기해 보래."

"그래, 네가 먼저 던져 봐. 나는 보고 있을 테니."

꼬마 악마가 방망이를 던지니 하늘에 있는 점처럼 높이 날아갔다. 그리고 한참 후에야 땅에 떨어졌다. 샤바르샤는 금방망이를 들어보았다.

'어이쿠, 무겁네!'

샤바르샤는 방망이를 발치에 세워 손바닥으로 짚고는 하늘만 뚫어져라 바라보기 시작했다.

"왜 던지지 않지? 뭘 기다리는 거야?"

악마가 물었다.

"저기 있는 구름이 가까이 다가오기를 기다리는 중이야. 저 구름 위로 던질 거야. 저기에는 대장장이인 내 동생이 앉아 있거든. 그 애한테는 이런 방망이가 아주 쓸모 있을 거야."

"으악, 안 돼. 샤바르샤! 이 방망이를 구름 위로 던지면 우리 할아버지가 화를 낼 거야!"

꼬마 악마는 샤바르샤의 손에서 방망이를 낚아채서는 물 속으로 들어가 버렸다. 할아버지 악마는 샤바르샤가 하마터면 방망이를 던져 버릴 뻔했다는 소릴 듣고는 소스라치게 놀라서 연못의 깊은 곳에서 돈을 꺼내 샤바르샤의 모자를 채워 주라고 명령을 내렸다. 꼬마 악마가 돈을 꺼내 넣고 또 넣고 아무리 넣어도 모자는 채워지지가 않았다!

"할아버지! 샤바르샤의 모자는 요술 모자예요. 아무리 넣어도 모자는 비어 있어요. 이젠 할아버지 돈도 한 상자밖에 안 남았어요."

"어서 그것도 가져다 줘라! 그가 지금도 밧줄을 꼬고 있니?"

"꼬고 있어요, 할아버지!"

"그래!"

어쩔 수 없이 꼬마 악마는 대대로 물려받은 돈 상자를 꺼내다가 샤바르샤의 모자에 붓고 또 부었다. 그렇게 해서 겨우 다 채웠다. 그때부터 이 일꾼은 어마어마한 부자가 되었다.

그가 나보고도 한잔하러 오라고 불렀는데, 나는 안 갔다. 꿀은 쓰고 술은 뿌옇다고들 하길래 말이다. 어째서 그런 말이 나왔을까?

●──주

· '미슈카', '자인카'는 지소체 용법이다.

못된 아내

남편 말은 전혀 듣지를 않는 못돼먹은 아내가 살았다. 남편이 일찍 일어나라고 하면 사흘 밤낮을 잤고 남편이 자라고 하면 밤을 꼬박 샜다. 남편이 블린을 만들라고 하면 그녀는 "불한당 같은 놈아, 너는 블린을 먹을 가치가 없어!" 하고 말하였다. 남편이 "여보, 나는 블린을 먹을 가치가 없으니 만들지 마시오."라고 하면 그녀는 두 양동이나 되는 양의 블린을 만들어서는 "이 불한당아, 실컷 처먹어라!" 하고 말했다.

남편이 "여보, 음식 만들지 말고 풀을 베러 가지 말아요. 당신이 안 됐어요!"라고 말하면 그녀는 "아니야, 이 불한당아. 난 갈 테니까 너도 따라와."라고 말했다.

남편이 하루는 아내와 말다툼을 하고 심기가 불편해서 딸기를 따러 숲으로 갔는데 까치밥나무 덤불 한가운데에 바닥이 보이지 않을 정도로 깊은 구덩이가 있는 걸 보게 되었다. 그것을 멍하니 바라보며 남편은 생각에 잠겼다.

'왜 내가 못된 아내와 살면서 괴로워하지? 이 구덩이에 마누라를 처넣고 뭔가 따끔하게 가르쳐 줄 수는 없을까?'

그리고 그날 집으로 돌아온 그는 아내에게 말했다.

"여보, 딸기를 따러 숲에 가지 말아요!"

"싫어, 사기꾼 같으니라고. 갈 거야!"

"내가 까치밥나무 덤불을 발견했는데 그걸 절대 따지 말아요!"

"싫어, 내가 직접 가서 모조리 따 버릴 거야. 그리고 너한테는 하나도 안 줄 거야!"

남편은 밖으로 나갔고 아내도 그를 따라갔다. 남편이 까치밥나무 덤불에 도착하자 아내가 덤불로 뛰어들며 "그 덤불로 가지 마. 이 도둑놈아, 들어가면 죽여 버릴 거야!" 하고 고래고래 소리를 질렀다. 그러고는 혼자서 덤불 중간까지 기어 들어가선 바닥도 안 보이는 구덩이 속으로 빠지고 말았다.

남편은 즐거워하며 집으로 돌아와 사흘을 지냈고 나흘째 되던 날 아내가 구덩이에서 어떻게 지내고 있는지 살피러 갔다. 그는 기다란 밧줄을 구덩이 아래로 내렸는데 뜻밖에도 꼬마 악마가 딸려왔다. 남편이 깜짝 놀라 악마를 다시 구덩이 속으로 떨어뜨리려 하자 악마는 비명을 지르고 애원하며 말했다.

"농부님, 저를 도로 보내지 말아 주세요! 아주 못된 여자가 구덩이에 와서는 모두 다 먹어치우고 물어뜯고 두들겨 패니 우리는 어떻게 해야 할지 모르겠어요! 제가 농부님에게 은혜를 갚을게요!"

농부는 그 악마를 성스러운 러시아 땅에 놓아 주었다. 그러자 악마가 말했다.

"자, 농부님. 저와 함께 볼로그다 도시로 가요. 제가 사람들을 괴롭힐 테니 당신이 그들을 치료하세요."

악마가 도시에 있는 상인들의 아내와 딸에게 가서 그들의 몸 속으로 들어가자 그들은 미치게 되고 병을 앓게 되었다. 이제 농부가 아픈 사람들이 있는 집으로 가면 악마는 떠나고 농부가 그 집에 축복을 내려 주었다. 그래서 모든 사람들은 농부가 약사라고 생각하여 그에게 돈을 주고 음식을 대접했다. 그렇게 해서 농부는 이루 헤아릴 수 없을 정도로 많은 돈을 모았다. 악마가 와서 농부에게 물었다.

"농부님, 돈을 많이 모으셨군요, 만족하세요? 이제 저는 귀족의 딸에게로 갈 거예요. 그녀를 치료하러 오지 마세요. 만일 오면 제가 농부님을 잡아먹을 거예요. 명심하세요!"

이렇게 해서 귀족의 딸이 다른 사람들처럼 병에 걸리고 미치게 되었다. 귀족은 약사를 찾으라고 명령했다. 농부는 귀족의 대저택에 도착했고 귀족에게 모든 시민과 마부와 함께 마차를 귀족의 집 맞은편 거리에 모이게 해 달라고 말했다. 그런 다음 모든 마부들에게 채찍을 휘두르면서 "못된 여자가 왔다, 못된 여자가 왔다!" 하고 고래고래 소리를 지르라고 시켰다. 그리고 농부는 방으로 들어갔다. 그가 방으로 들어오자 악마는 농부를 보고 화를 내며 말했다.

"이봐요, 러시아 사람! 왜 온 거예요? 당신을 잡아먹겠어요!"

농부가 말했다.

"무슨 소리를 하는 거야! 너를 내쫓으려고 온 게 아니라 너를 동정해서, 못된 여자가 이곳에 왔다는 것을 말해 주려고 온 거야!"

악마가 창으로 펄쩍 뛰어올라 바깥을 바라보니 모든 사람들이 하나같이 "못된 여자가 왔다." 하고 외치고 있는 것이었다.

악마는 농부에게 다급하게 물었다.

"농부님, 어디에 숨어야 하지요?"

"다시 구덩이로 돌아가. 그 못된 여자는 더 이상 그곳에 가지 않을 거야."

 악마는 농부의 못된 아내가 빠져 있는 구덩이를 향해 떠났다. 귀족은 딸을 고쳐 준 것에 감사를 했고 딸을 농부와 결혼시켰으며 재산의 반을 주었다. 하지만 못된 아내는 지금도 구덩이 속에서 나오지 못하고 그 속에 있다.

병사의 두 아들, 이반 형제

어느 왕국에 한 농부가 있었는데 때가 되어 병사로 징집되었다. 농부는 임신한 아내와 작별을 하며 말했다.

"여보, 행실 바르게 지내도록 해. 그리고 선량한 사람들의 웃음거리가 되지 않도록 명심하고. 집안을 망치지 말고 잘 꾸려나가도록 하고 내가 돌아오기를 기다리라고. 아마도 신께서 내가 제대해서 집에 돌아올 수 있도록 도와주시겠지. 자 여기 오십 루블이 있어. 당신이 딸을 낳든 아들을 낳든 그 아이가 성장할 때까지 이 돈을 잘 간직해. 딸아이가 결혼할 때 지참금으로 쓰든지. 만일 신께서 우리에게 아들을 주셔서 그 아이가 성인이 되면 이 돈이 적잖은 도움이 될 테니까 말야."

농부는 아내와 작별을 고하고 나서 배속된 부대로 출발했다. 석 달쯤이 흘러서 아내는 쌍둥이 아들을 낳았고 그들을 '병사의 아들 이반'이라고 불렀다. 아이들은 마치 밀가루 반죽이 발효하듯이 하루가 다르게 무럭무럭 자라기 시작했다. 아이들이 열 살이 되자 어머니는 공부를 시키기 위해 먼 곳으로 그들을 보냈다. 아이들은 곧 글자를 다 깨치게 되었고 귀족이나 상인들의 자식들보다도 더 많이 알게 되었다. 그 어느 누구도 그들보다 더 잘 읽고 잘 쓰며 잘 대답하는 아이는 없었다. 귀족과 상인의 자식들은 이 쌍둥이를 시기했고 매일 두들겨 패고 못살게 굴었다. 쌍둥이 중 한 아이가 다른 아이에게 말했다.

"언제까지 우리를 때릴 건가? 어머니는 우리들에게 옷 만들어 주기도 힘들고 모자 사 주기도 벅찰 거야. 우리가 무엇을 입고 쓰든 다른 놈들이 갈기갈기 찢어 놓으니 말이다! 우리 함께 저놈들을 혼내 주자."

쌍둥이는 서로서로 돕고 배반하지 않기로 약속했다. 다음 날 귀족과 상인의 자식들이 화를 돋구자 꾹 참던 그들은 앙갚음을 해 주었다. 쌍둥이는 한 아이의 눈알을 빼고 다른 한 아이의 팔을 부러뜨리고 또 다른 아이의 머리를 꺾어 버렸다! 그리하여 한 사람도 남기지 않고 모조리 때려눕혔다. 그러자 호위대가 달려와서 선량한 쌍둥이를 옭아매서 감옥에 가둬 버렸다. 이 사건은 왕의 귀에까지 들어가게 되었고 왕은 쌍둥이를 불러 모든 것을 물어본 뒤 그들을 풀어 주라고 명령하며 말했다.

"그들에게는 죄가 없다. 신께서 싸움을 건 놈들을 벌주신 거야."

병사의 아들 이반 형제가 다 장성하자 어머니에게 물었다.

"어머니, 아버님께서 저희에게 돈을 좀 남기지 않으셨습니까? 만일 남기셨다면 그 돈을 주십시오. 우리는 도시의 시장에 가서 좋은 말을 한 필씩 사겠어요."

어머니는 쌍둥이 각각에게 이십오 루블씩 오십 루블을 주며 말했다.

"얘들아! 도시로 가는 도중에 만나는 사람들에게 정중히 인사를 하렴."

"알겠어요, 어머니!"

이렇게 해서 두 형제는 도시로 향했다. 시장에 도착해서 여러 말들을 이리저리 살펴보았지만 어느것 하나 선량한 젊은이들에게는 적합하지 않았기 때문에 고를 수가 없었다. 그러다 쌍둥이 중 한 명이 다른 한 명에게 말했다.

"광장 저 끝으로 가 보자. 저곳에 사람들이 바글바글 모여 있는 것 좀 봐!"

형제가 거기 도착해서 인파를 헤치고 들여다 보니 참나무 기둥에 망아지가 두 필 매여 서 있는데, 한 마리는 여섯 줄의 사슬로 묶여 있고 다른 한 마리는 열두 줄 사슬로 묶여 있었다. 망아지들은 사슬에서 벗어나려고 기를 쓰며 발굽으로 땅을 차고 버둥대고 있었다. 그 어느 누구도 그 말들 가까이 다가갈 수 없었다. 쌍둥이 중 한 명이 주인에게 물었다.

"망아지 값이 얼마죠?"

"괜히 나서지 마시오. 여기 물건은 있소마는 당신들에게는 어울리지 않으니 묻지 마시오."

"누가 알겠소, 우리가 살지. 이빨을 살펴보아야겠군."

그러자 주인은 씩 웃으며 말했다.

"조심하시오, 당신 머리가 깨지지 않도록!"

쌍둥이 중 한 명은 여섯 줄 사슬로 묶인 망아지에게, 다른 한 명은 열두 줄 사슬로 묶인 망아지에게 다가갔다. 그들은 이빨을 살펴보려고 했지만 망아지들은 뒷다리로 서서 큰 소리로 힝힝댔다. 두 형제는 무릎으로 말들의 가슴을 걷어찼다. 그러자 사슬이 여기저기로 흩어지며 망아지들은 10사젠〔약 21미터〕을 날아가 다리를 하늘로 향한 채 나가떨어졌다.

"흥, 그렇게 자랑하더니! 우린 저런 약해 빠진 놈들은 거저 줘도 안 가져요."

이반 형제가 말하자 군중들은 대단한 힘을 지닌 보가트리의 출현에 입을 딱 벌리고 놀라워했다! 망아지 주인은 거의 울상이 되었다. 그의 망아지들은 도시 너머로 달려가 들판 위로 뛰어다니기 시작했다. 그 어느 누구도 다가가서 붙잡을 엄두를 내지 못했다. 병사의 이들 이반 형제가 망아지 주인을 가엾게 여겨 들판에 나가서 큰 소리로 고함을 치자 망아지들은 달려와서 그 자리에 마치 박힌 듯이 멈춰 서 있었다. 선량한 두 젊은이들은 쇠사슬로 말들을 묶은 뒤 참나무 기둥으로 끌고 가 단단히 매어놓았다. 그들은 이 모든 일을 마무리 짓고 집으로 떠나갔다. 쌍둥이 형제는 길을 따라 걷고 있는 동안 머리가 새하얀 노인을 만났다. 그러나 그들은 어머니가 일러준 말을 잊고 노인에게 인사를 하지 않은 채 그냥 지나쳤다. 얼마 후 형제 중 한 명이 잘못을 깨닫고는 말했다.

"아니, 이런. 우리가 대체 무슨 짓을 저지른 거야? 노인에게 인사를 하지 않았잖아. 어서 노인을 따라가서 인사를 하자."

두 사람은 노인을 쫓아가서 모자를 벗고 허리를 굽혀 인사하며 말했다.

"인사하지 않고 그냥 지나친 우리를 용서해 주세요, 할아버지. 길에서 만나는 모든 사람들에게 예의를 갖추어 인사하라고 어머니께서 엄하게 일러주셨습니다."

"고맙네, 선량한 젊은이들! 그런데 어디에 갔다 오는 길인가?"

"도시의 시장에 돌아다녔습니다. 말을 한 필씩 사려고 했지만 적당한 것이 없었어요."

"그래? 내가 말을 한 필씩 줄까?"

"아이고, 할아버지, 그렇게 하신다면 할아버지를 위해 신께 늘 기도 드리지요."

"자, 가 보세!"

노인은 쌍둥이를 커다란 산으로 데리고 갔고 무쇠로 된 문을 열더니 용감한 준마 두 필을 끌고 나왔다.

"자, 이 말을 가지게, 선량한 젊은이들. 신의 축복이 함께하기를. 저 말들을 잘 돌보게!"

쌍둥이 이반은 노인에게 고맙다는 인사를 하고 준마에 올라타서 집으로 달렸다. 집에 도착한 두 사람은 말들을 기둥에 매어놓고 집으로 들어갔다. 어머니가 물었다.

"그래, 애들아, 말들은 구했니?"

"사려고 했지만 못 샀어요. 그렇지만 거저 얻었지요."

"말들은 어디에 두었니?"

"집 옆에 두었습니다."

"아니, 애들아. 누군가 끌고 가면 어쩌려고!"

"아니에요, 어머니, 그 말들은 보통 말이 아니에요. 말들을 데려가기는커녕 다가갈 수조차 없을 거예요."

어머니는 보가트리의 말들을 살펴보기 위해 밖으로 나갔다가 울음을 터뜨렸다.

"아니, 애들아, 너희들의 부양을 받기는 글렀구나."

다음 날 아들들은 어머니에게 칼을 사도록 도시에 가게 허락해 달라고 부탁을 드렸다.

"어서 가거라, 내 사랑하는 아들들아."

그들은 채비를 한 후 대장간으로 가서 대장간 주인에게 말했다.

"우리에게 칼을 하나씩 만들어 주십시오."

"이미 만들어 놓은 것이 있으니 원하는 대로 가져가게."

"아니요, 우리들은 300푸드 나가는 칼이 필요해요."

"아니, 그게 대체 무슨 헛소리지! 도대체 누가 그렇게 무거운 칼을 휘두를 수 있단 말인가? 세상에 그와 같은 칼을 만들 만큼 큰 대장간 화로는 없어."

어쩔 수 없이 두 선량한 젊은이들은 낙담해서 집으로 향했다. 그런데 도중에 그들은 지난번에 만났던 바로 그 노인을 만났다.

"잘 지내는가, 젊은이들!"

"안녕하세요, 할아버지!"

"어디 갔다 오는 길인가?"

"시내의 대장간에요. 칼을 한 자루씩 사려고 했는데 적당한 칼을 구하지 못했어요."

"참 안됐군! 내가 자네들에게 한 자루씩 줄까?"

"아이고, 할아버지, 그렇게 하신다면 할아버지를 위해 신께 늘 기도 드리지요."

할아버지는 두 사람을 커다란 산으로 데리고 가서 무쇠로 된 문을 열더니 보가트리에게 어울릴 법한 엄청나게 큰 칼 두 자루를 가지고 나왔다. 두 형제는 칼을 받고 노인에게 감사한 뒤 기쁜 마음으로 집에 돌아왔다.

두 형제가 집에 도착하자 어머니가 물었다.

"그래, 애들아. 칼은 샀느냐?"

"사려고 했지만 못 샀어요. 그 대신에 거저 얻었어요."

"어디에다 두었니?"

"집 옆에 세워 두었어요."

"조심해라, 누가 가져가면 어쩌려고!"

"아니에요, 어머니. 그 칼을 가져가기는커녕 들지도 못할 거예요."

어머니는 칼을 보러 밖으로 나갔다. 보가트리의 칼 두 자루가 벽에 기대어 세워져 있는데 어찌나 육중한지 작은 오두막이 겨우 지탱하고 있을 정도였다. 어머니는 울음을 터뜨리며 말했다.

"아니, 애들아. 너희들의 부양을 받기는 글렀구나."

다음 날 아침에 병사의 아들 두 이반은 자신들의 말에 안장을 얹고 보가트리의 칼을 들고 집 안으로 들어와 신께 기도를 드린 후 어머니와 작별을 했다.

"어머니, 먼 길을 떠나는 저희를 축복해 주세요."

"애들아, 이 어미의 굳건한 모정은 늘 너희들 곁에 있을 게다! 신의 축복과 함께 어서 가서 너희들의 모습을 보여주고 사람들을 만나보아라. 이유 없이 사람들에게 해를 끼치지 말고, 사악한 무리들에게는 절대 굴복하지 마라."

"걱정 마세요, 어머니! 우리에게는 좌우명이 있어요. '말을 타고 달리는 도중에는 휘파람을 불지 않지만 싸워야 할 때에는 절대 굴복하지 않는다.' 뻐기거나 겁 들먹거리지 않고 진절한 용기를 지닌다는 의미."

선량한 두 젊은이는 말에 올라타고 길을 떠났다.

이야기는 빠르든 느리든 얘기되지만 실제로는 그렇게 빠르지 않은 법인데, 어쨌든 두 형제는 두 개의 기둥이 서 있는 교차로에 이르렀다. 한쪽 기둥에는 "오른쪽으로 가는 사람은 왕이 될 것이다."라고 적혀 있고 다른 쪽 기둥에는 "왼쪽으로 가는 사람은 살해될 것이다."라고 적혀 있었다.

두 형제는 멈춰 서서 기둥에 적힌 글을 읽고는 어느 방향으로 가야 할지를 생각했다. 만일 오른쪽으로 간다면 영예롭지 못했다. 자신들의 보가트리다운 힘을 자랑할 만하지 못하고 용기가 없는 것이었다. 둘 중 한 사람이 왼쪽으로 간다 해도 어느 누가 죽기를 원하겠는가! 하지만 결국 어쩔 수 없이 두 형제 중 한 명이 다른 사람에게 말했다.

"자, 형제여. 내가 너보다 힘이 세니까, 나는 왼쪽으로 가서 어째서 내가 죽게 되는지 알아보아야겠다. 너는 오른쪽으로 가거라. 아마도 신의 도움으로 너는 왕이 될 게다!"

그들은 작별 인사를 하고 손수건을 교환한 후, 각자의 길을 가면서 길을 따라 기둥을 세우고 그 기둥에 표적과 길 안내를 위해 자신들에 대해 적기로 했다. 그리고 매일 아침마다 형제의 손수건으로 얼굴을 닦기로 하고, 만일 손수건에 피가 묻어 있다면 그것은 형제에게 죽음이 닥쳤다는 것을 의미하는 것이므로 그와 같은 경우에는 죽은 형제를 찾아 나서기로 약속했다.

선량한 두 젊은이는 다른 방향으로 흩어졌다. 오른쪽으로 말을 몰고 간 형제는 영광스런 왕국에 당도했다. 그 왕국에는 왕과 왕비가 살고 있었는데 그들에게는 나스타샤라는 어여쁜 딸이 있었다. 왕은 병사의 아들 이반을 보자 그의 영웅적인 용기에 반해서 오래 생각할 것도 없이 자신의 딸을 그와 결혼시키고 그를 '왕자 이반'이라 칭하여 온 왕국을 통치하게 했다. 왕자 이반은 자신의 아내를 사랑하며 온 왕국에 질서를 확립하고 사냥을 즐기며 행복하게 살았다.

어느 날 그는 사냥 갈 준비를 하였고 말에 마구를 올려놓다가 말안장에서 병을 낫게 하는 물과 생명의 물이 들어 있는 주머니들을 발견했다. 이를 본 이반은 이 물주머니들을 말안장에 도로 놓으며

'위급할 때를 대비해서 보관해야겠다. 필요할 때가 있겠지.' 하고 생각했다.

왼쪽 길로 간 다른 이반은 밤낮으로 쉬지 않고 달렸다. 한 달이 지나고 두 달이 지나고 세 달이 지난 뒤 그는 알려지지 않은 어느 왕국에 당도했고 곧바로 수도에 도착했다. 이 왕국에는 커다란 슬픔이 드리워져 있었다. 집집마다 검은 천을 드리웠고 사람들은 마치 잠에 취한 듯 비틀거렸다. 어느 가난한 노파의 집에 허름한 방을 하나 빌려 든 이반은 노파에게 그 사연을 물어보았다.

"할머니, 어째서 모든 사람들이 슬픔에 빠져 있고 집집마다 검은 천이 드리워져 있는지 말씀해 주시겠어요?"

"어이구, 젊은이! 엄청난 불행이 우리에게 닥쳤다네. 매일 매일 머리가 열둘 달린 뱀이 푸른 바다의 회색 바위 뒤에서 튀쳐 나와서 사람들을 잡아먹는데 이번에는 왕의 가족 차례라네. 왕에게는 공주가 셋 있는데 지금 막 큰공주님을 뱀이 잡아먹도록 바닷가로 끌고 들 갔다네."

병사의 아들 이반은 말에 올라타서 푸른 바다의 회색 바위를 향해 달려갔다. 바닷가에는 쇠사슬에 묶인 어여쁜 공주가 있었다. 공주는 무사를 보고는 외쳤다.

"어서 여기서 떠나세요, 선량한 젊은이여! 이제 머리가 열둘 달린 뱀이 이곳으로 올 거예요. 저는 어차피 죽게 되겠지만 여기에 있으면 당신도 죽음을 면치 못할 거예요. 잔인한 뱀이 당신도 먹어 치울 거예요!"

"두려워하지 마세요, 아름다운 아가씨. 어쩌면 그 녀석이 내 손에 죽을지 모르니까요."

병사의 아들 이반은 공주에게 다가가서 보가트리의 손으로 쇠사슬을 잡아 마치 썩은 줄인 양 산산조각을 내버렸다. 그러고 나서 이반은 어여쁜 공주의 무릎을 베고 누우며 말했다.

"자, 내 머리칼 속에 있는 이나 잡아 주세요. 하지만 이만 잡지 말고 바다를 잘 쳐다보도록 해요. 구름이 몰려오고 바람이 불기 시작하고 바닷물이 일렁이면 나를 당장 깨워요."

아름다운 공주는 시킨 대로, 머리칼만 만지지 않고 바다도 유심히 지켜보았다.

갑자기 구름이 몰려오고 바람이 불기 시작하고 바닷물이 일렁이더니 푸른 바다에서 뱀이 나타나 산꼭대기까지 높이 솟아올랐다. 공주가 병사의 아들 이반을 깨우자 그는 벌떡 일어났다. 그가 말에 뛰어오르기 무섭게 뱀이 날아와 공격했다.

"자네, 이바누슈카_{이반을 부른 말}, 어째서 이곳에 온 것이냐? 여기 이곳은 내 영역이다! 이제 너는 이 밝은 세상과는 작별하고 스스로 내 입속으로 뛰어들어라. 차라리 그렇게 하는 것이 더 쉬울 게다."

"닥쳐라, 이 저주받을 놈아! 너는 나를 잡아먹지 못하고 내 손에 죽음을 당할 게다!"

이반이 대꾸하고 날카로운 칼을 휘두르자 뱀의 열두 머리가 전부 잘려 나갔다. 그러자 이반은 회색 바위를 들어올려 뱀의 머리를 그 아래에 두고 몸통은 바다로 던져버렸다. 그리고 이반 자신은 노파의 집으로 돌아와 실컷 먹고 마신 후 사흘 동안 잠을 잤다.

그 동안에 왕은 물을 길어오는 하인을 불러 말했다.

"바닷가로 가서 공주의 유골이라도 모아 오너라."

푸른 바다에 도착한 하인은 공주가 아무 데도 다치지 않고 무사히 살아 있는 것을 보고는 공주를 수레에 태워 깊은 숲속으로 데리고 갔다. 그러고는 칼을 갈기 시작했다.

●──러시아 민담

"무엇을 하려고 그러는 거지?"

공주가 묻자 하인이 대답했다.

"공주님을 죽이려고 칼을 갈고 있는 거죠."

공주는 깜짝 놀라 애원했다.

"나를 죽이지 마. 너에게 아무런 잘못도 하지 않았잖니."

"임금님께 당신을 뱀에게서 구해 준 사람이 나라고 말하면 살려 주겠어요."

어쩔 수 없이 공주는 그에 동의했다. 공주가 궁궐로 돌아오자 왕은 몹시 기뻐했으며 그 하인을 대장으로 임명했다. 한편 병사의 아들 이반은 잠에서 깨어나 노파를 불러 돈을 주며 말했다.

"할머니, 시장에 가서 필요한 것을 사세요. 그리고 뭐 새로운 소식이 있는지 사람들이 하는 소리를 들어 보세요."

노파는 시장으로 달려가 여러 물건을 사면서 소문을 들어 가지고 돌아와 말했다.

"사람들 사이에 이런 말들이 떠돌더군. 궁궐에서 커다란 만찬이 열렸고 왕자들과 사신들과 귀족들과 고관들이 그 만찬에 있었는데 갑자기 화살이 창문으로 날아들어와 방 한가운데에 떨어졌대. 그런데 그 화살에는 머리가 열둘 달린 다른 뱀이 보낸 편지가 꽂혀 있었다네. 뱀은 두 번째 공주를 자기에게 보내지 않으면 모든 왕국에 불을 질러 잿더미로 만들어 버리겠다고 썼다는구먼. 이제 어쩔 수 없이 그 불쌍한 공주를 푸른 바다의 회색 바위로 데리고 갈 거라네."

병사의 아들 이반은 즉시 자신의 준마에 안장을 얹고 올라타서 바닷가로 달려갔다. 둘째 공주는 이반에게 말했다.

"어쩐 일입니까, 선량한 젊은이여? 이제 제가 죽을 차례가 되어 뜨거운 피를 흘리게 되겠지요. 하지만 당신은 어째서 죽어야만 합니까?"

"걱정하지 마세요, 어여쁜 공주님! 아마 신께서 구해 줄 것입니다."

병사의 아들 이반은 공주에게 다가가서 보가트리의 손으로 쇠사슬을 잡아 마치 썩은 줄인 양 산산조각 내 버렸다. 그러고 나서 이반은 어여쁜 공주의 무릎을 베고 누우며 말했다.

"자, 내 머리칼 속에 있는 이를 잡아 주세요! 하지만 이만 잡지 말고 바다를 잘 쳐다보도록 해요. 구름이 몰려오고 바람이 불기 시작하고 바닷물이 일렁이면 나를 당장 깨워요."

아름다운 공주는 시킨 대로 머리만 만지지 않고 바다도 유심히 지켜보았다.

갑자기 구름이 몰려오고 바람이 불기 시작하고 바닷물이 일렁이더니 푸른 바다에서 뱀이 나타나 산꼭대기까지 높이 솟아올랐다. 공주가 병사의 아들 이반을 깨우자 그는 벌떡 일어났다. 그가 말에 뛰어오르기 무섭게 뱀이 날아와 공격했다. 보가트리 이반은 날카로운 칼로 뱀을 내리쳐 머리 열두 개를 전부 베어 버렸다. 그리고 베어버린 머리는 바위 아래에 두고 몸통은 바다로 던져버리고 집으로 돌아와서 실컷 먹고 마신 후 다시 사흘 밤 사흘 낮을 잤다.

대장이 된 물 긷는 하인이 왕의 명령을 받고 다시 바닷가로 도착해 보니 이번에노 공수가 살아 있었다. 그러자 대장은 공주를 수레에 태워 울창한 숲으로 데려갔고 칼을 갈기 시작했다. 공주는 물었다.

"어째서 칼을 가세요?"

"당신을 죽이려고 칼을 가는 거요. 만일 당신 아버지에게 내가 시키는 대로 말한다면 살려 주겠소."

둘째 공주는 시키는 대로 하겠다고 맹세했고 그가 공주를 궁궐로 데리고 오자 왕은 기뻐하며 대장을 장군으로 임명했다.

병사의 아들 이반은 잠에서 깨어나 노파에게 시장으로 가서 새로운 소식을 들어보고 오라고 했다. 노파는 시장에 달려갔다가 오더니 말해 주었다.

"세 번째 뱀이 나타나서 셋째 공주를 잡아먹도록 자기에게 보내라고 요구하는 편지를 왕에게 보냈다는군."

병사의 아들 이반은 자신의 준마에 안장을 얹고 올라탄 후 바다를 향해 달려갔다. 바닷가에는 쇠사슬에 묶인 어여쁜 공주가 서 있었다.

병사의 아들 이반은 공주에게 다가가서 보가트리의 손으로 쇠사슬을 잡아 마치 썩은 줄인 양 산산조각 내 버렸다. 그러고 나서 이반은 어여쁜 공주의 무릎을 베고 누우며 말했다.

"자, 내 머리칼 속에 있는 이를 잡아 주세요! 하지만 이만 잡지 말고 바다를 잘 쳐다보도록 해요. 구름이 몰려오고 바람이 불기 시작하고 바닷물이 일렁이면 나를 당장 깨워요."

공주는 이반의 머리에서 이를 잡기 시작했다.

갑자기 구름이 몰려오고 바람이 불기 시작하고 바닷물이 일렁이디니 푸른 바다에서 뱀이 나타나 산처럼 높이 솟아올랐다. 공주는 병사의 아들 이반을 깨우고 흔들었지만 이반은 일어나지 않았다. 절망에 빠진 공주가 슬프게 울고, 뜨거운 눈물이 이반의 볼 위로 떨어졌다. 그 눈물로 인해 이반은 잠에서 깨어났다. 그가 자신의 말이 있는 곳으로 달려가 보니 말은 이미 발굽으로 땅을 반 아르신이나 파 놓은 것이었다. 열두 머리를 가진 뱀이 불길을 내뿜으며 날아와서 보가트리 이반을 흘긋 보더니 외쳤다.

"너는 젊고 잘생겼구나, 선량한 젊은이여. 하지만 살아남지 못할 게다. 너의 뼈까지도 내가 먹어 치울 테니까!"

"닥쳐라, 저주받을 놈아! 죽을 각오나 해라!"

이반과 뱀은 무시무시한 싸움을 시작했다. 병사의 아들 이반은 너무나 재빠르고 세게 칼을 휘둘러서 칼이 손으로 잡을 수도 없을 정도로 달구어졌다! 이반은 공주에게 간청했다.

"저를 구해 주십시오, 사랑스러운 공주님! 당신의 소중한 손수건을 꺼내 푸른 바닷물에 적시어 칼자루를 싸도록 내게 주십시오."

공주는 즉시 자신의 손수건을 물에 적신 후 선량한 젊은이인 이반에게 건네주었다. 이반은 손수건으로 칼자루를 감싸 쥐고 뱀에게 칼을 휘둘렀다. 이반은 뱀의 머리 열둘을 전부 베어 버렸고 잘린 뱀의 머리는 바위 아래에 묻고 몸통은 바다로 던져 버리고는 집으로 달려와서 실컷 먹고 마신 뒤 사흘 밤낮을 계속 잠만 잤다.

왕은 다시 장군을 바다로 보냈다. 이번에도 장군은 공주를 울창한 숲으로 데리고 가서 칼을 꺼내 갈기 시작했다.

공주가 물었다.

"지금 무엇을 하고 있는 거예요?"

"당신을 죽이려고 칼을 가는 거요! 만일 당신 아버지에게 내가 뱀을 죽였다고 말한다면 살려 주겠소."

장군은 공주를 위협했고 공주는 그가 시키는 대로 하겠다고 맹세했다. 그런데 막내 공주는 왕의 총애를 받는 딸이었다. 막내 공주가 살아 온 것을 본 왕은 전보다도 더욱 기뻐하며 장군에게 막내공주를 아내로 주고 싶어했다.

그 소문은 온 왕국에 퍼져 나갔다. 병사의 아들 이반은 그 결혼식에 대해 알게 되자 곧장 잔치가 벌어지고 있는 궁궐로 갔다. 모든 손님들이 먹고 마시며 여러 놀이를 즐기고 있었다. 막내 공주는 병사의 아들 이반과 그의 칼자루에 감겨 있는 자신의 소중한 손수건을 알아보고 자리에서 벌떡 일어나 이반의 손을 잡고는 아버지에게 알렸다.

"아버님! 바로 이 사람이 잔인한 뱀과 무고한 죽음으로부터 우리 자매들을 구해 준 분이예요. 물 긷는 시종은 칼을 갈며 '나는 너를 죽이려고 칼을 갈고 있다!' 라고 말을 했지요."

그러자 왕은 몹시 분노하여 물 긷는 하인을 그 자리에서 처형하고 막내 공주를 병사의 아들 이반과 결혼시키라고 명령했다. 그래서 모든 사람들은 기뻐했고 젊은 신랑신부는 함께 행복하게 살았다.

이러한 모든 일이 벌어지고 있는 동안 왕자 이반에게는 다음과 같은 일이 닥쳤다.

어느 날 그는 사냥을 나갔고 발빠른 수사슴과 우연히 마주쳤다. 왕자 이반은 말에 박차를 가해 수사슴을 뒤쫓았다. 계속 달리고 달려 넓은 초원에 도착했는데 그곳에서 수사슴은 갑자기 사라지고 말았다. 왕자 이반은 주위를 살펴보았고 어디로 가야 하는가 생각했다. 그 초원에 작은 시냇물이 흐르고 물 위에 회색 오리 두 마리가 헤엄치고 있는 것이 보였다. 이반은 총을 겨눠 오리 한 쌍을 쏴 죽이고는 물에서 죽은 오리를 건져내어 자루에 넣은 뒤 계속 말을 달렸다. 한참을 달려간 이반은 하얀 돌로 된 궁궐을 발견하고 말에서 내려 말을 기둥에 묶어 두고 안으로 들어갔다.

그 궁궐엔 모든 곳이 텅 비어 있었고 사람이라고는 없는데 딱 한 곳에는 페치카에 난롯불이 지펴져 있었다. 그리고 난로에는 프라이팬이 있었으며 식탁에는 접시, 포크, 나이프 등 식기 도구가 차려져 있었다. 왕자 이반은 자루에서 오리를 꺼내 털을 뽑고 깨끗이 씻어서 프라이팬에 올려놓고 페치카 속으로 넣었다. 그리고 음식이 다

구워지자 식탁 위에 차려놓고 칼로 썰어 먹고 있었다.

갑자기 어디서 나타났는지 말로도 글로도 표현할 수 없는 아름다운 아가씨가 그에게 다가오더니 말을 했다.

"맛있게 드세요, 이반 왕자님!"

"어서 오시오, 아름다운 아가씨! 앉아서 함께 듭시다."

"저도 그러고 싶지만, 당신의 마법의 말(馬)이 두려워요."

"아니오, 그렇지 않아요. 마법의 말은 집에 두고 오늘은 보통 말을 타고 왔어요."

아름다운 아가씨는 그 소리를 듣자 갑자기 무시무시한 암사자가 되었고 입을 벌려 이반을 통째로 삼켜버렸다. 사실 그것은 병사의 아들 이반이 죽인 뱀 세 마리의 여동생이었다.

왼쪽 길로 간 병사의 아들 이반이 어느 날 주머니에서 손수건을 꺼내어 얼굴을 닦았는데 손수건이 온통 피로 물든 것이었다. 병사의 아들 이반은 깊은 슬픔에 잠겼다.

"이게 무슨 징조지! 나의 형제는 왕이 된다는 좋은 길로 갔는데, 그가 죽다니!"

병사의 아들 이반은 아내와 왕의 허락을 받고는 자신의 용감한 마법 말을 타고 형제인 왕자 이반을 찾아 떠났다. 얼마간의 시간이 흐른 뒤 그는 왕자 이반이 살던 왕국에 도착했다. 그는 사람들에게 묻고 다닌 끝에 왕자 이반이 사냥을 나갔다가 돌아오지 않고 있다는 사실을 알게 되었다.

병사의 아들은 왕자 이반이 간 것과 같은 길을 따라갔고 발빠른 수사슴과 마주쳤다. 보가트리 이반은 수사슴을 뒤쫓기 시작했는데, 넓은 초원에 이르자 수사슴이 시야에서 사라졌다. 보가트리 이반은 그 초원에 작은 시냇물이 흐르고 물 위에 회색 오리 두 마리가 헤엄치고 있는 것을 보게 되었고 오리를 쏴서 들고 갔다. 그도 하얀 돌로 된 궁궐에 도착하여 안으로 들어갔다. 궁궐의 모든 방이 비어 있었지만 단 한 곳에는 난로가 피워져 있고 난로에는 프라이팬이 있었다. 병사의 아들 이반은 오리를 구워서는 뜰로 나가 현관에 앉아 칼로 썰어 먹고 있었다.

그때 갑자기 아름다운 아가씨가 나타났다.

"맛있게 드세요, 선량한 용사님! 왜 뜰에서 먹고 계시죠?"

병사의 아들 이반이 대답했다.

"안에서 먹는 것을 좋아하지 않아요. 밖에서 먹는 것이 더 즐거워요. 앉으시오, 아름다운 아가씨!"

"저도 그러고 싶지만, 당신의 마법의 말이 두려워요."

"괜찮아요, 아름다운 아가씨! 나는 보통 말을 타고 왔어요."

아가씨는 어리석게도 그 말을 믿고는 무시무시한 암사자가 되어 선량한 젊은이인 병사의 아들을 삼키려고 했다. 그러자 마법의 말이 달려와 용맹스런 다리로 사자를 짓눌렀다. 병사의 아들 이반은 자신의 날카로운 칼을 꺼내고 쩌렁쩌렁 울리는 소리로 외쳤다.

"기다려라, 이 저주받을 것아! 네가 내 형제인 왕자 이반을 삼켜 버렸지? 그를 노로 토해 내라. 안 그러면 너를 산산조각 내겠다."

암사자는 왕자 이반을 토해 냈지만 그는 이미 죽어서 썩기 시작했으며 머리는 문드러져 있었다.

병사의 아들 이반은 치료의 물과 생명이 물이 든 주머니들을 안장에서 꺼내 치료의 물을 왕자 이반에게 뿌렸다. 그러자 살점이 다시 원래대로 회복되었으며 생명의 물을 뿌리자 왕자 이반이 일어났다.

"야, 참 오랫동안 잤다!"

병사의 아들 이반이 대답했다.

"내가 아니었다면 너는 영원히 자고 있었을 거야!"

그러고 나서 병사의 아들 이반은 칼을 집어 암사자의 머리를 베어 버리려고 했다. 그러자 사자는 다시 말로 형언할 수 없을 정도의 아름다운 아가씨로 변해서 눈물을 흘리며 살려달라고 애원했다. 그녀의 굉장한 아름다움에 혹한 병사의 아들 이반은 그녀를 가엾게 여겨 풀어 주었다.

쌍둥이 두 형제는 궁궐로 돌아와서 사흘 동안 잔치를 벌인 다음 헤어졌다. 왕자 이반은 자신의 왕국에 남고 병사의 아들 이반은 자신의 아내에게 돌아갔다.

얼마 후 병사의 아들 이반은 들판에 산책을 나갔다가 어린아이와 마주쳤다. 그 아이는 이반에게 적선해 달라고 애원했다. 선량한 젊은이인 병사의 아들이 불쌍히 여겨 주머니에서 금화를 꺼내어 그 아이에게 주었다. 그러자 그 아이는 금화를 받고는 변신해서 암사자가 되었고 보가트리 이반을 갈기갈기 찢어 놓았다. 그리고 며칠 뒤 왕자 이반에게도 똑같은 일이 일어났다. 왕자 이반이 정원을 거닐고 있는데 우연히 노인을 만나게 되었고, 노인이 절을 하며 적선해 달라고 애원하자 이반은 노인에게 금화를 주었던 것이다. 노인은 금화를 받더니 변신해서 암사자가 되었다. 그리고 왕자 이반을 물어뜯어 갈기갈기 찢어 놓았다.

강력한 보가트리인 두 이반은 그렇게 죽고 말았다. 뱀의 여동생이 그들에게 보복을 한 것이다.

용감한 블라트

옛날 옛날에 한 왕이 살고 있었는데 그에게 외아들이 있었다. 왕자가 아직 어렸을 때 유모들이 왕자에게 자장가를 불러 주었다.

이반 왕자님!
왕자님이 다 성장하게 되면
약혼녀를 찾게 될 거예요.
아홉의 세 제곱 나라 너머
열의 세 제곱 왕국에 높은 탑에는
골수가 뼈 안에서 흐르는 것이 보일 정도로
피부가 고운 바실리사 키르비티예브나가 앉아 있어요.

세월이 흘러 왕자는 열다섯 살이 되었고 아버지에게 약혼녀를 찾아 떠나도록 허락해 달라고 간청했다.
"어디로 가려는 게냐? 너는 아직 너무 어리다!"

"아닙니다, 아버님! 제가 어렸을 때 유모들이 제게 자장가를 불러주며 제 약혼녀가 어디에 살고 있는지 말해 주었습니다. 이제 저는 그녀를 찾으러 가겠습니다."

하는 수 없이 아버지는 왕자를 축복해 주고 온 왕국에 이반 왕자가 약혼녀를 찾으러 떠난다는 말을 전했다.

왕자는 어느 도시에 도착하여 자신의 말을 돌보아 달라고 맡기고 혼자서 거리를 돌아다녔다. 그는 걷다가 광장에서 사람들이 한 남자를 채찍으로 때리고 있는 것을 보았다.

왕자가 물었다.

"어째서 저 사람을 채찍으로 때립니까?"

"저 사람이 어느 부유한 상인에게서 만 루블을 빌렸는데 약속한 날짜에 돈을 갚지 않았기 때문이오. 누구든 이 사람을 구해 주는 사람은 불사신 코시체이가 그 아내를 납치해 갈 거요."

사람들이 대답했다. 왕자는 생각하고 생각했지만 그냥 지나쳤고 도시를 걸어다니다 다시 그 광장에 오게 되었다. 그런데 그 남자는 아직도 매를 맞고 있었다. 이반 왕자는 그 남자를 불쌍히 여겨 그를 구해 주기로 결심했다. '내게는 아내가 없잖아. 코시체이는 내게서 납치해 갈 사람이 없는걸.' 하고 이반 왕자는 생각했다. 이반 왕자가 만 루블을 대신 갚고 집으로 돌아가는데 갑자기 이반 왕자가 구해 준 바로 그 사람이 뒤쫓아오며 외쳤다.

"고맙습니다, 이반 왕자님! 만일 당신이 저를 구해 주시지 않았다면, 당신은 영원히 신부를 얻을 수 없었을 것입니다. 하지만 이제는 제가 당신을 도와드리겠어요. 제게 어서 말 한 필과 안장을 사 주세요."

왕자는 그 사람에게 말과 안장을 사 주며 물었다.

"그런데 당신 이름은 무엇이오?"

"제 이름은 용감한 불라트입니다."

그 두 사람은 말을 타고 길을 떠났다. 열의 세 제곱 왕국에 도착하자 용감한 불라트가 말했다.

"자, 이반 왕자님. 모든 사람을 만족시키도록 닭과 오리와 거위들을 사서 구우라고 분부하십시오. 저는 당신의 약혼녀를 데리러 가겠습니다. 하지만 명심하세요. 제가 당신에게 달려올 때마다 아무거나 오른쪽 날개를 떼어 접시에 담아서 제게 주세요."

용감한 불라트는 즉시 바실리사 키르비티예브나^{'키르비트의 딸'이라는 뜻.}가 앉아 있는 높은 탑으로 가서 돌을 살짝 던져 금으로 된 탑의 꼭대기를 깨뜨렸다. 그러고는 이반 왕자에게 달려와 말했다.

"어쩌자고 주무시고 계십니까! 어서 닭을 주세요."

왕자는 닭의 오른쪽 날개를 떼어 접시에 담았다. 용감한 불라트는 접시를 들고 탑으로 달려가 외쳤다.

"안녕하십니까, 바실리사 키르비티예브나! 이반 왕자가 당신에게 안부를 전하고 당신에게 이 닭을 가져다 주라고 부탁하셨습니다."

공주는 놀라서 아무런 말도 하지 않고 앉아 있었다. 그렇지만 용감한 불라트는 공주 대신 자기가 대답했다.

"안녕하세요, 용감한 불라트! 이반 왕자님은 잘 지내시나요? 잘 지내신다니 다행이군요! 용감한 불라트, 그런데 왜 그렇게 서 있어요? 열쇠를 가져다가 찬장을 열고 보드카 한 잔 드시고 가세요."

용감한 불라트는 다시 이반 왕자에게 달려왔다.

"왜 그렇게 앉아 계세요? 어서 오리를 주세요."

이반 왕자는 오른쪽 날개를 떼어서 접시에 담았다. 불라트는 접시를 들고 다시 탑으로 가져갔다.

"안녕하십니까, 바실리사 키르비티예브나! 이반 왕자가 당신에게 안부를 전하고 당신에게 이 오리를 가져다 주라고 하셨습니다."

공주는 아무런 말도 하지 않고 그냥 앉아 있었다. 하지만 불라트는 공주 대신 자기가 대답했다.

"안녕하세요, 용감한 불라트! 이반 왕자님은 잘 지내시나요? 잘 지내신다니 다행이군요! 용감한 불라트, 그런데 왜 그렇게 서 있어요? 열쇠를 가져다가 찬장을 열고 보드카 한 잔 드시고 가세요."

용감한 불라트는 집으로 달려와 이반 왕자에게 말했다.

"왜 그렇게 앉아 계세요? 어서 거위를 주세요."

이반 왕자는 오른쪽 날개를 떼어 접시에 담아 그에게 주었다. 불라트는 접시를 받아 들고 탑으로 가져갔다.

"안녕하십니까, 바실리사 키르비티예브나! 이반 왕자가 당신에게 안부를 전하고 당신에게 이 거위를 가져다 주라고 하셨습니다."

바실리사 키르비티예브나는 즉시 열쇠를 집어 찬장을 열고 불라트에게 보드카 한 잔을 주었다. 용감한 불라트는 잔을 받지 않고 바실리사의 오른손을 잡아 탑 밖으로 끌어내어 이반 왕자의 말에 태웠다.

선량한 젊은이인 두 사람은 아름다운 아가씨와 함께 전속력으로 말을 몰았다.

다음 날 잠에서 깨어난 키르비트 왕은 탑 꼭대기가 깨지고 자신의 딸이 유괴된 것을 알고 매우 진노하였고 사방으로 추격대를 보내라고 분부했다. 두 용사들은 추격대에 앞서 달렸다. 용감한 불라트가 자신의 손에서 반지를 빼 숨기며 말했다.

"아, 반지를 잃어버렸습니다. 어서 가세요, 이반 왕자님. 저는 다시 돌아가서 반지를 찾아 오겠습니다."

그러자 바실리사 키르비티예브나가 애원했다.

"우리들을 남겨두고 가지 마세요, 용감한 불라트! 원한다면 내 반지를 드릴게요."

"안 됩니다, 바실리사 키르비티예브나! 제 반지는 어머니가 제게 주신 아주 소중한 것입니다. 어머니는 반지를 주시면서 절대 잃어버리지 말고 늘 끼고 다니며 어머니를 잊지 말라고 말씀하셨습니다."

용감한 불라트는 오던 길로 달려가서 길에서 추격대를 만났다. 그는 왕에게 소식을 전하도록 한 사람만을 남긴 채 추격대원을 전부 죽인 다음 서둘러 이반 왕자를 따라잡았다. 세 사람이 얼마간을 더 달려가자 용감한 불라트가 자신의 손수건을 숨기고는 말했다.

"아, 이반 왕자님, 손수건을 잃어버렸습니다. 두 분은 계속 길을 가세요. 곧 뒤따라 갈 테니까요."

용감한 불라트는 되돌아서서 몇 베르스타를 갔고 지난번보다 두 배로 늘어난 추격대와 마주쳤다. 그는 그들을 모두 처치하고는 이반 왕자에게 되돌아왔다. 이반 왕자가 불라트에게 손수건을 찾았느냐고 묻자 불라트는 찾았다고 대답했다.

어두운 밤이 엄습했고 그들은 천막을 쳤다. 용감한 불라트는 잠자리에 들고 이반 왕자는 보초를 서게 되었다. 불라트가 왕자에게 말했다.

"무슨 일이 생기거든 저를 깨우세요!"

이반 왕자는 계속 보초를 서다가 지루해졌고 졸음이 밀려오자 천막 근처에 앉아 잠이 들고 말았다. 그런데 어디서 나타났는지 불사신 코시체이가 나타나서 바실리사 키르비티예브나를 납치해 가버렸다. 새벽에 정신이 든 이반 왕자는 신부가 사라진 것을 알고는 슬프게 울었다. 용감한 불라트도 잠에서 깨어나서 물었다.

"왜 그렇게 우십니까?"

"어찌 울지 않을 수 있겠나? 누군가 바실리사 키르비티예브나를 데리고 가버렸어."

"제가 말했잖아요, 잘 지키라고! 불사신 코시체이의 짓입니다. 찾으러 갑시다."

그들은 오랫동안 말을 달렸고 가축을 방목하는 목동 둘을 보게 되었다.

"이 가축은 누구 것이오?"

"불사신 코시체이의 것입니다."

목동들이 대답했다.

용감한 불라트와 이반 왕자는 목동들에게 다음과 같은 것을 상세히 물어보았다. 코시체이가 멀리 살고 있는지, 어떻게 그곳에 찾아가야 하는지, 언제 목동들이 가축을 몰고 집으로 돌아가는지 그리고 가축들을 어디에 가두어 두는지.

목동들의 대답을 듣고 나서 두 사람은 말에서 내려 목동들의 목을 비틀어 죽이고는 목동의 옷으로 변장을 하고 가축을 집으로 몰고 갔다. 그리고 문 앞에 멈추어 섰다.

이반 왕자는 손에 바실리사 키르비티예브나가 준 황금 반지를 끼고 있었다. 한편 바실리사 키르비티예브나에게는 염소가 한 마리 있었는데 그녀는 아침과 저녁으로 그 염소의 젖을 짜서 그 우유로 씻었다. 한 아가씨가 잔을 들고 달려와서 염소의 젖을 짠 후 우유를 들려고 할 때 용감한 불라트는 왕자의 반지를 잔 속으로 던져 넣었다.

"아니, 점잖은 양반들이 무슨 짓이람. 당신들은 버릇이 없군요!"

아가씨가 꾸짖었다. 아가씨는 바실리사 키르비티예브나에게 돌아와서 불평을 늘어놓았다.

"목동들이 우리를 놀리지 뭐예요. 염소의 젖에 반지를 던지지 않겠어요!"

"그 우유를 그냥 두어라. 내게 직접 꺼내마."

바실리사가 대답했다. 바실리사 키르비티예브나는 염소의 젖을 거른 다음 자신의 반지를 알아보고는 그 목동들을 자신에게 데리고 오도록 시켰다. 두 목동이 그녀 앞에 오게 되었다.

"안녕하세요, 바실리사 키르비티예브나!"

용감한 불라트가 말했다.

"안녕하세요, 용감한 불라트! 안녕하세요 왕자님! 어떻게 이곳에 오셨지요?"

"바실리사 키르비티예브나, 당신을 찾으러 왔죠. 당신은 숨을 곳이 아무 데도 없어요. 당신이 깊은 바다 한가운데에 있더라도 우리는 찾아낼 거예요."

바실리사 키르비티예브나는 두 사람을 식탁에 앉힌 후 갖가지 음식과 술을 대접했다. 용감한 불라트가 바실리사 키르비티예브나에게 말했다.

"코시체이가 사냥에서 돌아오면 그의 죽음이 어디에 숨겨져 있는지 자세히 물어보세요. 이제 우리는 숨어야 할 테니까."

손님들이 겨우 숨자마자 불사신 코시체이가 사냥터에서 날아서 돌아왔다.

"푸! 푸! 전에는 러시아 놈에 대해서는 듣지도 보지도 않았는데 이제 러시아 녀석이 제발로 나타나 내 입속으로 뛰어들겠다는군."

코시체이가 말을 했다.

"당신이 러시아에 있었으니 그 영혼의 냄새가 배어 있죠!"

바실리사 키르비티예브나가 대꾸했다.

코시체이는 저녁을 먹고는 쉬려고 누웠다. 바실리사 키르비티예브나는 코시체이에게 다가가서 목에 팔을 두르고 어루만지며 입을 맞추고 물었다.

"당신은 나의 사랑스런 친구예요. 당신을 기다리느라 굉장히 힘이 들었어요. 맹수들이 당신을 잡아먹어 다시는 당신을 보지 못할까 봐 걱정했어요!"

"어리석기도 하지! 당신의 머리카락은 긴데 당신의 지혜는 짧군. 맹수들이 어떻게 나를 잡아먹을 수 있단 말인가?"

코시체이는 빈정댔다.

"당신의 죽음은 도대체 어디 있는데요?"

"내 죽음은 문지방에 세워둔 빗자루 속에 들어 있지."

아침에 코시체이가 날아가자마자 바실리사는 이반 왕자에게 달려왔다. 용감한 불라트가 물었다.

"그래, 코시체이의 죽음이 어디에 있다고 합니까?"

"문지방에 세워둔 빗자루 속에 들어 있대요."

"아니, 그건 코시체이가 꾸며낸 거짓말입니다! 그에게 좀더 교묘하게 물어봐요."

바실리사 키르비티예브나는 즉시 무언가를 생각해 내고는 빗자루를 집어들어 금박을 두르고 여러 가지 리본으로 장식을 한 다음 식탁 위에 올려 놓았다. 마침내 불사신 코시체이가 돌아와서 식탁 위에 있는 금박 빗자루를 보더니 왜 그렇게 꾸며 놓았는지 물었다.

"당신의 죽음이 문지방 아래에서 아무렇게나 뒹굴도록 어떻게 놔두겠어요. 이렇게 식탁 위에 놓는 것이 더 나아요."

바실리사 키리비티예브나가 대답했다.

"하! 하! 하! 어리석기도 하지! 머리카락은 긴데 지혜는 참 짧네. 과연 여기에 내 죽음이 있을까?"

"그러면 어디에 있는데요?"

"내 죽음은 염소 안에 있어."

코시체이가 사냥하러 떠나자마자 바실리사 키르비티예브나는 염소를 리본과 작은 방울로 장식을 하고 뿔에 금박을 씌웠다. 집에 돌아와 그것을 본 코시체이는 다시 웃으며 말했다.

"허, 어리석기도 하지! 머리카락은 긴데 지혜는 정말 짧지 뭐야. 내 죽음은 아주 먼 곳에 있어. 바다 한가운데에 섬이 하나 있고, 그 섬에는 참나무가 한 그루 서 있고, 그 참나무 아래에 상자가 하나 묻혀 있고, 상자 안에 토끼가 한 마리 들어 있어. 그 토끼 안에 오리가 있고, 오리 안에 알이 하나 있는데 바로 그 알 속에 내 죽음이 들어 있다고!"

코시체이는 이렇게 말을 하고는 날아가 버렸다. 바실리사 키르비티예브나는 이 모든 말을 용감한 불라트와 이반 왕자에게 전해 주었다. 그래서 두 사람은 먹을 것을 챙기고는 코시체이의 죽음을 찾으러 떠났다. 얼마를 갔을까. 그들이 가지고 온 음식을 모두 먹었는데 배가 고프기 시작했다. 그들은 새끼를 데리고 가던 개와 우연히 마주쳤다.

"더 이상 먹을 게 없으니 이 개를 잡아먹읍시다."

용감한 불라트가 말하자 개가 애원했다.

"저를 죽이지 마세요. 제 새끼들을 고아로 만들지 마세요. 언젠가는 제가 당신에게 유용할 거예요."

"그래? 그럼 어서 가거라!"

두 사람은 계속 걸어갔는데 참나무 위에 새끼를 치고 있는 독수리가 한 마리 앉아 있었다.

"독수리를 잡아먹어야겠군."

불라트가 말하자 독수리가 애원했다.

"저를 죽이지 마세요. 제 새끼들을 고아로 만들지 마세요. 언젠가는 제가 당신에게 유용할 거예요!"

"그렇겠지, 건강하게 살아라!"

두 사람은 넓은 바다에 도착했는데 바닷게 한 마리가 해변에 기어다니고 있었다.

"바닷게를 먹어야겠다."

용감한 불라트가 말하자 바닷게가 애원했다.

"저를 죽이지 마세요. 저는 살도 많지 않잖아요. 저를 먹는다고 해도 배가 부르지 않을 거예요. 언젠가 제가 당신에게 유용할 거예요!"

"그래, 어서 가거라."

불라트가 말했다.

바다를 바라보던 용감한 불라트는 배를 타고 있는 어부를 보고는 "해변가로 오시오!" 하고 소리쳤다. 어부는 배를 내주었고 이반 왕자와 불라트는 배에 올라타 섬을 향해 출발했다. 섬에 도착한 두 사람은 참나무가 있는 곳으로 갔다. 용감한 불라트는 참나무를 탄탄한 두 손으로 잡고 뿌리째 뽑았다. 그리고 참나무 아래 있던 상자를 꺼내 열었다. 그러자 토끼가 상자에서 뛰쳐나와 잽싸게 달아났다. 불라트가 있는 힘껏 쫓아갔다.

"아, 만일 지금 개가 있다면 저 토끼를 잡을 수 있으련만!"

이반 왕자가 탄식했다.

그런데 보아하니 개가 어느새 토끼를 물어 오고 있었다. 용감한 불라트가 토끼를 반으로 가르자 토끼 속에서 오리가 한 마리 뛰쳐나와 하늘 높이 날아갔다.

"아, 만일 지금 독수리가 있다면 저 오리를 잡을 수 있으련만!"

이반 왕자가 탄식했다.

그런데 독수리가 벌써 오리를 잡아오고 있었다. 용감한 불라트가 오리를 반으로 가르자 오리 안에서 알이 나왔는데 나오자마자 굴러서 바다로 떨어지고 말았다.

"아, 만일 바닷게가 저 알을 가져다만 준다면!"

이반 왕자가 탄식했다.

그런데 바닷게가 어느새 알을 굴려 오고 있었다. 두 사람은 알을 받아서 들고 불사신 코시체이에게 갔다. 그리고 코시체이를 알로 치자 코시체이는 즉시 팔다리를 축 늘어뜨린 채 죽어버렸다. 이반 왕자는 바실리사 키르비티예브나를 데리고 길을 떠났다. 달리고 또 달렸고 어두운 밤이 엄습해 왔다. 그들은 천막을 쳤고 바실리사 키르비티예브나가 잠자리에 들었다. 용감한 불라트가 말을 했다.

"왕자님도 주무세요. 제가 보초를 서겠습니다."

한밤중에 비둘기 열두 마리가 날아와 날개를 푸드덕거리더니 아가씨 열두 명으로 변해 저주를 내렸다.

"용감한 불라트와 이반 왕자, 너희들이 우리의 오빠 불사신 코시체이를 죽이고 그의 신부인 바실리사 키르비티예브나를 훔쳐갔겠다. 너희들에게도 자비는 없을 거야. 이반 왕자는 집에 도착하면 자신이 가장 아끼는 개를 데리고 오라고 명령할 거야. 그러면 개는 개 지키는 하인에게서 도망쳐서 왕자를 갈기갈기 찢어 놓을 거야. 그리고 이 말을 듣고 왕자에게 전하는 사람은 누구든 무릎까지 돌로 변할 것이다!"

다음 날 아침에 용감한 불라트는 왕자와 바실리사 키르비티예브나를 깨웠고 길을 떠날 준비를 했다. 밤이 되었고 들판에 천막을 쳤다. 용감한 불라트가 말했다.

"왕자님도 주무세요. 제가 보초를 서겠습니다."

한밤중에 비둘기 열두 마리가 날아와 날개를 푸드득거리더니 아가씨 열두 명으로 변해서 저주를 내렸다.

"용감한 불라트와 이반 왕자, 너희들이 우리의 오빠 불사신 코시체이를 죽이고 그의 신부인 바실리사 키르비티예브나를 훔쳐갔겠다. 너희들에게도 자비는 없을 거야. 이반 왕자는 집에 도착하면 어렸을 때부터 타던, 자신이 가장 아끼는 말을 데리고 오라고 명령할 거야. 그러면 말은 마구간지기에게서 도망쳐서 왕자를 죽일 것이다. 그리고 이 말을 듣고 왕자에게 전하는 사람은 누구든 허리까지 돌로 변할 것이다!"

아침에 되자 세 사람은 다시 길을 떠났다. 낮이 지나 밤이 엄습했고 그들은 밤을 보내기 위해 천막을 치고 머물렀다. 용감한 불라트가 왕자에게 말했다.

"왕자님도 주무세요. 제가 보초를 서겠습니다."

한밤중에 다시 비둘기 열두 마리가 날아와 날개를 푸드득거리더니 아가씨 열두 명으로 변해서 저주를 내렸다.

"용감한 불라트와 이반 왕자, 너희들이 우리의 오빠 불사신 코시체이를 죽이고 그의 신부인 바실리사 키르비티예브나를 훔쳐갔겠다. 너희들에게도 자비는 없을 거야. 이반 왕자는 집에 도착하면 어렸을 때부터 그 젖을 먹고 자란, 자신이 가장 아끼는 암소를 데리고 오라고 명령할 거야. 그러면 암소는 소몰이에게서 도망쳐서 뿔로 왕자를 죽일 것이다. 그리고 이 말을 듣고 왕자에게 전하는 사람은 누구든 온몸이 돌로 변할 것이다!"

그들은 이렇게 말을 하고 다시 비둘기로 변해서 날아가 버렸다.

다음 날 아침 이반 왕자와 바실리사 키르비티예브나는 잠에서 깨어났고 다시 길을 떠났다. 드디어 왕자가 집에 도착했다.

바실리사 키르비티예브나와 결혼식을 올린 후 며칠이 지나자 왕자가 아내에게 물었다.

"내가 가장 아끼는 개를 보지 않겠소? 나는 어렸을 때 늘 그 개와 함께 놀았다오."

용감한 불라트는 자신의 칼을 아주 예리하게 갈아 가지고 현관 가까이 서 있었다. 개를 데리고 오자 개는 지키는 하인에게서 도망쳐서 곧장 현관으로 달려갔다. 그러나 용감한 불라트가 칼을 휘둘러서 개를 두 토막 냈다. 이반 왕자는 불라트에게 화가 났지만 그가 자신을 위해 해 준 일 때문에 아무 말도 하지 않았다.

다음 날 이반 왕자는 가장 아끼는 말을 데려오라고 명령했다. 그런데 말은 고삐를 뜯어 버리고는 마구간지기에게서 도망쳐서 곧장 왕자에게 달려들었다. 하지만 용감한 불라트가 말의 목을 베어 버렸다. 이반 왕자는 더욱 화가 나서 불라트를 잡아서 처형하라고 명령했다. 그러나 바실리사 키르비티예브나가 간청했다.

"만일 불라트가 아니었다면, 당신은 결코 저를 얻지 못했을 거예요."

사흘째 되던 날 이반 왕자는 자신이 가장 아끼는 암소를 데려오라고 명령했고 암소는 가축지기에게서 도망쳐서 곧장 왕자에게 달려들었다. 이번에도 용감한 불라트가 암소의 목을 내리쳐서 처치했다. 이제 이반 왕자는 너무 화가 나서 누구의 말도 듣지 않고 사형 집행인을 불러 당장 용감한 불라트를 처형하라고 명령했다.

"아, 이반 왕자님! 만일 사형 집행인이 저를 처형시키길 원하신다면 제 스스로 죽는 것이 낫겠지요. 단지 세 가지를 말하도록 허락해 주십시오."

용감한 불라트는 첫 번째 밤 들판에서 열두 마리의 비둘기들이 날아와서 자신에게 했던 말을 이야기했다. 그러자 즉시 용감한 불라트의 발부터 무릎까지 돌로 변했다.

그리고 두 번째 밤에 대해 이야기하자 용감한 불라트는 허리까지 돌로 변했다. 그러자 이반 왕자는 더 이상 얘기하지 말라고 불라트를 설득했다. 그러자 불라트는 "이제는 매한가지입니다. 저는 반이 돌로 변했고 살 가치가 없습니다!" 하고 대답했다.

용감한 불라트는 세 번째 밤에 대해 이야기했고 이제 그의 온몸이 돌로 변하고 말았다. 이반 왕자는 돌로 변한 용감한 불라트를 특별한 방에 세워놓고 매일 바실리사 키르비티예브나와 함께 찾아와서 슬프게 울었다. 여러 해가 흘렀다. 어느 날 이반 왕자가 돌로 변한 용감한 불라트를 애석해하며 울고 있는데 돌에서 소리가 울렸다.

"왜 당신은 울고 계십니까? 저는 이렇게도 힘이 드는데요!"

"어떻게 울지 않을 수가 있겠나? 바로 내가 자네를 죽였는데."

"만일 당신이 원한다면, 저를 구할 수가 있습니다. 당신에게는 아들과 딸이 있지요. 그들을 죽여서 피를 뽑아 이 돌에 그 피를 바르세요."

이반 왕자는 이것에 대해서 아내인 바실리사 키르비티예브나에게 말했다. 그들은 몹시 슬프고 고통스러워했지만 아이들을 죽이기로 결심했다. 그들은 아이들을 죽이고 피를 뽑아 그 피를 돌에 발랐다. 그러자 용감한 불라트는 살아났다. 용감한 불라트는 왕자와 왕비에게 물었다.

"아이들이 불쌍하지요?"

"불쌍하고말고, 용감한 불라트!"

"자, 그들의 방으로 보시지요."

아이들의 방에 가보니 아이들이 살아 있는 게 아니겠는가! 이반과 바실리사 키르비티예브나는 몹시 기뻐하며 온 나라에 잔치를 베풀었다.

나도 그 잔치에 참석하여 꿀과 술을 마셨는데, 수염을 따라 흘러내릴 뿐 목구멍으로 넘어가지 않았지만, 내 영혼은 실컷 먹고 마셨다.

이반 왕자와 불사신 코시체이

지금은 아무도 기억하지 못할 정도로 옛날 옛날에 열의 세 제곱 왕국에는 쿠지마라는 지혜로운 왕이 살고 있었다. 그에게는 훌륭한 청년인 아들 셋이 있었다. 홀아비였던 왕은 젊은 여인과 재혼하였다. 아들들과 백성들은 지혜롭고 착했으며 왕은 상냥한 왕비를 사랑했다.

그러던 어느 날 왕이 아들들과 함께 사냥을 떠나게 되었고 해가 질 저녁 무렵에 왕비는 궁궐의 발코니에 앉아 남편을 기다리고 있었다. 그때 갑자기 궁궐 위로 상상할 수 없는 회오리바람이 일더니 궁궐을 마구 감싸며 돌았는데 조금 후 왕비가 사라져 버렸다. 궁전 신하들은 단지 여자의 비명과 우레와 같은 누군가의 웃음소리가 공중에서 울려 퍼지는 것을 들었을 뿐이다.

몇 시간이 지난 후 쿠지마 왕은 아들들과 함께 집으로 돌아왔다. 그는 사랑하는 부인이 자기를 맞으러 나오지 않자 몹시 불안해졌다. 이윽고 충실한 유모로부터 무시무시한 불사신 코시체이가 왕비를 데려갔다는 이야기를 들은 왕은 표현하기 힘든 절망에 빠졌다. 신하들과 종들은 왕이 슬픔으로 넋이 나갔다고 생각할 지경이 되었다.

아들들은 이런 아버지가 불쌍해졌다. 그래서 첫째와 둘째 아들이 아버지의 승낙과 축복을 받은 후 왕비를 찾기 위해 떠났다. 시간이 흘렀지만 떠난 아들들에게서는 아무 소식이 없었다. 왕은 더욱더 큰 슬픔에 잠기게 되었다. 그때 막내인 이반 왕자가 아버지에게 말했다.

"아버님, 이렇게 집에만 앉아 있으면 새어머님과 두 형들에 대해 아무것도 알 수가 없습니다. 저를 보내 주십시오."

"괴롭구나! 내가 어떻게 마지막 남은 아들까지 잃어버릴 수가 있겠느냐?"

"아닙니다, 저를 붙들지 마십시오, 아버님! 저는 제 안에서 용기와 보가트리의 힘을 느끼기 때문에 아버님에게 새어머님을 데려올 거라고 믿습니다. 만약 아버님이 저를 보내 주시지 않는다면 아버님의 축복 없이 떠날 겁니다."

한참을 깊이 생각한 왕은 아들을 강제로 붙들어 둘 수 없음을 깨닫고 축복히고 가게 해 주었다.

그런데 이반 왕자는 왕실 마구간의 그 많은 말들 중에서 자기에게 맞는 말을 고를 수가 없었다. 왜냐하면 이반이 말 위에 손만 얹기만 해도 말은 땅에 넘어지는 것이었다.

'이게 뭐람? 하지만 훌륭한 기사는 말 없이도 길을 갈 수 있지!'

이반은 이렇게 생각하고 걸어서 길을 떠났다. 얼마 동안을 걷고 또 걸어서 이반은 나무가 우거진 숲에 도달했다. 거기에는 사람이 다니는 오솔길도 새 소리도 짐승의 흔적도 보이지 않았다. 죽은 숲이었던 것이다. 그러나 이반 왕자는 손으로 수풀을 헤치면서 앞으로 곧장 가기로 결심했다. 그렇게 가다가 보니 평지가 나왔고 거기에 닭다리 위에 창도 문도 없는 이즈바가 하나 서 있는 것이 보였다. 이반 왕자는 이즈바에게 명령을 내렸다.

"이봐, 이즈바! 앞은 내게로, 뒤는 숲으로 향해 돌아서라!"

이반 왕자가 이렇게 명령을 하자 이즈바는 그의 명령에 따르는 것이었다. 이즈바에 들어선 이반 왕자는 러시아의 풍습대로 성호를 그었는데 그때 누군가의 목소리가 들렸다.

"푸! 푸! 웬 러시아 놈의 냄새가 나네!"

이반 왕자는 주위를 둘러보다가 뼈만 남은 다리를 한 바바 야가를 보았다. 그녀는 천장에 다리를 대고 구석에 누워 있었다.

"이반 왕자, 나한테 원하는 것이 무엇이냐? 뭔가 도와줄 수 있다면 나도 기쁠 텐데 말이야."

"될 수 있는 대로 빨리 용맹스러운 말을 구할 수 있었으면 합니다."

그러고는 이반 왕자는 바바 야가에게 값진 반지를 주었다. 그러자 바바 야가는 그것을 주의 깊게 살펴보더니 이반 왕자에게 돌아서서 말했다.

"반지를 가지고 있도록 해라. 거기에는 모든 자물쇠를 열 수 있는 신비한 힘이 숨겨져 있어. 그것을 갖고 용감하게 길을 떠나라. 그리고 네게 실톳을 주마. 실을 따라 용감하게 가다 보면 말을 발견할 수 있을 거야."

그래서 다시 이반 왕자는 길을 떠나 숲에 들어섰다. 실톳은 마치 살아 있는 것처럼 스스로 그를 앞서 굴러가면서 수풀과 골짜기와 언덕을 지나갔다. 날이 이미 저물어 저녁이 되었는데 이반 왕자는 더 이상 걸을 수 없을 정도로 지쳐 있었다. 그런데 갑자기 실톳이 전나무 옆에 있는 커다란 돌 옆에 서는 것이었다. 이반 왕자는 그 돌을 치우고 재빨리 땅을 파기 시작했다. 한참 파헤쳐 들어가니 철문이 하나 나왔는데 그 문은 보통 사람은 열 수 없도록 단단히 잠겨 있었다. 그러나 왕자가 신비한 반지를 문에 살짝 대자마자 문이 스스로 열리는 것이었다.

이반 왕자는 지하실로 들어갔고 돌기둥에 철사 줄로 단단하게 매인 용맹한 말을 보았다. 말은 울면서 뿔을 돌 바닥에 박았는데 눈에서는 불꽃이 튀고 콧구멍에서는 불이 뿜어져 나오고 있었다. 왕자가 힘차게 휘파람을 부니 말은 그 소리를 듣자마자 모든 사슬을 끊고 그에게 달려왔다. 말에 탄 이반 왕자는 순식간에 지하실에서 뛰어나왔다. 그러고 나서 이반 왕자는 깊은 생각에 잠겼다.

'어디로 가야 하나? 어떻게 코시체이가 사는 집을 찾아내지?'

그런데 그때 그는 뒤에서 소란스런 외침을 들었다.

"거기 서봐, 이반 왕자! 좀 기다려!"

이반 왕자는 뒤로 돌아 바바 야가가 쇠로 된 절구통에 앉아 있는 것을 보았다. 그녀는 뼈만 남은 손으로 커다란 절굿공이를 잡고 운전대처럼 그것으로 절구를 운전하며 빗사무로 흔석을 없애고 있었다. 왕자는 바바 야가에게 말했다.

"부탁을 하나만 더 들어주세요! 어떻게 코시체이에게 갈 수가 있는지 알려주세요."

바바 야가가 대답했다.

"그래서 내가 여기로 날아왔지! 여기 새 실톳이 있다. 이것 없이는 코시체이에게 절대로 갈 수 없지. 거기서 모든 것을 저절로 알게 될 거야. 그러면 잘 가렴!"

●── 절구를 타고 공이로 운전하며 빗자루로 흔적을 없애는 바바 야가. (이반 빌리빈의 삽화.)

바바 야가는 절구 안에서 회오리바람처럼 돌더니 흔적도 없이 사라졌다.

이반 왕자가 실톳을 땅에 던지자 용맹한 말이 겨우 그것을 따라 달릴 수 있을 정도로 그렇게 빠르게 실톳이 굴러갔다. 이반 왕자는 울창한 숲과 높은 산들과 골짜기를 지나며 오래 달려갔다. 그리고 끝이 보이지 않는 심연을 뛰어넘고 빠르게 흐르는 강물도 뛰어넘어야만 했다. 실톳은 그것들을 뛰어넘었고 용맹한 말도 그 뒤를 따라 주저하지 않고 뛰어넘는 것이었다. 왕자가 길에서 마주치지 않은 것은 없었다! 온갖 종류의 숲의 요정들이 사람 목소리로 그를 숲 깊은 곳으로 유인하며 길을 잃게 만들려고 애썼다. 인어는 물 위로 몸을 드러내며 감미로운 노래와 몸짓으로 왕자를 끌어들여서 실톳이 혼자 달려가도록 하려고 했다.

매우 빠르게 달려온 이반은 너무 지쳐 이제는 겨우 말 위에 앉아 있게 되었다. 이반은 이제 가는 길이 끝이 없을 것이며 바바 야가가 자기를 속였다고 생각하게 되었다.

그런데 그때 갑자기 실톳이 멈춰 섰고 말도 말뚝을 박은 것처럼 섰다. 왕자가 주위를 둘러보았을 때 자기 앞에 마치 벽처럼 깎아지른 산이 있고 그 산 맨 꼭대기 구름들 속에 성이 있는 것을 보았다. 이것이 바로 코시체이가 남의 아내와 약혼녀를 가둬두고 있는 성인 것을 왕자는 깨닫게 되었다.

'그런데 왜 실톳이 산으로 튀어오르지 않는 걸까?'

이반 왕자는 생각에 잠겼다.

그리고 주위를 살펴보았지만 실톳은 이미 보이지 않았다. 단지 실톳이 섰던 그 자리에 다음과 같은 말이 적힌 말뚝이 있는 것이었다.

코시체이는 사는 것이 싫증 난 모든 사람을 자기 성으로 부른다.

왕자는 깊은 생각에 잠겼다.
'빈손으로 돌아갈 수는 없지!'
"이봐, 준마여, 부탁한다!"
그는 소리치고 힘차게 휘파람을 불면서 말을 몰아 세 번 만에 성문을 뛰어넘어 버렸다. 말에서 재빨리 뛰어내렸을 때 이반은 거대한 독수리 세 마리가 성의 입구를 막고 자기에게 달려들어 무시무시한 발톱으로 그를 찢어버릴 준비를 하고 있는 것을 보았다. 왕자는 활을 집어들어 세 개의 화살을 차례로 쏘았고 모두 세 마리 독수리에 명중했다.

그런데 이게 웬일인가! 그의 앞에는 독수리 대신 세 명의 거인이 서 있는 것이 아닌가. 그중 한 거인이 말했다.

"고맙습니다, 이반 왕자님! 우리 세 명은 모두 형제간인데 불사신 코시체이에게 강제로 잡혔습니다. 코시체이는 우리를 독수리로 만든 다음 우리가 오직 훌륭한 보가트리의 화살로만 이 마법에서 벗어날 수 있도록 주술을 걸었습니다."

그러자 이반이 대답했다.

"은혜는 은혜로 갚으시오. 지금 코시체이의 성으로 가서 그가 사람들에게 가했던 고통을 그도 당해 보게 합시다."

거인들이 겁에 질려 말했다.

"뭐라고요? 불사신 코시체이는 아주 잔인하고 그 누구도 그를 이길 수 없다는 것을 당신은 정말 모른단 말입니까? 안 돼요, 다치지 말고 조용히 가세요. 그렇지 않으면 피할 수 없는 죽음만이 당신을 기다리고 있을 겁니다."

그러나 이반 왕자는 껄껄대고 웃더니 성문으로 향했다. 거인들은 뒤도 안 돌아보고 도망갔다. 신비의 반지가 한순간에 이반의 앞에 있는 성문을 열었고 이반 왕자는 신비의 정원으로 들어갔다. 거기에는 분수가 뿜어져 나오고 천국에서나 나올 법한 새들이 지저귀며 꽃들이 만발해 제각기 아름다움을 뽐내고 있었다. 나무에는 진귀한 열매가 영글고 길에는 수정같이 투명한 금모래가 깔렸으며 연못에서는 백조가 헤엄치고 있었다.

왕자가 정원의 아름다움에 감탄하며 깊숙이 들어갔는데 잔디밭에 있는 벤치에 놀라울 정도로 아름다운 소녀가 보였다. 그런데 큰 슬픔과 우울함이 그녀의 얼굴을 덮고 있는 것이었다.

이반 왕자가 물었다.

"당신은 누구십니까, 아름다운 아가씨? 그리고 여기서 무얼 하시나요? 왜 그렇게 슬퍼하고 계십니까?"

눈가에 눈물을 흘리며 아가씨가 대답했다.

"아, 훌륭한 용사님, 제게 얼마나 큰 슬픔이 있는지! 만족하고 행복하고 기쁘게 부모님과 함께 제 왕국에서 살았답니다. 그런데 저 증오스러운 코시체이가 저를 납치했습니다. 그리고는 저를 자기 마음대로 할 수 없으니까 복수로 대신 저의 아버님의 나라를 갈기갈기 찢고 사랑하는 부모님을 죽이고 궁궐을 불살라 버렸답니다. 그리고 이제 저는 증오하는 코시체이 옆에서 영원히 살아야 하는 신세가 되어 버렸습니다!"

"너무 슬퍼하지 마세요, 아름다운 아가씨! 신을 의지하고 나를 믿으세요. 당신은 앞으로 생의 기쁨과 행복을 맛보게 될 것입니다."

"좋은 얘기를 해 주셔서 고맙습니다, 왕자님. 하지만 당신에게 충고하고 싶군요. 불사신 코시체이가 돌아오기 전에 어서 여기를 떠나세요! 그는 악하고 잔인하답니다. 아무도 그에게 용서를 받은 사람이 없어요. 많은 다른 사람들이 죽었던 것처럼 당신도 죽을 거예요."

"아닙니다, 공주님! 내가 죽을지 코시체이가 죽을지는 아직 두고 봐야 아는 겁니다. 그리고 이제 제게 말해 주십시오. 여기 내 어머니가 있는지를 그리고 그녀가 여기서 무엇을 하는지 말이에요."

"당신은 그녀에게 가까이 갈 수 없을 거예요. 그녀는 열두 개의 철문이 있는 탑 속에 갇혀 있는데 각 문마다 열두 개의 자물쇠가 달려 있어요. 왕비는 코시체이의 마음에 쏙 들었지만 코시체이는 그녀를 자기 마음대로 할 수가 없어요. 그녀는 남편에게 선물로 받은 신비스런 목걸이를 갖고 있는데 그것이 그녀를 악한 코시체이에게서 지켜주고 있어요. 하지만 탑으로 가지 마세요, 왕자님. 도와줄 수 없을 거예요. 그리고 코시체이가 곧 돌아온답니다."

그러나 이반 왕자는 그녀의 말을 듣지 않고 왕비에게로 향했다. 신비한 반지가 순식간에 그의 앞에 있는 모든 문을 열어 주었다. 왕비는 자신의 의붓아들이 나타나자 몹시 기뻐했다. 그러나 기쁨이 조금 가라앉자 그녀는 말했다.

"오, 네가 여기 나타난 것이 기쁘지만은 않구나, 이반 왕자! 어서 여기를 떠나라!"

"아닙니다, 어머니, 전 당신과 아름다운 공주님과 함께 여기를 떠날 것입니다!"

코시체이가 돌아오면 제일 먼저 공주에게 들른다는 얘기를 왕비로부터 들은 이반 왕자는 그녀에게 가서 코시체이가 어떻게 하면 죽을 수 있을지 알아내기 위한 방법을 함께 의논했다. 그가 공주와 겨우 의논을 끝냈을 때 무서운 회오리바람이 일고 그 때문에 창과

벽이 흔들거렸다. 공주는 겁에 질린 채 말했다.

"이건 코시체이가 날아오기 때문입니다! 코시체이가 돌아왔어요! 이반 왕자님, 당신은 핀이 되어야겠어요!"

공주가 이반을 향해 입으로 바람을 불자 이반은 핀으로 변해 버렸다. 공주가 핀을 자신의 비밀 상자에 숨기기가 무섭게 마법사 코시체이가 그녀의 방에 나타났다.

"피우! 피우! 러시아 놈의 냄새가 난다!"

그는 무섭게 중얼거렸다.

"여기에 어떻게 러시아 인이 나타나겠어요? 당신이 러시아에 있었으니 그 영혼들의 냄새가 배어 있겠죠. 나는 러시아 사람들에 대해서는 들어 보지도 못했어요."

공주가 대답했다.

코시체이는 공주의 대답이 의심쩍어 눈치 안 채게 그녀의 방을 돌아보았지만 거기서 아무것도 발견하지 못하자 그제서야 안심을 했다. 그런데 공주는 깊은 생각에 잠겨 앉아 있는 척했다. 코시체이가 공주에게 물었다.

"왜 슬픔에 잠겨 있지, 공주?"

"아니에요, 슬퍼하는 게 아니에요, 그냥 생각을 좀 하고 있었어요."

"무슨 생각을 하는 거지?"

"나는 당신이 죽지 않는다는 말을 믿지 않아요. 나는 당신이 다른 모든 사람처럼 죽을 것만 같아요."

"믿지 않는다고? 그렇다면 나이가 가장 많이 든 노인에게 물어봐. 그는 어렸을 때부터 들은 나의 모습을 지금의 나의 모습으로 기억할걸. 내게는 어떤 변화도 일어나지 않아. 나는 심지어 내 나이도 잊어버렸어. 죽지 않는 자가 나이는 세서 무얼 해?"

코시체이는 말하며 웃었다.

"그렇다면 당신이 죽지 않는 비결이 뭐죠?"

"아이고, 결코 알아내지 못할걸, 아름다운 아가씨! 그래도 만약 알고 싶다면 비밀을 얘기해 줄 수 있지. 건초 더미 구석에 빗자루가 세워져 있는데 그걸 태워 버리면 난 더 이상 세상에 존재하지 않게 되지."

코시체이는 교활하게 웃으며 말했다.

공주는 마치 코시체이의 말을 듣고 있지 않는 체하면서 아무 대답도 하지 않았고 코시체이는 곧 잠에 떨어졌다. 공주는 빗자루를 움켜쥐고는 그것을 불에 던졌고 빗자루가 불에 탔지만 코시체이는 아무렇지도 않았다.

공주는 더욱 깊은 생각에 잠겼다.

'코시체이가 자신의 죽음의 비밀을 어디에 숨긴 것일까?'

"아직도 무엇이 슬픈가, 공주?"

아침에 코시체이가 눈치를 살피며 물었다.

"아니에요, 아니에요, 그냥 화가 날 뿐이에요. 당신은 왜 나를 비웃는 거죠? 당신의 생명이 정말로 기껏 빗자루에 달려 있다는 말이 가능하기나 한 건가요?"

공주는 매우 상냥하게 말을 했고 코시체이는 그 상냥함에 마음이 흔들렸다.

"내가 잘못했어, 공주. 농담을 했을 뿐이야. 그렇다면 지금 진실을 얘기하지. 깨끗한 들에 참나무 세 그루가 자라고 있고 그 나무 구멍에는 벌레가 있지. 그 벌레를 눌러 죽이면 내 생명은 끝장이나."

코시체이는 다시 사람들을 괴롭히기 위해 밝은 세상으로 갔다. 불사신 코시체이의 말을 들은 이반 왕자는 지체하지 않고 길을 떠났다. 그는 코시체이가 말한 참나무 세 그루가 어디서 자라고 있는지 알고 있었다. 참나무가 있는 곳에 도착한 이반은 구멍을 찾아 벌레를 보고는 그것을 눌러 죽여버렸다.

이반 왕자는 용맹한 말을 바람같이 몰아 달렸지만 돌아오는 길이 하루종일 걸렸기 때문에 저녁이 돼서야 성에 도착할 수 있었다. 이반 왕자가 벌레를 찾아 죽였다고 말하자마자 어제보다 더 심한 폭풍우가 일기 시작했다. 코시체이가 돌아온다는 것을 알리는 것이었다. 공주는 다시 이반 왕자를 핀으로 변화시켜 상자에 숨겼다.

"이게 웬일이지? 다시 러시아 놈의 냄새가 나는군! 난 오늘은 러시아에 있지도 않았단 말이야!"

그러자 이렇게 공주가 대답했다.

"당신이 거기 그렇게 얼마 있지도 않았는데 지금도 러시아 영혼들의 냄새가 이렇게 강하게 나는 것을 보니 어제 러시아 영혼들을 많이 잡았다는 뜻이겠죠."

공주의 이런 질책에 코시체이가 농담으로 응수할 생각을 하지 않자 그녀는 코시체이의 생각을 다른 쪽으로 돌렸다.

"당신은 세상 모든 것을 갖고 있는데 왜 나를 아버지의 집에서 잡아왔지요?"

"공주, 내가 세상을 떠도는 것은 내가 당신을 내 마음대로 할 수 없기 때문이라오. 그래서 나는 우울하고, 그 우울함을 지워 버리기 위해 세상을 떠도는 거야. 만약 당신이 나를 불쌍히 여겼다면 난 당신에게 많은 부를 선사하고, 죽을 수밖에 없는 인간들이 이제까지 가져보지 못한 화려함과 번쩍임으로 당신을 둘러 주었을 텐데."

"만약 당신이 말한 것처럼 당신이 정말 영원히 죽지 않는다는 것을 내가 확신할 수 있게 된다면 당신이 방금 내게 원한 것에 대해 생각해 보고 완전히 다른 식으로 당신을 대할 수 있을 텐데."

"아, 그래서 내 죽음의 비밀을 그렇게 캐묻는 거요? 음, 그렇다면 들어 봐. 지금 당장 모두 얘기해 주지, 아무것도 숨기지 않고."

코시체이는 기뻐하며 말했다.

그러고는 얘기해 주기를 광활한 바다에 사람이 살지 않는 섬이 하나 있는데, 거기로는 작은 배로도 큰 배로도 다가갈 수 없으며 물고기나 무슨 짐승 또는 새가 되지 않고서는 거기 갈 수 없는데 왜냐하면 특별하게 보초를 서기 때문이라는 것이었다. 그리고 섬에는 아주 크고 오래된 참나무가 자라고 있는데 얼마나 큰지 열 사람이 안아도 모자랄 정도이고 그 나무의 나이가 코시체이의 나이와 같다는 것이었다. 그 참나무 남쪽으로 보물함이 묻혀 있으며 그 보물함에는 토끼가 앉아 있고 그 토끼 안에는 오리가, 그 오리 안에는 알이 있어서 만약 이 알을 깨뜨리면 코시체이는 즉시 죽게 된다는 것이었다.

코시체이가 아침에 성을 떠나자마자 이반 왕자는 한시도 지체하지 않고 길을 떠났다. 그러나 어디로 가야만 할까? 왕자는 자신의 사랑스런 말에게 말했다.

"사랑스럽고 용맹스러운 말아! 넌 내 걱정과 근심을 알고 있지? 부탁한다!"

그가 이 말을 마치자마자 말은 회오리바람처럼 돌아 절벽과 벼랑 끝으로 뛰어가더니 바다에 이르는 것이었다. 이반 왕자는 육지가 보이지 않는 바다를 오랫동안 헤엄쳤다. 주위에는 물, 물, 끝없는 물뿐이었다. 그런데 드디어 저기 먼 곳에서 검은 띠 같은 것이 보였다. 이반 왕자는 즉시 그것이 섬이라는 것을 확신했다.

용맹스런 말은 조심스럽게 암초와 물 밖으로 나온 바위들 사이를 뚫고 섬으로 접근해 갔는데 정말로 이 암초와 바위 때문에 배로는 섬으로 다가갈 수가 없게 되어 있었다.

해안에서 이반 왕자는 커다란 어망을 발견했다. 그 안에는 큰 꼬치삼치가 거기서 벗어나려고 심하게 몸을 비틀고 있었다. 이반 왕자는 단번에 그물을 찢고 물고기를 바다에 놓아주었다. 그런데 그 물고기는 바다 깊은 곳으로 헤엄쳐 도망가지 않고 해안 근처를 돌며 몇 번을 물 위로 머리를 내밀었다. 그리고 마치 동의를 표시하는 것같이 머리를 끄덕이는 것이었다.

'이건 보통 물고기가 아니야!'

이반 왕자는 이렇게 생각하고 텅 빈 섬으로 향했다. 섬 한가운데 어마어마하게 큰 참나무가 솟아 있었다. 그러나 그가 겨우 몇 걸음을 가지 않아서 싸우는 소리가 들려왔다. 주위를 둘러보니 회색 늑대가 덫에 걸려 몸부림치고 있었다. 왕자는 재빨리 쇠사슬을 끊고 늑대를 꺼내 주었다. 그런데 놀랍게도 늑대는 도망가지 않을 뿐 아니라 이반 왕자의 다리 주위를 돌며 그의 손과 발을 핥는 것이었다.

"유, 이제 너는 자유다! 원하는 대로 가거라!"

이반 왕자는 늑대를 쓰다듬으며 말하고는 계속해서 길을 갔다. 그리고 참나무 가까이 다가갔다. 그리고 이번엔 커다란 검은 까마귀가 고리가 채워진 망에 걸려 있는 것을 보았다.

"누가 자유롭게 날아다니는 새를 가두었을까?"

이반 왕자는 이렇게 뇌까리고는 까마귀를 조이는 고리를 벗겼다. 그러자 까마귀는 이반 왕자의 어깨로 뛰어올라 그에게 몸을 비벼대더니 날아가 버렸다.

이제 참나무 남쪽에 묻혀 있다는 보물함을 찾을 차례였다.

"맙소사! 삽을 가져오지 않았구나. 그렇다면 무엇으로 땅을 파지?"

이반 왕자는 한숨을 내쉬었다. 왕자가 주위를 둘러자 한쪽 옆에서 늑대가 땅을 파고 있었다. 늑대는 땅에서 삽을 파내어 그에게 주었다. 이반 왕자는 기뻐서 소리쳤다.

"오! 너는 나의 진정한 친구로구나!"

왕자는 삽을 쥐고 참나무의 남쪽 방향으로부터 파 들어가기 시작했다. 오랫동안을 파 들어가도 찾고 있는 것이 나오지 않자 실망하기 시작했는데, 그때 갑자기 보물함이 나타났다. 왕자가 땅에서 그것을 겨우 다 파냈을 때 갑자기 보물함에서 토끼가 튀어나와서는 도망을 쳤다. 그러자 회색 늑대가 재빨리 달려가 토끼를 이빨로 물었다. 이반 왕자가 칼을 움켜쥐고 토끼의 배를 가르자 거기서 오리가 튀어올라 날아가 버렸다.

"아, 이젠 모든 게 끝장났구나!"

절망에 빠진 이반 왕자가 소리쳤다. 그러나 그때 검은 까마귀가 커다란 부리에 오리를 물고 날아오는 것이 보였다. 그런데 까마귀가 아직 바다 위를 날고 있을 때 오리가 알을 낳아, 알이 물 속으로 들어가 버렸다.

"아아, 꼬치삼치야! 도와다오! 부탁한다!"

이반이 소리쳤다.

그러자 바로 그 순간에 물 밖으로 꼬치삼치가 입에 알을 물고 머리를 내밀었다. 정신을 차릴 수 없을 정도로 기뻐하며 이반 왕자는 알을 집어들고 왔던 길을 다시 달려 바다를 넘고 산들을 넘었다.

드디어 코시체이의 성으로 돌아온 그가 왕비와 공주에게 코시체이의 목숨이 그의 손안에 있다는 사실을 얘기하자마자 곧 바로 광풍이 일기 시작했는데 이전보다는 약하게 불었다. 이것은 항상 건강하고 활기 넘치던 마법사가 이번에는 몸이 좋지 않음을 느꼈기 때문이다. 이제 이반 왕자는 코시체이에게서 몸을 숨기기 위해 핀으로 변하지 않고 곧장 그를 만나러 나아갔다.

"아니, 이런 뻔뻔스러운 놈 같으니라고!"

코시체이는 미친 듯이 그를 향해 소리질렀다.

"그래서 러시아 놈의 냄새가 났구나! 이젠 가만두지 않겠다!"

"웃기지 마라, 늙은 코시체이!"

이반 왕자도 화가 나서 코시체이에게 대답하고 알을 쥔 손을 위로 들었다.

"보는 것처럼 너는 이제 끝장이야!"

그러자 코시체이는 그에게 무릎을 꿇고서 용서를 빌었다. 그러나 이반 왕자는 알을 깨뜨렸고 그 순간 코시체이는 흔적도 없이 사라져 버렸다. 왕자는 그 즉시 공주와 왕비에게 뛰어갔다. 그리고 그들은 한시도 지체하지 않고 떠날 준비를 했다. 이반 왕자는 왕비와 공주를 코시체이의 마구간에서 가장 좋은 말들 위에 앉히고 집으로 돌아오는 길에 올랐다.

그런데 그들이 코시체이의 성이 있던 산을 다 내려왔을 때 그들을 향해 오고 있는 이반 왕자의 두 형들을 만났다. 이반은 매우 기뻐하며 형들에게 불사신인 코시체이를 그가 어떻게 죽였는지에 대해서 얘기했다. 그러자 형들은 질투심을 갖고 동생을 보게 되었고, 결국은 그를 죽이기로 결정했다.

그들이 성에서 멀리 말을 타고 왔을 때 갑자기 공주가 자기의 소중한 보석 상자를 두고 온 것을 기억해 냈다. 그녀의 아버지가 준 선물이기 때문에 이반은 공주가 이 상자를 얼마나 귀하게 여기는지 알고 있었다. 그래서 이반은 공주를 자기 말에 앉히고 자신은 걸어서 지하에 만든 지름길을 통해 성으로 갔다. 사람들에게는 자기가 돌아올 때까지 기다려 달라고 부탁했다. 그런데 이반 왕자가 성에서 돌아와 보니 아무도 없는 것이었다. 그는 오랫동안 약혼녀를 찾고 불러 보았다. 그리고 마침내 그는 형들이 자기를 배반하고 강제로 공주와 왕비를 끌고 갔다는 사실을 깨닫게 되었다. 이반 왕자의 마음은 몹시 무거워졌지만 그래도 집으로 가기로 결정했다. 그에 앞에 놓인 들과 산에서 까마귀가 날아다니며 그에게 지름길을 알려 줬고 숲에서는 회색 늑대가 지름길을 알려 주었다. 그리고 또한 강가에 이르면 꼬치삼치가 나타나 어디서 강을 건너는 것이 수월한지를 알려 줬다.

이렇게 며칠을 걸어서 이반 왕자는 마침내 자기 아버지 나라 왕국의 국경 안으로 들어오게 되었다. 처음에 그는 어느 농가에 들어갔는데 그 집의 아낙네는 그를 매우 반갑게 맞아 주었다. 그리고 이반 왕자는 그녀로부터 그의 형들이 왕비와 공주와 함께 돌아와서는 맏형이 그들이 데리고 온 아름다운 공주와 결혼을 한다는 사실을 듣게 되었다. 하루가 지나면 결혼식이 거행된다는 것이었다.

이반 왕자는 한시도 지체하시 않고 길을 떠났다. 조금도 꾸물거려서는 안 될 일이었기에 왕자는 회색 늑대 위에 탔다. 늑대는 마침 쿠지마 왕이 큰아들의 왕관 위에 손을 얹고 그를 축복하려고 하던 바로 그 순간에 이반 왕자를 궁전에 데려다 주었다.

억지로 결혼을 하게 된 공주는 이반 왕자가 나타나자 매우 기뻐하며 모든 사람이 보는 앞에서 그에게 뛰어가 그의 목에 매달렸다. 형들은 너무도 놀라 도망을 쳐 버렸다. 그들은 왕비와 공주에게 사실을 폭로하면 죽이겠다고 위협했던 일들이 드러날까 봐 두려웠던 것이다. 너무도 놀라 도망가던 그들은 그만 우물에 빠지고 말았는데 시골 노파가 형들을 거기에서 꺼내 주었다. 이반 왕자는 기꺼이 형들을 용서하고 화해했다. 서둘러 이반 왕자의 결혼식이 치러졌다. 쿠지마 왕은 이제까지 볼 수 없었던 그런 화려한 잔치를 베풀어 주었다.

그 결혼식에 나도 참석하여 꿀이 든 술을 마셨지만, 술은 수염을 따라 흘러내릴 뿐 목구멍으론 한 모금도 넘어가지 않았다.

마리야 모레브나

옛날 옛날에 어느 왕국 어느 나라에 이반 왕자가 살고 있었다. 그에게는 마리야 공주, 올가 공주, 안나 공주 등 세 명의 누이동생이 있었다. 그들의 부모님은 돌아가시면서 아들에게 유언을 남겼다.

"누이에게 누가 처음으로 청혼을 하든, 그 사람에게 시집보내도록 해라. 오랫동안 네 곁에 잡아두지 마라."

이반 왕자는 부모님의 장례를 치르고 슬픔 때문에 누이들과 이야기를 나누려고 푸른 정원으로 나갔다. 그때 갑자기 검은 구름이 하늘을 뒤덮더니 무시무시한 폭풍이 일었다.

"누이들아, 어서 집으로 들어가거라!"

이반 왕자가 말을 했다. 그들이 궁궐로 들어가자마자 우레가 요란히 울리고 천장이 반으로 갈라지더니 빛나는 매 한 마리가 방 안으로 날아들었다. 매는 바닥에서 재주를 넘더니 용감한 젊은이로 변해서는 말을 했다.

"안녕하시오, 이반 왕자! 지난번에는 손님으로 왔지만 이번에는

●── 매는 이반 왕자와 공주들 앞에서 젊은이로 변했다. (이반 빌리빈의 삽화.)

청혼을 하러 왔소. 나는 당신의 누이 마리야 공주에게 청혼하고 싶소."

"만일 누이가 좋다면 나는 반대하지 않겠소. 알아봅시다!"

마리야 공주가 승낙하자 매는 마리야 공주와 결혼하고는 그녀를 자신의 왕국으로 데리고 갔다.

시간이 흐르고 날이 흘러서 1년이 흘렀다. 이반 왕자는 두 명의 누이와 함께 푸른 정원으로 산책을 나갔다. 그런데 이번에도 회오리바람과 번개를 동반한 먹구름이 몰려왔다.

"누이들아, 어서 집으로 들어가거라!"

이반 왕자가 말을 했다. 그들이 궁궐로 들어가자마자 우레가 요란히 울리고 지붕이 갈라지고 천장이 반으로 갈라지더니 독수리 한 마리가 방 안으로 날아들었다. 그리고 그 독수리는 바닥에서 재주를 넘더니 용감한 젊은이로 변해서는 말을 했다.

"안녕하시오, 이반 왕자! 지난번에는 손님으로 왔지만 이번에는 청혼을 하러 왔소."

그러고는 올가 공주에게 청혼을 했다.

"만일 올가 누이가 좋다면 당신과 결혼시키겠소. 나는 그녀의 뜻을 거스르지 않겠소."

올가 공주는 청혼을 받아들여 독수리와 결혼했다. 그리고 독수리는 올가 공주를 자신의 왕국으로 데리고 갔다.

다시 1년이 흘렀다. 이반 왕자는 자신의 막내 여동생에게 말을 했다.

"푸른 정원으로 산책하러 가자!"

그들이 잠시 산책을 하고 있는데 이번에도 또 다시 회오리바람과 번개를 동반한 구름이 몰려왔다.

"누이야, 집으로 돌아가자!"

집 안으로 들어간 두 사람이 미처 의자에 앉기도 전에 우렛 소리가 요란히 울리고 천장이 반으로 갈라지더니 갈가마귀 한 마리가 안으로 날아들었다. 그리고 그 갈가마귀는 바닥에서 재주를 넘더니 용감한 젊은이로 변했는데 그는 지난번의 두 사람보다 훨씬 멋졌다.

"자, 이반 왕자! 지난번에는 손님으로 왔지만 이번에는 청혼을 하러 왔소. 안나 공주를 내게 주시오."

"나는 누이의 뜻을 거스르지 않겠소. 만일 누이가 좋다면 당신과 결혼시키겠소."

안나 공주는 청혼을 받아들여 갈가마귀와 결혼했고 갈가마귀는 그녀를 자신의 왕국으로 데리고 갔다. 이제 이반 왕자는 혼자 남게 되었다. 그는 누이들 없이 1년을 보내자 심심해졌다.

'누이들을 찾아가 봐야지.'

이반 왕자는 짐을 꾸려 여행을 떠났다. 그런데 가다가 많은 군인들이 살해되어 들판에 있는 것을 보게 되었다. 이반 왕자가 물었다.

"만일 누군가 살아 있는 사람이 있다면 대답 좀 하시오. 누가 이 많은 군인을 죽인 것이오?"

"아름다운 여왕 마리야 모레브나가 이 많은 군인을 살해했소."

살아 있던 사람이 대답을 했다.

이반 왕자가 길을 계속 가서 하얀 천막이 늘어선 곳에 도착하자 아름다운 여왕 마리야 모레브나가 그를 맞으러 나왔다.

"안녕하세요, 왕자님. 어디 가세요? 그리고 자의에 의한 건가요, 강압에 의한 건가요?"

"용감한 젊은이는 결코 강압에 의해서 여행하지 않지요."

이반 왕자가 대답했다.

●── 많은 군인들이 들판에서 죽어 가고 있었다.

"만일 바쁘시지 않다면 제 천막에서 좀 쉬시지요."

이반 왕자는 기뻐하며 이틀 밤을 그 천막에서 보냈다. 그리고 마리야 모레브나를 사모하게 되어 그녀와 결혼했다.

아름다운 마리야 모레브나 여왕은 이반 왕자를 자신의 왕국으로 데리고 갔다. 두 사람은 얼마 동안 함께 살았는데 갑자기 여왕은 전쟁하기 위해 군대를 소집할 생각을 하게 되었다. 그녀는 모든 일을 이반에게 맡기고는 말했다.

"어떤 것이든 보러 돌아다녀도 좋아요. 하지만 창고만은 절대 들여다보지 마세요!"

마리야 모레브나가 떠나자마자 이반 왕자는 호기심을 억제할 수 없어 창고로 달려가 문을 열고 들여다보았다. 그곳에는 열두 사슬에 묶인 불사신 코시체이가 있었다.

코시체이는 이반 왕자에게 애원했다.

"불쌍히 여겨 물 한 모금만 주십시오! 저는 10년 동안 이곳에서 먹지도 마시지도 못한 채 고통을 당하고 있습니다. 제 목은 완전히 바싹 말랐어요!"

이반 왕자는 코시체이에게 물 한 통을 주었다. 코시체이는 그 물을 다 마시고는 조금 더 달라고 애원했다.

"한 통으로는 제 갈증을 풀 수 없어요. 한 통만 더 주세요!"

왕자는 한 통을 더 주었고 코시체이는 그것을 다 마시고는 또 한 통을 부탁했다. 코시체이는 세 통을 다 마시고 나자 예전의 힘을 회복하여 단번에 쇠사슬 열두 개를 다 끊어 버렸다.

"고맙소, 이반 왕자! 이제 자네는 자신의 귀를 볼 수 없듯이 마리야 모레브나를 다시는 못 보게 될 것이오!"

코시체이는 이렇게 말하고 나서 무시무시한 회오리바람이 되어

● ─── 아름다운 여왕 마리아 모레브나는 이반을 환영했고 이틀 후 이반과 결혼했다.

창 밖으로 날아가더니 아름다운 여왕인 마리야 모레브나를 쫓아가서는 그녀를 길에서 낚아채 자신의 집으로 데리고 가 버렸다.

한편 이반 왕자는 애통해하며 떠날 채비를 하고 길을 떠났다.

"무슨 일이 있더라도 마리야 모레브나를 꼭 찾을 거야!"

이반 왕자는 하루를 걸어갔고 또 하루를 걸어갔으며 사흘째 되던 날 동이 틀 무렵 멋진 궁궐을 보게 되었는데 궁궐 근처에는 참나무 한 그루가 서 있었고 그 참나무 위에는 빛나는 매가 앉아 있었다. 매는 참나무에서 내려와 땅에서 재주를 넘더니 용감한 젊은이가 되어 큰 소리로 외쳤다.

"아, 나의 사랑스러운 처남! 잘 지내십니까?"

마리야 공주가 달려나와 이반 왕자를 기쁘게 맞았으며 그의 안부를 묻고 나서 자신의 생활에 대해 이야기를 했다. 이반 왕자는 그들의 집에서 사흘 동안 지낸 후 말했다.

"더 이상 머물 수 없소. 나는 내 아내인 아름다운 마리야 모레브나 여왕을 찾아 길을 나선 거요."

매부인 매가 말을 했다.

"그녀를 찾기란 어려울 거요. 만일의 경우를 대비해서 당신의 은수저를 여기에 남겨두시오. 우리가 그 은수저를 보면서 당신을 떠올릴 수 있게 말이오."

이반 왕자는 자신의 은수저를 그곳에 남겨두고 길을 떠났다. 사흘째 되던 날 동이 틀 무렵 더욱 멋진 궁궐을 보게 되었는데 궁궐 근처에는 참나무 한 그루가 서 있었고 그 참나무 위에는 독수리가 앉아 있었다. 독수리는 참나무에서 내려와 땅에서 재주를 넘더니 용감한 젊은이가 되어 큰 소리로 외쳤다.

"일어나시오, 올가 공주! 우리의 사랑스러운 처남이 오고 있소."

올가 공주는 즉시 달려나갔고 이반을 끌어안고 입을 맞추었으며 그의 안부에 대해 묻고 나서 자신의 생활에 대해 이야기를 했다. 이반 왕자는 그들의 집에서 사흘 동안 지낸 후 말을 했다.

"더 이상 머물 시간이 없소. 나는 내 아내인 아름다운 마리야 모레브나 여왕을 찾아 길을 나선 거요."

매부인 독수리가 대답했다.

"그녀를 찾기란 어려울 거요. 만일의 경우를 대비해서 당신의 은 포크를 여기에 남겨 두시오. 우리가 그 은 포크를 보면서 당신을 떠올릴 수 있게 말이오."

이반 왕자는 자신의 은 포크를 그곳에 남겨두고 길을 떠났다. 사흘째 되던 날 동이 틀 무렵 지난번 궁궐보다 훨씬 멋진 궁궐을 보게 되었는데 궁궐 근처에는 참나무 한 그루가 서 있었고 그 참나무 위에는 갈가마귀가 앉아 있었다. 갈가마귀는 참나무에서 내려와 땅에서 재주를 넘더니 용감한 젊은이가 되어 큰 소리로 외쳤다.

"안나 공주! 빨리 나와 보시오. 우리의 처남이 오고 있소."

안나 공주는 달려가서 기쁘게 그를 맞았고 그를 끌어안고 입을 맞추었으며 그의 안부에 대해 묻고 나서 자신의 생활에 대해 이야기를 했다. 이반 왕자는 그들의 집에서 사흘 동안 지낸 후 말을 했다.

"잘 있으시오! 나는 내 아내인 아름다운 마리야 모레브나 여왕을 찾아 길을 나선 거요."

매부인 갈가마귀가 대답했다.

"그녀를 찾기란 어려울 거요. 만일의 경우를 대비해서 당신의 은 담뱃갑을 여기에 남겨 두시오. 우리가 그 은으로 된 담뱃갑을 보면서 당신을 떠올릴 수 있게 말이오."

이반 왕자는 자신의 은으로 된 담뱃갑을 그곳에 남겨두고 길을 떠났다. 그는 또 다시 하루를 걸어갔고 또 하루를 걸어갔으며 사흘째 되던 날 마리야 모레브나가 있는 곳에 도착했다. 마리야 모레브나는 자신의 사랑하는 남편을 보자 그의 목에 달려들어 눈물을 흘리며 말을 했다.

"아, 이반 왕자님! 어째서 제 말을 듣지 않고 창고를 들여다보고 불사신 코시체이를 풀어 주셨나요?"

"용서하구려, 마리야 모레브나! 지난 일은 생각하지 말고 코시체이가 눈치 채지 못하게 나와 떠납시다. 아마도 그는 쫓아오지 못할 거요!"

그들은 준비를 하고 나서 떠났다.

코시체이가 사냥을 나갔다가 저녁 무렵에 집으로 돌아오는데 말이 비틀거렸다.

"이 망할 놈아, 도대체 왜 비틀거리는 거야? 아니면 무슨 나쁜 낌새라도 감지한 거야?"

"이반 왕자가 이곳에 와서는 마리야 모레브나를 데려갔어요."

말이 대답했다.

"그들을 쫓아갈 수 있을까?"

"밀을 뿌리고 그것이 다 자랄 때까지 기다렸다가 수확해서 타작도 하고 밀가루를 빻아 그것으로 빵을 다섯 페치카를 구워 그 빵들을 다 먹고 나서 그때 쫓아가도 충분히 따라잡을 수 있어요."

코시체이는 말을 전속력으로 몰았고 이반 왕자를 따라잡고는 말했다.

"네가 나에게 마실 물을 준 친절을 베풀었기 때문에 한 번은 용서해 준다. 그리고 두 번도 용서해 주겠어. 하지만 세 번째에는 너를 토막내 버릴 테니 조심해라."

코시체이가 이반에게서 마리야 모레브나를 빼앗아서 데리고 가 버리자 왕자는 돌 위에 앉아서 울고 또 울었다. 그리고 마리야 모레브나에게 다시 되돌아갔다. 코시체이는 마침 집에 없었다.

"마리야 모레브나, 어서 갑시다!"

"아, 이반 왕자님! 코시체이가 쫓아올 거예요."

"쫓아올 테면 오라지 뭐. 우리는 한두 시간은 함께 보낼 수 있잖소."

그들은 다시 준비를 하고 도망쳤다. 불사신 코시체이가 집으로 돌아오는데 말이 또 비틀거렸다.

"이 망할 놈아, 도대체 왜 비틀거리는 거야? 아니면 무슨 나쁜 낌새라도 감지한 거야?"

"이반 왕자가 이곳에 와서는 마리야 모레브나를 데려갔어요."

말이 대답했다.

"그들을 쫓아갈 수 있을까?"

"보리를 뿌려서 그것이 다 자랄 때까지 기다렸다가 수확해서 타작하고 맥주를 증류시킨 다음 그 술을 다 마시고 한숨 자고 나서 그때 쫓아가도 충분히 따라잡을 수 있어요!"

코시체이는 말을 전속력으로 몰았고 이반 왕자를 따라잡았다.

"자네는 자신의 귀를 볼 수 없듯이 마리야 모레브나를 다시는 못 보게 될 거라고 내가 말했지!"

코시체이는 이렇게 말을 한 후에 마리야 모레브나를 빼앗아 자신의 집으로 가 버렸다.

이반 왕자는 홀로 남겨졌고 울고 또 울었다. 그리고 마리야 모레브나에게로 다시 돌아갔다. 그 시각에 코시체이는 마침 집에 없었다.

"마리아 모레브나, 어서 갑시다!"

"아, 이반 왕자님! 코시체이가 쫓아와 당신을 토막내서 죽일 거예요!"

"죽일 테면 죽이라고 해! 나는 당신 없이는 살 수 없어!"

그들은 다시 준비를 하고 도망쳤다. 코시체이가 집으로 돌아오는데 말이 또 비틀거렸다.

"이 망할 놈아, 도대체 왜 비틀거리는 거야? 아니면 무슨 나쁜 낌새라도 감지한 거야?"

"이반 왕자가 이곳에 와서는 마리야 모레브나를 데려갔어요."

"그들을 쫓아갈 수 있을까?"

코시체이는 말을 전속력으로 몰아 이반 왕자를 따라잡았고 그를 토막내서 죽인 후 그 토막들을 타르 통에 넣은 다음 철사로 통을 감아서 푸른 바다 속으로 던져 버리고 나서 마리야 모레브나를 자신의 집으로 데려갔다.

바로 그 순간에 이반 왕자의 매부들의 집에 있던 은제품들이 새까맣게 변했다.

"아, 불행이 생긴 것이 틀림없어."

그들이 말했다. 독수리는 푸른 바다로 날아가 타르 통을 낚아서 해안으로 끌어올렸고 매는 생명의 물을, 갈가마귀는 죽음의 물을 가지러 날아갔다. 세 사람 모두는 한 장소에 모여서 타르 통을 부수고 이반 왕자의 시체를 꺼내 깨끗이 씻고는 원래대로 맞추었다. 갈가마귀가 죽음의 물을 시신 위에 뿌리자 토막들은 점점 늘어나 한데 붙었다. 그리고 매가 생명의 물을 시신 위에 뿌리자 이반 왕자는 몸을 흔들며 깨어나서는 말했다.

"아, 참 오래도록 잤구나!"

"만일 우리가 아니었다면 자네는 더 오래도록 잠들어 있었을 거야. 이제 우리 집으로 가세."

매부들이 말했다.

"안 되네, 매부들! 나는 마리야 모레브나를 찾으러 갈 거야."

이반 왕자는 마리야 모레브나에게 와서는 요청했다.

"어디서 그렇게 훌륭한 준마를 얻었는지 불사신 코시체이에게 알아봐 주오."

그래서 마리야 모레브나는 적당한 시기를 포착해서 코시체이에게 물어보기 시작했다. 그러자 코시체이가 대답해 주었다.

"아홉의 세 제곱 나라 너머 열의 세 제곱 왕국에 있는 불의 강 너머에 바바 야가가 살고 있어. 그녀는 매일 세상을 타고 날아다니는 암말을 한 마리 가지고 있지. 그녀에게는 그런 준마들이 많거든. 그래서 나는 암말들을 단 한 마리도 잃어버리지 않고 사흘 동안 말지기 노릇을 해 주었고 그 대가로 바바 야가가 내게 망아지를 한 마리 주었지."

"당신은 어떻게 불의 강을 건넜어요?"

"나는 오른쪽으로 세 번 흔들면 굉장히 높은 다리가 되는 그런 손수건을 가지고 있지. 그래서 불이 그 다리에 닿지를 못하는 거지!"

마리야 모레브나는 코시체이의 말을 자세히 듣고 나서 이반 왕자에게 모든 것을 말해 주었고 손수건도 훔쳐서 이반 왕자에게 주었다. 이반 왕자는 불의 강을 건너 바바 야가에게로 갔다. 이반은 먹지도 마시지도 않고 아주 오랫동안 걸어갔다. 그는 새끼들을 데리고 있던 바다 너머에 사는 새 한 마리와 우연히 마주쳤다. 이반 왕자가 말을 했다.

"새끼 새 한 마리를 잡아먹어야지."

"잡아먹지 마세요, 이반 왕자님! 언젠가는 제가 당신에게 도움이 될 거예요."

새가 애원했다. 이반은 새끼 새를 그냥 두었다.

그리고 계속 길을 가다가 숲에 있는 벌집을 보았다.

"벌꿀이나 좀 먹어야겠다."

여왕벌이 대답했다.

"꿀을 건드리지 마세요, 이반 왕자님! 언젠가는 제가 당신에게 도움이 될 거예요."

그래서 이반 왕자는 벌집에 손을 대지 않고 계속 길을 가다가 새끼 사자들을 데리고 있는 암사자를 만나게 되었다.

"새끼 사자라도 먹어야겠다. 참을 수 없을 정도로 배가 고픈걸!"

"건드리지 마세요, 이반 왕자님! 언젠가는 제가 당신에게 도움이 될 거예요."

암사자가 애원했다.

"알았다, 할 수 없지!"

굶주린 이반은 걷고 또 걸어갔고 마침내 바바 야가의 이즈바가 보였다. 이즈바 주위에는 말뚝이 열두 개 서 있었는데 열한 개에는 사람의 해골이 꽂혀 있고 오직 한 개만이 비어 있었다.

"안녕하십니까, 할머니!"

"어서 어서 와라, 이반 왕자! 이곳에는 자발적으로 온 거냐, 아니면 뭔가 필요해서 온 거냐?"

"할머니의 준마를 하나 얻으려고 왔습니다."

"알았다, 이반 왕자! 1년도 필요 없고 단지 사흘만 일해라. 만일 네가 내 말들을 돌본다면 너에게 용감한 준마를 한 마리 내주지. 그러나 만일 실패하면 나를 원망하지는 마라. 너의 두개골은 이 마지막 말뚝 위에 박힐 테니 말이야."

 이반 왕자가 그 제안에 동의하자 바바 야가는 이반에게 먹고 마실 것을 대접하고는 일을 시작하라고 명령했다. 이반이 말들을 들판으로 몰고 나가자마자 말들은 꼬리를 치켜들고 초원에서 뿔뿔이 흩어져 버렸다. 그래서 이반 왕자가 미처 쳐다보기도 전에 말들은 시야에서 완전히 사라져 버리고 말았다. 이반 왕자는 울고 탄식하며 돌 위에 앉아 있다가 잠이 들고 말았다. 그런데 해가 지자 바다 건너에 사는 새가 날아와서는 이반 왕자를 깨웠다.

 "어서 일어나세요, 이반 왕자님! 말들이 이제 집으로 갔어요."

 이반 왕자가 일어나서 집으로 돌아갔다. 그러자 바바 야가는 소란을 피우며 말들을 꾸짖고 있었다.

 "이것들아, 어째서 집으로 돌아온 거냐?"

●── 이반은 잠이 들었지만 새가 와서 깨워 주었다.

"어떻게 돌아오지 않을 수가 있겠어요? 온 세상에 있는 새들이 다 날아와서 우리 눈알을 쪼아 먹으려고 달려드는걸요."

말들이 대답했다.

"그럼 내일은 초원으로 달려가지 말고 깊은 숲속으로 흩어지도록 해라."

그날 밤에 이반 왕자는 푹 잤다. 다음 날 아침에 바바 야가가 말했다.

"내 말 잘 들어라, 이반 왕자. 만일 네가 말을 잘 돌보지 못해서 단 한 마리라도 잃어버리면 네 두개골은 저 말뚝 위에 걸릴 게다!"

이반은 말들을 들판으로 몰고 나갔다. 말들은 즉시 꼬리를 들어 올리고는 깊은 숲속으로 뿔뿔이 흩어졌다. 이반 왕자는 돌 위에 앉아서 울고 또 울다가 잠이 들었다. 해가 숲 뒤로 지자 암사자가 달려왔다.

"어서 일어나세요, 이반 왕자님! 모든 말들이 모여 있어요."

이반은 일어나서 집으로 갔다. 바바 야가는 전보다 더욱 호되게 말들을 꾸짖고 있었다.

"이것들아, 어째서 집으로 돌아온 게냐?"

"어떻게 돌아오지 않을 수가 있겠어요? 온 세상에 있는 들짐승들이 다 뛰쳐나와 우리들을 갈기갈기 찢어 놓으려고 달려드는걸요."

말들이 대답했다.

"그럼 내일은 푸른 바다로 도망쳐라."

그날 밤도 이반 왕자는 푹 잤다. 다음 날 아침에 바바 야가는 말들을 돌보라고 이반 왕자를 내보냈다.

"내 말 잘 들어라, 이반 왕자. 만일 네가 말을 잘 돌보지 못해서 단 한 마리라도 잃어버리면 네 두개골은 저 말뚝 위에 걸릴 게다!"

이반은 말들을 들판으로 몰고 나갔다. 말들은 즉시 꼬리를 들어 올리더니 시야에서 사라져 푸른 바다로 뛰어들어 목까지 물이 차는 물 속에 서 있었다. 이반 왕자는 돌 위에 앉아 울다가는 잠이 들었다. 해가 숲 뒤로 넘어가자 벌이 날아와서 이반에게 말했다.

"어서 일어나세요, 이반 왕자님! 모든 말들이 모여 있어요. 집에 돌아가면 바바 야가의 눈앞에 나타나지 마세요. 마구간으로 가서 여물통 뒤에 숨으세요. 그곳에는 옴이 오른 망아지 한 마리가 똥 위에 뒹굴고 있어요. 그 망아지를 훔쳐서 한밤중에 도망치세요."

이반 왕자는 일어나서 마구간으로 잠입해 들어갔고 여물통 뒤에 숨었다. 바바 야가는 소란을 피우며 말들을 꾸짖고 있었다.

"이것들아, 어째서 집으로 돌아온 거냐?"

"어떻게 돌아오지 않을 수가 있겠어요? 온 세상에 있는 수많은 벌떼들이 날아와서 옆구리에서 피가 나도록 쏘아 대는데요!"

말들이 대답했다.

바바 야가가 잠이 들자 이반 왕자는 한밤중에 옴이 오른 망아지를 훔쳐내어 안장을 얹고는 올라타서 불의 강을 향해 말을 몰았다. 이반 왕자는 강에 이르렀고 손수건을 오른쪽으로 세 번 흔들었다. 그러자 갑자기 어디서 나타났는지 높고 멋진 다리가 불의 강 위에 놓였다. 이반 왕자가 다리를 건너고 나서 손수건을 왼쪽으로 두 번만 흔들자 강 위에는 아주 가느다란 다리만이 남아 있게 되었다.

다음 날 아침에 바바 야가가 잠에서 깨어보니 자신의 옴 오른 망아지가 보이지 않았다! 바바 야가는 쇠 절구에 올라탔다. 절굿공이를 몰아대고 빗자루로 흔적을 쓸어내며 전속력으로 이반을 추격하기 시작했다. 바바 야가는 불의 강까지 달려갔고 다리를 보자 '훌륭한 다리인걸!' 하고 생각했다. 바바 야가는 그 다리를 따라 달렸다.

●── 이반은 마리야를 데리고 준마를 타고 도망쳤다. (이반 빌리빈의 삽화.)

바바 야가가 중간쯤에 이르자 다리는 부러졌다. 바바 야가는 불의 강으로 떨어져서 비참한 죽음을 맞게 되었다!

이반 왕자가 푸른 초원 위에서 망아지에게 풀을 먹이자 그 망아지는 놀라운 준마로 변했다. 왕자는 마리야 모레브나에게 달려갔다. 마리야 모레브나는 달려와서 그의 목을 끌어안고 "어떻게 다시 살아나셨어요?" 하고 물었다.

"이렇게 저렇게 살아났지요. 나와 함께 갑시다."

이반 왕자가 말을 했다.

"두려워요, 이반 왕자님! 만일 코시체이가 쫓아오면 당신을 또다시 토막내어 죽일 거예요."

"아니, 우리를 따라잡을 수가 없을 거요! 이제 내게도 마치 새처럼 날 수 있는 놀라운 준마가 있으니까."

이반 왕자와 마리야 모레브나는 말 위에 올라탔고 달렸다. 한편 코시체이가 집으로 돌아오는데 말이 비틀거렸다.

"이 망할 놈아, 도대체 왜 비틀거리는 거야? 아니면 무슨 나쁜 낌새라도 감지한 거야?"

"이반 왕자가 이곳에 와서는 마리야 모레브나를 데려갔어요."

"그들을 쫓아갈 수가 있을까?"

"모르겠네요! 이반 왕자에게는 이제 저보다도 훨씬 뛰어난 용감한 준마가 있어요."

"안 돼, 참을 수 없어! 쫓아가고 말 거야."

얼마 후에 불사신 코시체이는 이반 왕자를 따라잡았고 땅에 뛰어내려 예리한 칼로 이반의 목을 베어 버리려고 했다. 그러나 바로 그 순간 이반 왕자의 준마가 온 힘을 다해 발굽으로 불사신 코시체이를 걷어차 그의 머리를 박살냈다. 그러자 이반은 철퇴로 코시체이의 숨을 끊어버렸다. 그런 다음 이반 왕자는 장작 더미를 쌓아서 불을 지폈고 불사신 코시체이의 시체를 불에 태워 그 재를 바람에 흩날려 버렸다.

마리야 모레브나는 코시체이의 말에 올라타고 이반은 자신의 말에 올라타 그들은 함께 갈가마귀를 찾아갔고, 그 다음엔 독수리를, 그리고 매를 찾아갔다. 두 사람은 가는 곳마다 환영받았다. 모두 하나같이 이렇게 말했다.

"아, 이반 왕자! 자네를 다시 보리라고는 기대하지 않았네. 자네가 애쓴 것은 헛된 것이 아니로군. 온 세상을 다 뒤져 봐도 마리야 모레브나 같은 미인은 찾을 수 없을 거야!"

두 사람은 그곳들을 방문해 잔치를 벌였으며, 그리고 나서 자신들의 왕국으로 돌아갔다. 이반 왕자와 마리야 모레브나는 왕국으로 돌아와 행복하게 살았다.

학의 선물: 말, 식탁보, 뿔

옛날 옛날에 할머니가 바보 아들과 함께 살고 있었다. 한 번은 바보가 밖에 나갔다가 완두콩 세 알을 발견하고는 그것들을 마을 어귀에 심었다. 얼마 후 여기서 싹이 나고 열매가 맺었다. 그런데 어느 날 바보가 마을 어귀에 나갔을 때 학 한 마리가 자신의 완두콩을 쪼아먹고 있는 것을 보았다. 바보는 학을 잡아서 죽이려고 했다.

학이 바보에게 말했다.

"저를 죽이지 마세요. 그 대신 당신에게 선물을 드리겠어요."

"음, 그래. 선물을 다오!"

학은 그에게 말을 주면서 말했다.

"만약 당신에게 돈이 필요하거든, 말에게 '서라.' 하고 말하세요, '서라' 하고요. 그리고 만족하게 거두었으면, '그만.' 이라고 말하세요."

바보는 말을 잡아서 그 위에 앉은 후 말했다.

"서라!"

그러자 말이 온통 은으로 변해 흩어지는 것이었다. 바보는 즐거워하며 깔깔대고 웃기 시작했다. 그리고 그는 말했다.

"그만!"

그러자 은이 다시 말로 변했다.

바보는 학을 풀어주고 집으로 말을 몰았다. 마당에서 곧바로 오두막으로 말을 몰고 들어와서는 말했다.

"보세요, 어머니. '서라.'라고 절대로 말하지 말고 '그만.'이라고만 말해요."

바보는 어머니에게 엄하게 몇 번을 말하고 완두콩을 지키러 나갔다. 어머니는 왜 아들이 자기에게 "서라."라고는 말하지 말라고 했을까 생각하고 또 생각해 보고는 이 말이 꼭 하고 싶어졌다. 그래서 그녀가 이 말을 하자마자 말이 은으로 변해 흩어지는 것이었다. 할머니는 눈이 휘둥그레져 곧 이 돈들을 재빨리 가방에 담기 시작했다. 은을 다 담은 후 "그만."이라고 말하자, 다시 말이 나타났다.

한편 바보는 완두콩이 있는 곳으로 와서 다시 한번 콩을 쪼는 학을 보았다. 바보는 학을 움켜쥐면서 말했다.

"넌 이제 도망가지 못한다! 지금 널 없애 버릴 테다!"

바보가 소리쳤다.

학이 애원했다.

"절 죽이지 마세요. 당신에게 선물을 드리겠어요."

"음, 그래. 다오."

학은 그에게 식탁보를 주었다.

"만약 먹고 싶은 것이 있으면, '펴져라.'하고 말하세요. 그리고 배가 부르면 '접혀라.'하고 말하세요."

바보는 식탁보를 붙잡고 소리쳤다.

"펴져라!"

그러자 식탁보가 펴지고 그 위에 갖가지 먹을 것과 마실 것이 나타났다. 바보는 그것들을 실컷 먹고는 말했다.

"접혀라!"

그러자 식탁보가 접혔다.

바보는 그것을 집으로 가져와 어머니에게 말했다.

"봐요, 어머니, 이 식탁보에게 '펴져라.' 라고 말하지 말고, '접혀라.' 라고 말해요."

바보가 완두콩을 지키러 나가자마자 어머니는 식탁보에게 말했다.

"펴져라!"

그러자 식탁보가 펴졌고 그 위에는 온갖 종류의 마실 것과 먹을 것이 나타났다. 어머니는 실컷 먹고 마시고는 말했다.

"접혀라!"

그러자 식탁보는 접혔다.

세 번째로 바보가 완두콩 밭에서 또다시 학을 잡았을 때 학은 그에게 뿔을 선물했다 이번에는 그에게서 날아가면서 소리쳤다.

"바보야, 말해 봐. '뿔 밖으로!' 라고."

바보가 소리쳤다.

"뿔 밖으로!"

그러자 뿔에서 그 즉시 몽둥이를 든 청년이 두 명 튀어나오더니 바보가 쓰러질 때까지 몽둥이로 마구 때리는 것이었다.

조금 후 학이 위에서 소리쳤다.

"뿔 속으로!"

그러자 청년들은 사라졌다.

집으로 돌아온 바보는 어머니에게 말했다

"여기 뿔이 있어요. 어머니. '뿔 밖으로.' 라고 말하지 말고, '뿔 속으로.' 라고 말해요."

바보는 마당으로 나갔고 호기심 많은 노파는 열쇠로 문을 잠그고 소리쳤다.

"뿔 밖으로!"

그러자 바로 그 순간 몽둥이를 든 두 청년이 튀어나오더니 노파를 흠씬 두들겨 패는 것이었다. 할머니는 도와달라고 소리치기 시작했고 이 비명을 들은 바보가 돌아왔으나 문은 자물쇠로 잠겨 있었다. 그래서 그가 밖에서 "뿔 속으로! 뿔 속으로!" 하고 소리치자 그 청년들이 사라지는 것이었다. 노파는 조금 정신이 들자 아들에게 문을 열어 주었다.

얼마 후 바보는 잔치를 베풀어 여러 양반들과 군인들을 손님으로 초대했다. 모두 모여 자리를 잡았을 때 바보는 오두막으로 말을 끌고 와 말했다.

"서라!"

그러자 말은 은으로 변했다. 손님들은 모두 뛰어들어 돈을 주머니와 품속에 숨기느라 정신이 없었다. 조금 기다린 후 바보는 말했다.

"그만!"

그런데 다시 말이 나타났을 때 꼬리가 잘린 상태였다.

점심 식사 때가 다가오자 바보는 식탁보를 가져와 말했다.

"펴져라!"

식탁보가 펴졌고 식탁 위에는 많은 음식들이 나타났다. 모든 손님들이 실컷 마시고 먹으며 흥겹게 시간을 보냈다. 그리고 음식을 다 먹고 마셨을 때 바보가 말했다.

"접혀라!"

그러자 식탁보가 접혔다.

그런데 이제까지 대접을 잘 받은 손님들은 바보가 더 이상 그들을 재미있게 해 주지 않는다고 그를 놀려대기 시작했다.

"보여 줄 게 있으면 더 보여 줘 봐!"

"그렇다면 더 보여 줄 게 있긴 하지요!"

바보는 이렇게 말한 후 뿔을 가져왔다.

손님들은 바보를 끝까지 기다리지도 않고 소리치기 시작했다.

"뿔 밖으로! 뿔 밖으로!"

그러자 그 즉시 몽둥이를 든 두 청년이 튀어나와 돌아다니며 손님들의 등을 때리기 시작했다. 그들은 손님들이 움켜쥐었던 돈들을 도로 내놓고 집으로 도망갈 때까지 때렸다.

바보와 어머니는 말과 식탁보와 뿔과 함께 남아서 착하게 오래오래 잘 살았다.

수 정 산

옛날 옛날에 어느 왕국 어느 나라에 왕이 살고 있었는데 그의 슬하에는 아들이 셋 있었다. 어느 날 세 아들이 아버지에게 말했다.

"자비로우신 아버님! 저희에게 축복을 내려 주십시오. 저희는 사냥하러 갈 것입니다."

아버지는 아들들을 축복해 주었고 아들들은 각자 다른 방향으로 출발했다. 막내 이반 왕자도 달리고 달려갔는데 그만 길을 잃고 말았다. 그는 숲의 공터에 오게 되었는데 그곳에는 죽은 말 한 필이 누위 있고, 그 주변에 온갖 종류의 짐승들과 새들과 벌레들이 우글거리고 있었다. 그런데 매 한 마리가 왕자에게 날아와서 어깨 위에 앉더니 말했다.

"이반 왕자님, 저 말을 우리에게 나누어 주세요. 저 말이 이곳에 30년 동안 있었지만 우리들은 어떻게 나누어야 할지 몰라서 여태 다투고 있어요."

이반 왕자는 말에서 내려 죽은 말의 몸을 나누어 주었는데, 짐승들에게는 뼈를 주고 살점은 새들에게, 가죽은 벌레들에게, 그리고 머리는 개미들에게 나누어 주었다.

"고마워요, 이반 왕자님! 베풀어 주신 친절 덕분에 당신은 원할 때는 언제든지 빛나는 매나 개미로 변할 수 있을 거예요."

매가 말했다. 그 말을 듣고 이반 왕자가 축축한 땅에서 재주를 넘자 곧 빛나는 매로 변했고 높이 솟아올라 머나먼 열의 세 제곱 왕국으로 날아갔다. 그런데 그 왕국은 절반 이상이 수정 산 속에 삼켜져 있었다. 이반 왕자는 곧장 궁궐로 날아가 멋진 젊은이로 변한 뒤 궁궐의 보초병에게 물었다.

"이곳의 왕이 나를 보초병으로 받아 주실까요?"

"이런 멋진 젊은이를 어째서 마다하시겠소?"

이렇게 해서 이반 왕자는 그 나라 왕을 위해 복무하며 석 주를 지냈다. 그런데 어느 날 공주가 왕에게 간청하였다.

"아버님! 이반 왕자와 함께 수정 산에 다녀오도록 허락해 주세요."

왕은 허락을 했고 두 사람은 말을 타고 출발했다.

그들이 수정 산에 다가가자 갑자기 어디서 나타났는지 황금 염소가 한 마리 뛰어나왔다. 이반 왕자는 그 염소를 잡으러 쫓아갔고 달리고 또 달렸지만 염소를 잡을 수가 없었다. 그래서 왕자가 도로 돌아왔는데 공주가 온데간데없이 사라진 것이었다. 이제 그는 어쩌면 좋을까? 어떻게 감히 왕의 면전에 나타날 수 있겠는가?

이반 왕자는 아무도 알아보지 못하도록 늙은이로 변장을 하고는 궁궐로 가서 왕에게 말했다.

"전하! 저를 당신의 소치기로 일하게 해주십시오."

"좋다, 소치기로 일해라. 만일 머리가 셋 달린 뱀이 날아오거든 그에게 암소 세 마리를 주어라. 그리고 머리가 여섯 달린 뱀이 날아오면 암소를 여섯 마리 주고, 머리가 열둘 달린 뱀이 날아오거든 암소를 열두 마리 주도록 해라."

이반 왕자는 산과 계곡으로 가축을 몰고 나갔다. 그런데 갑자기 호수에서 머리가 셋 달린 뱀이 날아왔다.

"아, 이반 왕자. 자네는 대체 무슨 일을 하고 있는 건가? 훌륭한 젊은이가 전투를 해야지, 가축이나 돌보고 있나! 어쨌든 내게 암소를 세 마리 주게."

"너무 많지 않아? 나도 하루에 오리 한 마리밖에 안 먹는데, 네 놈이 암소를 세 마리나 달라고 하다니. 네 놈에게는 한 마리도 줄 수 없다!"

뱀은 화가 나서 세 마리가 아니라 암소 여섯 마리를 움켜잡았다. 그러자 이반 왕자는 즉시 빛나는 매로 변신하여 뱀의 머리 셋을 모두 뽑아내고는 가축을 몰고 집으로 돌아왔다.

"할아범, 머리가 셋 달린 뱀이 날아왔던가? 그에게 암소를 세 마리 주었나?"

왕이 물었다.

"전하, 한 마리도 주지 않았습니다."

다음 날 이반 왕자는 산과 계곡으로 가축을 몰고 나갔고 호수에서 머리가 여섯 달린 뱀이 날아와 암소 여섯 마리를 요구했다. 그러자 이반이 대꾸했다.

"아, 너는 걸신들린 괴물이야! 나도 하루에 오리 한 마리만을 먹거늘, 네가 얼마를 요구해! 네 놈에겐 단 한 마리도 줄 수 없다!"

뱀이 몹시 화가 나서 암소 여섯 마리가 아니라 열두 마리를 움켜잡자 이반 왕자는 빛나는 매로 변하여 뱀에게 달려들어 머리 여섯

●──러시아 민담

개를 전부 뽑아 버렸다. 이반 왕자가 가축 떼를 몰고 집으로 돌아가자 왕이 물었다.

"노인장, 머리가 여섯 달린 뱀이 날아오던가? 내 가축이 더 많이 줄어들었겠지?"

"뱀이 날아오기는 했는데 아무것도 가져가지는 못했죠!"

밤늦은 시각 이반 왕자는 개미로 변하고는 작은 틈새를 통해 수정 산으로 기어 들어갔다. 그리고 수정 산에 공주가 있는 것을 보았다.

"이반 왕자님! 이곳에는 어떻게 오게 되었나요? 머리가 열둘 달린 뱀이 나를 이곳으로 납치해 왔어요. 그는 아버지의 호수에 살고 있는데 그 뱀에게는 상자가 하나 있어요. 그리고 그 상자 안에는 토끼가 한 마리 있고, 토끼 안에는 오리가 있고, 오리 속에는 알이 있으며, 그 알 속에는 씨앗이 하나 들어 있어요. 만일 당신이 뱀을 죽이고 그 씨앗을 손에 넣을 수 있다면 수정 산을 없애고 저를 구할 수 있을 거예요."

이반 왕자는 그 산에서 기어 나와 다시 소치기로 변장하고 가축을 몰고 나갔다. 갑자기 머리가 열둘 달린 뱀이 날아오더니 말했다.

"아, 이반 왕자! 자네는 어울리지 않는 일을 하고 있군. 자네 같은 훌륭한 젊은이가 전투를 해야지, 가축이나 돌보고 있나? 어쨌든 내게 암소 열두 마리를 주게."

"너무 많지! 나도 하루에 오리 한 마리밖에 안 먹는데, 네놈이 얼마를 달라고!"

둘은 싸우기 시작했고 얼마간 싸운 후에 이반 왕자는 머리가 열둘 달린 뱀을 무찌르고 몸통을 잘라 오른쪽에 있는 상자를 찾아냈다. 상자 속에는 토끼가 들어 있었고 토끼 안에는 오리가, 오리 안에는 알이, 알 안에는 씨앗이 들어 있었다. 이반 왕자는 씨앗에 불

●──성 조지와 용을 나타낸 17세기 러시아 그림. 용 혹은 뱀과 싸우는 용사는 고대 종교부터 항상 이야기 속에 등장한다.

● 구슬리 가락에 맞춰 춤추는 바다의 차르를 묘사한 그림. 프랑크 파페, 1920년 작.

을 붙여 그 씨앗을 수정 산으로 가져갔다. 그러자 산이 녹아 없어졌다. 이반 왕자는 그곳에서 공주를 꺼내 왕에게 데리고 갔다. 왕은 기뻐하며 말했다.

"내 사위가 되어 주게!"

그리고 즉시 그들의 결혼식이 거행되었다.

그 결혼식에 나도 참석하여 꿀이 든 술을 마셨지만 술은 수염을 따라 흘러내릴 뿐 목구멍으로 한 모금도 넘어가지 않았다.

마법의 반지

어느 나라 어느 큰 마을에 가난하지도 부유하지도 않은 농부가 살고 있었다. 농부에게는 아들 하나가 있었는데 농부는 그에게 300루블을 유산으로 물려주었다.

"얘, 아들아! 네가 크면 300루블을 주마."

아들이 장성해서 사리를 분별할 수 있는 나이가 되자 어머니에게 말했다.

"돌아가신 아버지께서 제게 300루블을 주겠다고 약속하신 것으로 알고 있어요. 100루블만이라도 주세요."

어머니는 아들에게 100루블을 주었고, 아들은 길을 떠났다. 도중에 귀가 축 늘어진 개를 데리고 가던 농부를 만나자 말했다.

"아저씨, 그 개를 제게 파세요."

"그러면 100루블을 주게나."

그 농부가 말했다.

결국 아들은 개 값으로 100루블을 지불하고 개를 데리고 집으로 돌아와서는 먹을 것과 마실 것을 주었다. 그 일이 있은 지 얼마 후, 아들은 어머니에게 또 100루블을 달라고 했다. 어머니가 다시 돈을 주자 그는 길을 떠났다. 도중에 이번에는 황금색 꼬리를 가진 고양이를 데리고 가던 농부를 만나자 말했다.

"아저씨, 그 고양이를 제게 파세요."

"좋네, 사게나."

"얼마를 드리면 되겠습니까?"

"이 고양이를 갖고 싶으면 100루블을 내게나."

농부가 말했다.

그래서 그는 농부에게 고양이 값으로 100루블을 주었고 고양이를 집으로 데리고 와서 먹을 것과 마실 것을 주었다. 얼마 후, 아들이 어머니에게 또 100루블을 달라고 했다 그러자 어머니가 말했다.

"나의 사랑스러운 아들아! 어디에 돈을 쓰려고 그러는 게냐? 저런 쓸데없는 것을 사려고?"

"아, 사랑스러운 어머니! 돈에 대해서는 걱정하지 마세요. 그 돈은 언젠가는 다시 우리에게 되돌아 올 테니까요."

어머니는 아들에게 100루블을 주었고 그는 다시 길을 나섰다.

자, 잘되었다. 어느 장소, 어느 도시에서 한 공주가 죽었는데 공주의 손가락에는 금반지가 끼워져 있었다. 착한 젊은이는 자신이 공주의 손가락에서 이 반지를 빼내기를 간절히 바랐다. 그는 공주 가까이 다가갈 수 있도록 100루블로 보초를 매수했다. 그리고 공주에게 가까이 다가간 젊은이는 공주의 손에서 반지를 빼내어 집에 계신 어머니에게로 돌아왔다. 아무도 그를 막지 못했다.

젊은이는 그럭저럭 한동안 집에서 살았다. 그러던 어느 날, 젊은이는 현관으로 나가서는 반지를 끼고 있던 손가락에서 반지를 빼

다른 손가락으로 옮겨 끼었다. 그러자 놀랍게도 300명의 젊은이와 170명의 장사들이 반지에서 뛰쳐나와 물었다.

"무슨 명령을 내리시겠습니까?"

"다음과 같은 명령을 내린다. 우선 이 오래된 오두막을 부수고 바로 그 자리에 돌로 된 저택을 지어라. 나의 어머니께서 아무것도 모르시게 해야 한다."

그들은 단 하룻밤 사이에 그 일을 모두 해치웠다. 잠에서 깨어난 젊은이의 어머니는 깜짝 놀랐다.

"이 집이 도대체 누구 집이냐?"

"나의 어머니! 놀라지 마십시오 그리고 신께 기도 드리세요. 이 집은 우리의 것입니다."

그래서 그들은 새 집에서 한동안 살았다. 어느덧 젊은이는 어엿한 성인이 되었고 결혼하기를 원했다. 어느 나라 어느 왕국의 어느 왕에게는 공주가 하나 있었는데 젊은이는 그 공주와 결혼하고 싶었다. 젊은이가 어머니에게 말했다.

"나의 어머니! 결혼 중매를 해주세요. 어디어디 나라의 무슨무슨 국왕에게 아름다운 공주가 있어요."

그러자 어머니가 아들에게 말했다.

"나의 사랑스러운 아들아! 우리에게 공주라니!"

"나의 어머니, 착하신 어머니! 신께 기도 드리세요. 그리고 차나 한잔하시고 주무세요. 아침이 되면 일이 한결 수월하게 풀릴 거예요."

젊은이는 현관으로 나가 한 손에 끼고 있던 반지를 다른 손으로 옮겼다. 그러자 젊은이 300명과 보가트리 170명이 반지에서 뛰쳐나와 물었다.

"무슨 일을 명령하시겠습니까?"

"왕도 갖지 못한 귀중한 물건들을 찾아서 황금 쟁반에 담아 내게 가져오너라. 왕과 공주에게 선물을 해야겠다!"

즉시 그러한 물건들이 젊은이 앞에 나타났고, 그는 왕에게 어머니를 보내 청혼하였다.

어머니가 왕 앞에 나아가자 왕은 놀라서 물었다.

"여봐라, 할멈, 이런 귀한 물건을 도대체 어디서 구하였느냐?"

공주도 나와서 그 물건들을 보더니 말했다.

"좋아요, 당신 아들에게 전하세요. 하룻밤 새에 우리 아버지의 성스러운 목초지에 아버지의 궁전보다 더욱 화려한 새 궁전을 짓고 두 궁전 사이에는 수정으로 된 다리를 놓고 그 수정 다리에는 수를 놓은 융단을 깔라고 하세요. 만일 그렇게 된다면 당신 아들과 결혼하겠어요. 하지만 그렇게 되지 않으면 당신 아들에게 자비를 베풀지 않을 거예요. 그는 자신의 무모한 머리를 단두대에 올려놓게 될 거예요!"

어머니는 집으로 돌아와 눈물을 흘리며 아들에게 말했다.

"나의 사랑하는 아들아, 공주랑 결혼할 생각을 하지 말라고 내가 말하지 않았더냐. 공주가 네게 말하기를, 만일 공주와 결혼하길 원한다면 하룻밤 새에 왕의 성스러운 목초지에 왕의 궁전보다 더욱 화려한 새 궁전을 짓고 두 궁전 사이에는 수정으로 된 다리를 놓고 그 수정 다리에는 수를 놓은 융단을 깔라고 했단다. 만일 네가 이것을 해내지 못하면 너의 무모한 머리를 단두대에 올려놓게 될 거라는구나! 애야, 이제 이 일을 어찌하냐?"

아들이 대답했다.

"나의 어머니, 착하신 어머니! 신께 기도 드리세요. 그리고 차나

한잔하시고 주무세요. 사람은 저녁보다는 아침에 더 지혜로워지니까요."

착한 젊은이는 현관으로 나가 한 손에 끼고 있던 반지를 다른 손으로 옮겨 끼었다 그러자 젊은이 300명과 보가트리 170명이 반지에서 뛰쳐나와 물었다.

"무슨 일을 명령하시겠습니까?"

젊은이는 그들에게 명령을 내렸다.

"친애하는 나의 친구들이여! 하룻밤 새에 왕의 성스러운 목초지에 왕의 궁전보다 더욱 화려한 새 궁전을 짓고 두 궁전 사이에는 수정으로 된 다리를 놓고 그 수정 다리에는 수를 놓은 융단을 깔게나."

젊은이들과 장사들은 하룻밤 새에 명령받은 것들을 전부 지었다. 아침에 왕이 일어나 망원경으로 성스러운 목초지를 보다가 자신의 궁전보다 더욱 화려한 새 궁전이 세워져 있는 것을 보았다. 왕은 놀라서 젊은이에게 공주에게 청혼하러 와도 좋으며 공주도 결혼에 동의했다고 전하도록 사신을 보냈다. 젊은이는 공주에게 청혼하여 결혼하였고 결혼식을 축하하기 위해 성대한 잔치가 열렸다.

두 사람은 얼마간 같이 살았다. 그러던 중 공주가 남편에게 물었다.

"당신이 어떻게 하룻밤 새에 그 모든 일을 해냈는지 내게 말 좀 해 주세요. 이제부터는 우리 함께 생각해요."

공주는 남편에게 갖은 애교를 다 떨며 설득하고 온갖 술을 대접했다. 공주는 남편에게 술을 잔뜩 먹였고 젊은이는 공주에게 모든 것을 말해 버렸다.

"난 그 모든 일을 이 반지로 했지요!"

공주는 술 취한 남편에게서 반지를 빼내어 반지를 다른 손으로 옮겨 끼었다. 젊은이 300명과 보가트리 170명이 반지에서 뛰쳐나와 물었다.

"무슨 일을 명령하시겠습니까?"

"잘 들어라. 저 주정뱅이를 끌어다가 우리 아버지의 목초지에 내버리고 이 모든 궁전과 함께 나를 구만 리 먼 나라에 있는 왕국의 왕에게 데려다다오."

젊은이들과 장사들은 하룻밤 새에 공주를 명령한 곳으로 데려다 주었다. 아침에 왕이 일어나 망원경으로 목초지를 보니 그곳에는 이미 궁전도 수정 다리도 없었고 오직 한 사람이 누워 있을 따름이었다. 왕은 사신에게 명령을 내렸다.

"저곳에 누워 있는 저 사람이 누구인지 알아보아라."

사신은 그곳에 갔다가 돌아와 왕에게 아뢰었다.

"전하의 사위가 그곳에 홀로 누워 있사옵니다!"

"가서 그를 내게 데려오너라."

사신들이 그를 데려오자 왕이 물었다.

"너는 도대체 공주와 궁전을 어떻게 한 것이냐?"

"전하, 저도 아무것도 모르겠습니다. 제가 잠든 동안 공주가 사라진 것 같사옵니다."

"그렇다면 공주가 어디 있는지 알아내는 데 너에게 석 달의 시간을 주겠다. 그동안에 공주를 알아내지 못한다면 죽음을 면치 못할 것이다."

왕이 말했다. 그리고 그 착한 젊은이를 탄탄한 지하 감옥에 가두어 버렸다. 그러자 고양이가 귀가 늘어진 개에게 말했다.

"알다시피 우리 주인님이 감옥에 갇혀 있어. 공주가 주인님을 속여서 반지를 빼앗고는 구만 리 머나먼 왕국으로 가 버렸어. 반지를 찾아야만 해. 함께 가자!"

고양이와 개가 달려갔다. 호수나 강을 건너야 할 때는 귀가 늘어진 개가 목 위에 고양이를 앉히고 건너편까지 건너갔다. 시간이 얼마 흐른 후, 개와 고양이는 드디어 구만 리 머나먼 나라에 있는 왕국에 도착했다. 고양이가 개에게 말했다.

"만일 왕의 부엌에서 누군가가 나무를 가지러 나오면 너는 당장 달려 나가라. 나는 창고의 하녀에게 갈 거야. 그리고 그녀가 원하는 것은 내가 뭐든지 시중을 들 거야."

그렇게 해서 개와 고양이는 왕의 궁전에서 살게 되었다. 어느 날 하녀가 왕에게 말했다.

"저의 창고에는 황금 꼬리를 가진 고양이가 한 마리 있사옵니다. 제가 원하는 것은 무엇이든 그 고양이가 들어준답니다!"

요리사도 말했다.

"저에게는 귀가 늘어진 개가 한 마리 있사옵니다. 제가 나무를 가지러 꼬마를 보내면 그 개가 먼저 달려가서 나무를 가져온답니다!"

그 소리를 들은 왕이 귀가 늘어진 개를 침실로 데려오라고 말을 했다. 그리고 공주는 황금 꼬리를 가진 고양이를 데려오라고 명령을 내렸다. 개와 고양이는 왕과 공주의 궁전에서 밤이나 낮이나 머물게 되었다. 공주는 잠을 잘 때 반지를 입 안에 넣고 잤다. 어느 날 밤, 생쥐 한 마리가 방을 달려가자 고양이는 생쥐의 목을 낚아챘다.

생쥐는 애걸했다.

"저를 해치지 마세요, 고양이님! 전 당신이 무엇 때문에 왔는지 알고 있어요. 반지를 찾으러 오셨지요? 제가 당신에게 반지를 찾아다 드리겠어요."

 고양이가 생쥐를 놓아주자 생쥐는 공주가 있는 침대 위로 뛰어올라 가더니 공주의 입 안으로 꼬리를 밀어넣고는 흔들었다. 그러자 공주는 침을 뱉으면서 반지도 뱉어냈다. 고양이는 반지를 잽싸게 받아내서는 귀가 늘어진 개에게 소리쳤다.

 "정신차려라!"

 개와 고양이는 창 밖으로 몸을 던져 뛰어내려서는 달렸다. 그들은 육로를 달리고 호수와 강들을 헤엄쳐 건너서 자신들이 살던 왕국에 도착했다. 그리고 곧장 감옥으로 갔다. 고양이가 감옥 안으로 기어 들어가자 젊은이는 고양이를 보고는 쓰다듬어 주었다. 고양이는 노래를 부르며 주인의 손에 반지를 떨어뜨렸다. 주인은 몹시 기뻐하며 반지를 한 손에서 다른 손으로 옮겨 꼈다. 곧 젊은이 300명과 보가트리 170명이 나와 물었다.

 "무슨 일을 명령하시겠습니까?"

 그는 말했다.

 "내 슬픔을 가라앉히기 위해 온종일 근사한 음악이 연주되기를 바란다."

 음악이 울리기 시작했다.

 왕은 젊은이가 공주가 있는 곳을 생각해 내었는지 알아보러 사신을 보냈다. 사신은 감옥에 왔다가는 음악을 듣는 데 심취해 버리고 말았다. 그러자 왕이 다른 사신을 보냈지만 그 역시 음악 소리에 취해 버렸고 세 번째 사신도 음악을 듣는 데 취해 버리고 말았다. 이번에는 왕 자신이 직접 사위를 만나러 감옥에 오게 되었고 왕 역시 음악에 취해 버렸다. 음악이 끝나자마자 왕은 사위에게 묻기 시작했다. 사위는 말했다.

"전하! 하룻밤만 저를 풀어 주십시오. 그러면 공주를 즉시 되찾아 오겠습니다."

젊은이는 현관으로 나가서 반지를 한 손에서 다른 손으로 옮겨 꼈다. 그러자 젊은이 300명과 보가트리 170명이 반지에서 뛰쳐 나와 물었다.

"무슨 일을 명령하시겠습니까?"

"공주를 모든 궁전과 함께 예전의 장소에다 사이에 옮겨다 놓거라."

공주는 아침에 잠이 깨어 자신이 예전에 있던 곳에 있음을 발견하고 무슨 일이 닥칠지 몰라 벌벌 떨었다. 그때 젊은이가 왕에게 다가와서 물었다.

"전하! 공주에게 어떤 벌을 내리면 좋겠사옵니까?"

"친애하는 나의 사위여! 공주를 말로 잘 타이르고 두 사람이 함께 잘 살기를 바라노라!"

마법의 루바슈카

한 용감한 병사가 연대에 복무했는데 집에서 100루블을 받았다. 그것에 대해 알게 된 상사가 병사로부터 그 돈을 빌렸다. 돈을 갚을 때가 되자 상사는 돈을 갚기는커녕 병사의 등을 몽둥이로 100대를 때리며 말했다.

"나는 네 돈을 구경도 하지 못했는데, 네 놈이 나에게 무고하게 죄를 뒤집어씌우다니!"

병사는 화가 나서 깊은 숲로 달아나 나무 아래에 쉬려고 누웠다. 그런데 머리가 여섯 달린 뱀 한 마리가 날아 와서는 병사에게 세상살이가 어떠냐고 묻고는 말했다.

"자네는 무슨 일로 숲속에서 헤매고 있는가? 내게 와서 3년 동안 일하게."

"그러지요."

"그러면 내 등에 올라타게."

병사는 뱀 위에 자신의 모든 소지품을 실었다.

"아니, 이런! 병사 양반, 뭐 때문에 이런 잡동사니를 가지고 다니나?"

"무슨 말씀이십니까, 뱀 어르신! 단추 하나만 잃어버려도 매질을 당하는 것이 병사인데 소지품을 전부 버리라고요?"

뱀은 병사를 자신의 궁궐로 데려갔고 그에게 다음과 같은 임무를 주었다.

"3년 동안 솥 옆에 앉아서 불이 꺼지지 않도록 지키면서 카샤(일종의 죽)를 끓이도록 하게!"

그리고 뱀은 이 기간 동안 세상을 돌아다니러 날아갔다. 병사에게 맡겨진 일은 힘든 것이 아니었다. 솥 아래 장작을 넣고는 그 옆에 앉아 보드카를 마시고 안주를 먹는 것이 전부였다. 뱀의 보드카는 사람들이 먹는 그런 보드카가 아니었다. 물이 완전히 증류된 술이었다. 3년이 지나고 뱀이 날아왔다.

"병사 양반, 카샤는 준비되었나?"

"물론 준비되었지요! 3년 동안 저는 불을 한 번도 꺼뜨린 적이 없었거든요."

뱀은 한 번에 솥 전체를 몽땅 먹어치우더니 충실하게 봉사한 병사를 칭찬한 후 그를 또다시 3년 동안 고용했다.

이번의 3년도 흘러갔다. 뱀은 병사가 준비해 놓은 카샤를 다시 먹은 후 또다시 3년을 봉사하도록 남겨두었다. 병사는 2년 동안 카샤를 끓였으며 3년이 끝나갈 무렵에 '나는 9년째 이곳에서 살며 카샤를 끓여 왔는데 아직까지 카샤의 맛도 못 보았어. 맛 좀 보아야지!' 하는 생각이 떠올랐다.

병사가 솥뚜껑을 들어올렸더니 솥 안에 자신의 상사가 앉아 있었다. 병사는 '잘됐군. 나는 너를 박살낼 거야. 네 녀석이 내게 했던 짓에 앙갚음해 줄 거야!' 하고 생각했다. 그래서 병사는 장작 더미를 끌고 와서는 가능한 한 많이 솥 아래 밀어넣어 상사의 살점뿐 아니라 뼈까지 깡그리 고아지도록 불을 세게 지폈다. 얼마가 지난 후 뱀이 날아와서 카샤를 먹고는 병사를 칭찬했다.

"아, 병사 양반, 이전의 카샤도 훌륭했는데 이번 것은 훨씬 맛이 좋군! 봉사한 대가로 원하는 것이 있으면 무엇이든 골라 보게."

병사는 주위를 여기저기 둘러보고는 용맹스런 말 한 필과 두툼한 천으로 짠 루바슈카를 골랐다. 그 루바슈카는 평범한 것이 아니라 그것을 입으면 누구든 보가트리가 되는 마법의 루바슈카였다.

병사는 어느 왕을 찾아가서 힘겨운 전투에서 왕을 돕고 아름다운 공주와 결혼했다. 공주는 평범한 병사와 결혼한 것이 마음에 들지 않았다. 그래서 이웃 나라의 왕자와 음모를 꾸며 그 병사의 용맹스런 힘이 어디에서 나오는지 알아내려고 남편에게 애교를 부렸다. 사실을 알아낸 공주는 때를 포착해서 잠든 남편에게서 루바슈카를 벗겨내어 왕자에게 그것을 주었다. 왕자는 마법의 루바슈카를 입고 칼을 들어 병사를 죽여 토막냈고 가마니에 시체 토막을 넣어 마부들에게 명령을 내렸다.

"이 가마니를 늙어 쓸모 없는 말에 묶어서 넓은 들판으로 쫓아버려라!"

마부들이 명령을 수행하러 나갔는데 죽은 병사의 용맹스런 말이 늙어 쓸모 없는 말로 변하여 자기가 마부들의 눈에 띄도록 했다. 마부들은 그 말을 잡아 말에 가마니를 묶고는 넓은 들판으로 쫓아보냈다. 용맹스런 말은 새보다도 빨리 달려 뱀에게 다다랐고 뱀의 궁궐에 머물러서 사흘 밤낮을 쉬지 않고 울어 댔다.

그 무렵 뱀은 깊이 잠들어 있었는데 말의 울음 소리와 발 구르는 소리에 겨우 잠에서 깨어났다. 뱀은 궁전 바깥으로 나와서 가마니 자루를 들여다보고는 경악했다! 뱀은 병사의 토막 난 시신을 그러 모아 한데 놓고는 죽음의 물로 깨끗이 씻었다. 그러자 병사의 몸이 다시 하나로 붙었고 생명의 물을 뿌리자 병사는 다시 살아났다.

"푸우, 오래 잤는걸!"

병사가 말했다.

"자네의 선량한 말이 아니었다면 자네는 영원히 잠을 잤겠지!"

뱀이 대꾸를 한 후 다른 여러 모습으로 변할 수 있는 교묘한 기술을 병사에게 가르쳐 주었다.

병사는 비둘기로 변신하여 자신의 부정한 아내와 함께 살고 있는 왕자에게 날아가 부엌의 창가에 앉았다. 젊은 여자 요리사는 비둘기를 보고 말했다.

"야, 참 귀여운 비둘기네!"

그러곤 창문을 열어서 비둘기가 부엌 안으로 들어오게 했다. 부엌으로 들어간 비둘기는 바닥에서 재주를 한 번 넘더니 잘 생긴 젊은이로 변신했다.

"나를 위해 한 가지만 해 주세요, 아리따운 아가씨! 그러면 아가씨와 결혼할게요."

"어떻게 당신을 도와드리지요?"

"왕자에게서 두꺼운 천으로 된 루바슈카를 가져다 주세요."

"그런데 왕자는 바다에서 목욕을 할 때 이외에는 결코 그 루바슈카를 벗지 않아요."

병사는 언제 왕자가 목욕을 하는지를 자세히 묻고는 길가로 가서 한 송이의 꽃으로 변했다. 왕자는 공주와 함께 바다로 걸어갔고 그들 뒤에 깨끗한 내의를 들고 여자 요리사도 따라갔다. 왕자는 병사가 변장한 꽃을 보고는 그 아름다움에 도취했지만 공주는 즉각 짐작했다.

"아아, 그 저주받을 병사가 이 꽃으로 변했군."

공주는 꽃을 꺾어 짓뭉개 버리고 꽃잎을 따냈지만 꽃은 작은 파리로 변해서는 아무에게도 들키지 않고 요리사의 가슴 속으로 숨었다. 왕자가 옷을 벗고 물 속으로 들어가자마자 파리는 요리사의 품에서 날아 나왔고, 빛나는 매로 변해 루바슈카를 낚아채어 멀리 가지고 간 후, 잘생긴 젊은이로 변신하고는 그 루바슈카를 입었다. 병사는 즉시 칼을 들어 배신한 아내와 그녀의 애인인 왕자를 죽였고 어여쁜 아가씨인 젊은 요리사와 결혼했다.

시브카 부루카, 갈색 말 요술 말아

옛날 옛날에 돈이 많고 학식 있는 노인이 살았다. 그에게는 아들이 셋 있었는데 노인은 그 아들 모두에게 학문을 가르쳤다. 그의 아들들은 훌륭한 청년들이었는데 단 막내아들인 바냐^{'이반'을 친근하게 부르는 말}는 좀 이상하게 항상 페치카에만 앉아 있었기 때문에 그를 바보 바냐라고 불렀다.

얼마 후 노인이 죽게 되었을 때 그는 아들들을 모두 불러모으고는 말했다.

"너희는 나를 묻고 나서, 순서대로 사흘 밤 동안 내 무덤에 와 책을 읽어라."

얼마 후 노인이 죽자, 아들들은 아버지를 땅에 묻고 장례식을 마쳤다. 그리고 마침내 첫째 아들이 무덤에 가야 할 밤이 되었지만 그는 가고 싶지가 않았다. 그래서 동생에게 소리쳤다.

"바냐야, 네가 나 대신에 아버님 산소에 있다 오지 않을래?"

"가지 않을 이유가 없지."

바냐는 그렇게 대답하고 페치카에서 기어 나왔다.

"갔다 와라, 동생아!"

바냐는 옷을 입고 책을 손에 들고 갔다. 그는 무덤에서 책을 읽기 시작했는데 정확하게 자정이 되자 아버지가 나타나서 물었다.

"누가 책을 읽고 있지? 큰아들이냐?"

"아닙니다. 아버님. 막내예요."

"음, 넌 운이 좋구나."

그러고는 노인은 휘파람을 불더니 소리쳤다.

"시브카 부르카, 갈색 말 요술 말아, 수풀 앞의 나뭇잎같이 내 앞에 바로 서라!"

그러자 땅이 울리며 말이 뛰어왔는데 귀에서는 불꽃을, 콧구멍에서는 연기를 뿜고 있었다. 그 말이 뛰어와서는 무덤 앞에서 말뚝같이 우뚝 서는 것이었다. 그러자 아버지가 말했다.

"시브카 부르카, 갈색 말 요술 말아, 너는 나에게 그랬던 것처럼 성실과 진실로써 내 아들을 섬겨라.".

그러자 말은 대답하는 뜻으로 거센 콧김을 뿜은 다음 순식간에 시야에서 사라져 버렸다. 바냐는 아침에 집으로 돌아왔다. 형들이 바냐에게 물었다.

"음, 그래. 어떻게 밤을 보냈니?"

바보가 대답했다.

"별일 없었어요, 밤새 책을 읽었는데 그 외에는 특별한 일이 없었어요."

저녁 무렵에 둘째 아들이 갈 차례가 되었다. 그러나 그는 게으름을 피우고 싶어져서 바냐에게 자기 대신 가 달라고 졸랐다.

"가지 않을 이유가 없지."

바냐는 대답하고 갈 준비를 했다.

그리고 무덤에 와서는 책을 읽기 시작했다. 그런데 자정이 되자 아버지가 나타났다.

"누가 책을 읽고 있니? 둘째냐?"

"아닙니다, 아버님. 막내인 바보 바냐예요."

"음, 그렇다면 너한테는 더 좋은 일이구나."

노인은 휘파람을 불고 소리쳤다.

"시브카 부르카, 갈색 말 요술 말아, 수풀 앞에 나뭇잎같이 내 앞에 바로 서라!"

그러자 말이 땅을 울리며 달려왔는데 귀에서는 불꽃을, 콧구멍에서는 연기를 뿜고 있었다. 그 말이 뛰어와서는 무덤 앞에서 말뚝같이 우뚝 서는 것이었다. 그러자 아버지가 말했다.

"시브카 부르카, 갈색 말 요술 말아, 너는 나에게 그랬던 것처럼 성실과 진실로써 내 아들을 섬겨라."

말은 대답하는 뜻으로 거센 콧김을 뿜어낸 다음 시야에서 사라졌고 노인은 무덤에 가서 누웠다. 바냐는 아침에 집으로 돌아왔다. 형들이 물었다.

"음, 그래. 어떻게 밤을 보냈지, 바냐?"

"별일 없었어요. 괜찮았어요. 밤새 책을 읽었어요."

바냐가 대답했다. 저녁이 되자 바냐는 페치카에서 기어 나와 나갈 준비를 했다. 그리고 묘지에 와서는 무덤 옆에서 책을 읽었다. 정확하게 자정이 되자 노인이 일어나서 말했다.

"바냐, 너냐?"

"예, 아버님."

바냐가 대답하자 노인은 휘파람을 불고 소리쳤다.

"시브카 부르카, 갈색 말 요술 말아, 수풀 앞에 나뭇잎같이 내 앞에 바로 서라!"

그러자 말이 땅을 울리며 달려왔는데 귀에서는 불꽃을, 콧구멍에서는 연기를 뿜고 있었다. 그 말이 뛰어와서는 무덤 앞에서 말뚝같이 우뚝 서는 것이었다. 그러자 아버지가 말했다.

"시브카 부르카, 갈색 말 요술 말아, 너는 나에게 그랬던 것처럼 성실과 진실로써 내 아들을 섬겨라. 그리고 너, 바냐는 말의 오른쪽 귀로 기어 들어가 왼쪽 귀로 나와 보렴. 그러면 갓난아기가 될 것이다."

그래서 바냐가 말의 오른쪽 귀로 들어가 왼쪽 귀로 나와 보니 아주 훌륭하고 잘생긴 청년이 된 것이었다. 아버지가 말했다.

"자, 이제는 바냐야, 왼쪽 귀로 기어 들어가 오른쪽 귀로 나오렴. 그러면 이전으로 되돌아 갈 것이다. 그리고 지금은 말을 놔주어라. 네가 필요할 때는 언제나 나타날 텐데, 들로 나가서 휘파람을 불고 '시브카 부르카, 갈색 말 요술 말아, 수풀 앞에 나뭇잎같이 바로 내 앞에 서라!' 하고 소리쳐라."

그리고 나서 노인은 아들과 영원히 이별을 하고는 무덤에 누웠다. 바냐는 자기 말의 목덜미를 쓰다듬은 다음 말을 놓아주고는 천천히 집으로 돌아왔다.

"음, 그래, 바냐야, 어떻게 밤을 보냈지?"

형들이 물었다.

"별일 없었어요, 괜찮았어요, 밤새 책을 읽었어요."

바냐가 대답했다.

이 일이 있은 후에 생활은 이전처럼 흘러갔다. 두 형들은 아버지가 살아 계셨을 때와 같이 일들을 했고 바냐는 아버지가 살아 계셨을 때와 같이 아무것도 하지 않고 페치카에 누워만 있었다. 그런데 갑자기 어느 날 온 나라 안에, 만약 말뚝이 많이 서 있는 광장에서 공주의 초상화를 떼어내는 지혜로운 사람이 나타난다면 상으로 공주를 주겠다는 왕의 포고령이 내려왔다. 젊은이든 늙은이든 모두가 야단들이 났다. 형들도 재빠르게 초상화를 떼어내기 위해 서둘러 말에 올랐다. 그런데 바냐는 여전히 페치카에 앉아서 그들에게 말했다.

"형들이 내게 아무 말이든 준다면, 나도 구경이라도 하게 거기 갈 수 있을 텐데!"

그러자 형들이 그를 마구 꾸짖으며 말했다.

"어디 가겠다고? 바보야, 페치카에나 앉았다가 잠이나 자려무나."

그러나 바냐는 물러서지 않고 계속해서 말을 달라고 졸라댔다. 그러자 형들이 말했다.

"음, 그렇게 네가 원한다면, 저기 다리가 세 개인 병신 암말을 가져가렴!"

형들은 떠났고 바냐는 다리가 세 개인 암말을 타고 동구 밖에 있는 들로 나갔다. 거기서 그는 암말에서 내려 말을 풀어 준 후 휘파람을 불고 소리쳤다.

"시브카 부르카, 갈색 말 요술 말아, 수풀의 나뭇잎같이 내 앞에 바로 서라!"

그러자 땅을 울리며 말이 뛰어왔는데 귀에서는 불꽃을, 콧구멍에서는 연기를 뿜고 있었다. 그는 말에 올라 초상화를 떼어내기 위해 달려갔다. 도시에는 사람들이 매우 많았고 그들은 모두 한 젊은이가 훌륭한 말을 타고 있는 것을 보게 되었다. 바냐는 말을 몰아 궁궐로 달려갔으나 말뚝 세 개를 다 넘지 못하고 남겨놓았다. 사람들은 이 잘생긴 청년이 어떻게 달려왔는지는 보았으나 회오리바람처럼 빨리 사라졌기 때문에 어떻게 사라졌는지는 아무도 볼 수 없었다.

서둘러 집으로 돌아온 바냐의 형들은 그들이 도시에서 본 것들에 대해서 얘기했다.

"그 젊은이는 도대체 누구일까? 그 잘생긴 청년 말이야. 그의 말은 또 얼마나 멋있었는지!"

"아마 초상화를 떼러 왔던가 봐?"

바냐가 페치카에서 물었다.

"그래, 거의 뗄 뻔했는데. 반드시 다시 올 거야. 회오리바람처럼 사라져 버렸단다."

형들이 대답했다.

"그렇다면 그게 나 아니었을까?"

바냐가 말했다.

"페치카에만 앉아 있다가 머리가 돌아 버렸구나! 그렇게 앉아 있기나 해!"

형들이 소리질렀다.

형들은 다시 일하기 시작했고 바냐는 페치카에 앉아만 지냈다. 그런데 갑자기 왕이, 초상화를 떼어내고 공주를 얻을 사람을 찾는다는 공고를 다시 냈다. 형들이 말을 타고 떠날 준비들을 하자 바보는 자기도 데리고 가라고 애원하며 그렇지 않으면 길에서 비키지 않겠다고 조르며 떼를 썼다. 그러자 형들이 대답했다.

"페치카에나 앉아 있어! 말 하나를 잃어버리더니, 또 하나 잃어버리고 싶어서 그러니?"

그러나 바냐는 형들이 그에게 "그래, 좋다. 다리 저는 암말을 가져가렴!"이라고 말할 때까지 물러서지 않았다. 그리고 형들이 떠나자마자 바보 바냐는 그 말을 타고 동구 밖으로 나갔다. 거기서 말을 놓아주고 들판을 바라보면서 휘파람을 불고 소리쳤다.

"시브카 부르카, 갈색 말 요술 말아, 수풀 앞에 나뭇잎같이 내 앞에 바로 서라!"

땅을 울리며 말이 달려왔는데 귀에서는 불꽃을, 콧구멍에서는 연기를 뿜고 있었다. 그리고 그 말이 뛰어와서는 바냐 앞에서 말뚝을 박은 것처럼 우뚝 섰다. 바냐는 말의 오른쪽 귀로 들어가서 왼쪽 귀로 나왔고 아주 훌륭하고 잘생긴 청년으로 변했다. 그리고 말에 올라 도시로 달려갔다. 궁궐 가까이 왔을 때 그는 말을 아주 힘껏 몰아 뛰어올라 초상화에 거의 닿을 뻔했다. 사람들은 그가 어떻게 왔는지는 보았지만 그가 마치 회오리바람처럼 빠르게 사라졌기 때문에 어떻게 사라졌는지는 볼 수가 없었다. 바냐는 들판으로 되돌아오자 시브카 부르카, 갈색 말 요술 말을 놓아주고 페치카로 갔다. 뒤이어 형들이 돌아왔다. 바냐가 그들에게 물어보았다.

"거기에서 무슨 일이 있었어?"

형들이 대답했다.

"또다시 그 멋진 청년이 왔더랬지. 초상화까지 눈꼽만큼 모자랐어."

"그 사람이 내가 아니었을까?"

바냐가 말하자 형들이 소리 질렀다.

"페치카에나 앉아 있어라. 쓸데없는 말 하지 마! 그 사람은 멋지고 잘생겼어. 그리고 그의 말은 또 얼마나 근사했는지 알아?"

그리고 또다시 형들은 예전처럼 살아가기 시작했는데 왕이 또 초상화를 떼어서 공주를 아내로 맞는 행운을 잡을 사람들은 오라는 포고를 내렸다.

형들은 또 즉시 떠날 준비를 했고 바보 바냐는 그들에게 자기도 데려가 달라고 졸랐다. 형들은 어떻게든 그를 떼어 두려고 했으나 그럴 수 없게 되자 마침내 늙고 쓸모 없는 말을 가지라고 허락했다. 형들이 떠나자 바냐도 마을 밖으로 나가 늙은 말을 풀어 주고 나서는 휘파람을 불고 소리쳤다.

"시브카 부르카, 갈색 말 요술 말아, 수풀 앞에 나뭇잎같이 내 앞에 바로 서라!"

땅을 울리며 말이 달려왔는데 귀에서는 불꽃을, 콧구멍에서는 연기를 뿜고 있었다. 바냐는 말의 오른쪽 귀로 들어가서 왼쪽 귀로 나오더니 아주 훌륭하고 멋진 청년으로 변했다. 그러자 그는 말에 올라타고 궁궐에 있는 말뚝을 많이 박아 놓은 광장으로 달려갔다. 거기서 그는 말을 있는 힘을 다해 말을 몰아 높이 뛰어올랐고 초상화와 그 밑에 달려 있던 수건을 떼어냈다. 사람들은 그가 어떻게 왔는지는 보았지만 어떻게 사라졌는지는 볼 수가 없었다. 마치 회오리 바람처럼 사라졌기 때문이었다. 바냐는 마을 밖에 도착했을 때 말에서 내려 왼쪽 귀로 들어가 오른쪽 귀로 나와서는 말을 놓아주고 자기는 천천히 집으로 돌아와 페치카에 자리를 잡고 앉아서 형들을 기다렸다. 잠시 후 형들이 돌아와서 멋진 청년이 초상화와 그 밑에 달려 있던 수건을 어떻게 떼어내고 사라져 버렸는지에 대해 떠들어대며 아무도 그가 어디로 갔는지를 알지 못한다고 말했다.

"그렇다면 이봐요, 형님들, 그 사람이 내가 아니었을까요?"

"조용히 해, 바보야! 페치카에나 앉아 있어라!"

형들이 그에게 소리 질렀다.

얼마 동안 시간이 흐른 후 왕은 모든 군인들과 장군들 그리고 귀족들과 상인들과 농부들을 초대한 잔치를 열겠다고 공포했다. 형들은 거기에 참석할 준비를 했고 바냐도 그들과 함께 궁궐에 가서는 페치카 뒤에 앉았다.

공주가 손님들을 대접하며 포도주와 맥주를 권했다. 그러면서 그녀는 그들 중에 누군가가 초상화에 달려 있던 수건으로 입을 닦지 않나 주의 깊게 살펴보고 있었다. 그 수건으로 닦는 사람은 그녀의 신랑이 되는 것이었다. 그런데 손님들 중에 아무도 그 수건으로 닦는 사람이 없었고 바냐는 페치카 뒤에 앉아 있었기 때문에 공주가 그를 볼 수 없어서 그에게는 아무것도 권하지 못했다. 손님들은 모두 흩어졌다.

다음날 왕은 또다시 잔치를 베풀었으나 이번에도 공주는 바냐를 알아보지 못했다. 셋째 날 왕은 또 잔치를 베풀었고 다시 공주는 모든 손님에게 포도주와 맥주를 대접했는데 손님들 중에 아무도 그녀의 수건으로 닦지 않는 것이었다. 공주는 생각했다.

'정말 이상하구나, 도대체 내 신랑감은 어디에 있는 것일까?'

그때서야 그녀는 페치카 뒤를 돌아보았고 거기서 바냐를 발견했는데, 그는 다 떨어진 옷을 입고 재를 뒤집어쓰고 헝클어진 머리를 하고 있었다. 공주는 맥주를 잔에 부어 그에게 가져갔다. 그것을 본 형들은 웃어 대며 생각했다.

'아니, 왜 공주는 바보에게 맥주를 갖다 바칠까!'

그런데 바보 바냐가 맥주를 다 마시더니 공주의 수건으로 입을 닦는 것이었다. 공주는 매우 기뻐하며 그의 손을 잡고 왕에게 데려가서 말했다.

"아버님, 이분이 저의 신랑감입니다."

형들은 너무나도 기가 막혀 생각했다.

'저 공주가 머리가 돌았나 봐. 바보 머저리인 바냐를 자기 남편으로 삼다니.'

그러자 우리의 바냐는 들판으로 나가더니 휘파람을 불고 소리쳤다.

"시브카 부르카, 갈색 말 요술 말아, 수풀 앞에 나뭇잎같이 내 앞에 바로 서라!"

귀에서는 불꽃을, 코에서는 연기를 뿜는 말이 뛰어오고 땅이 진동했다. 그 말은 뛰어오더니 말뚝같이 우뚝 섰다. 바보 바냐는 오른쪽 귀로 들어가 왼쪽 귀로 나오더니 아주 훌륭하고 잘생긴 청년이 되었다. 바냐는 말 위로 뛰어올라 왕궁으로 달려갔다. 형들은 이 모든 일이 어떻게 일어났는지 이해하는 데 시간이 오래 걸렸지만 '시브카 부르카, 갈색 말 요술 말'에 대해 알게 된 후 아버지의 유언을 이행하지 않은 것을 안타까워했다. 곧 이어 결혼식이 거행되었고 잔치가 열렸다.

그 결혼식에 나도 참석하여 꿀이 든 술을 마셨지만 술은 수염을 따라 흘러내릴 뿐 목구멍으로 한 모금도 넘어가지 않았다.

● ─ 주

1 러시아 말로는 '시브카 부르카, 베시아야 카우르카'로 운율이 맞춰져 있다.

● ─ 러시아 민담

바다의 차르와 현명한 바실리사

옛날 옛날에 왕과 왕비가 살았는데 왕은 새를 사냥하기를 좋아했다. 어느 날 왕은 사냥 중에 참나무 위에 어린 독수리 한 마리가 앉아 있는 것을 보았다. 왕이 총을 겨냥하자 어린 독수리는 애원했다.

"저를 쏘지 마세요, 전하! 그 대신 전하의 궁궐로 저를 데려가 주세요. 언젠가는 제가 전하께 쓸모가 있을 거예요."

왕은 생각하고 생각한 끝에 "네가 내게 무슨 쓸모가 있겠냐!" 하고 말하고는 다시 총을 거누었다. 독수리는 왕에게 "저를 쏘지 마세요, 전하! 저를 데리고 가시는 것이 더 나을 거예요. 언젠가는 폐하께 쓸모가 있을 거예요." 하고 다시 애원했다. 왕은 생각하고 생각해 보았지만 독수리가 무슨 쓸모가 있을까 싶어 결국 쏘기로 마음을 먹었다. 독수리는 세 번째로 말했다.

"저를 쏘지 마세요, 전하! 그 대신 저를 데려가서 3년 동안 길러 주시는 것이 나아요. 언젠가는 전하께 쓸모가 있을 거예요."

왕은 결국 어린 독수리를 불쌍히 여겨 궁궐로 데리고 가서는 1년 그리고 또 1년 동안 길렀다. 그런데 독수리는 궁궐에 있는 모든 가축을 먹어치울 정도로 먹이를 많이 먹었다. 왕에게는 이제 양이나 젖소 한 마리도 남아 있지 않았다. 독수리가 왕에게 "저를 놓아주세요." 하고 말했다. 그러자 왕은 독수리를 놓아주었고 독수리가 날개를 펼쳐 보았지만 아직 날 수가 없었다! 그래서 독수리는 말했다.

"아, 전하, 전하께서 저를 2년 동안 기르셨죠. 먹이를 빌려서라도 저를 1년간 더 길러 주세요. 절대 후회하지 않으실 겁니다!"

왕은 독수리가 시킨 대로 했다. 여기저기서 가축을 빌려와 1년 더 독수리를 길렀다. 그런 다음 왕은 독수리를 풀어 주었다. 독수리는 높이 날아올랐고 한동안 날았다. 그리고 땅으로 다시 내려오더니 말했다.

"자, 전하, 이제 제 등에 타세요. 우린 함께 날아갈 거예요."

왕은 독수리 등에 탔다. 얼마간의 시간이 흘렀고 푸른 바닷가에 도착했다. 이곳에서 독수리는 왕을 바다로 떨어뜨렸고 왕은 무릎까지 젖었다. 하지만 독수리는 왕이 물에 빠지도록 내버려두지 않고 그를 날개 위로 들어올리며 "전하, 놀라셨습니까?" 하고 물었다.

"그래, 물에 빠지는 줄 알고 깜짝 놀랐다."

왕이 대답했다.

그들은 다시 날아서 또 다른 바닷가에 이르렀다. 독수리는 바다 한가운데서 다시 왕을 떨어뜨렸고 왕은 이번에는 허리까지 젖었다. 독수리는 왕을 날개 위로 들어올리며 "전하, 놀라셨습니까?" 하고 물었다.

"놀랐지. 하지만 네가 나를 끌어낼 것이라고 줄곧 생각했지."

왕이 말했다.

그들은 다시 날았고 세 번째 바다에 도착했다. 독수리는 왕을 깊은 물 속으로 떨어뜨렸고 왕은 이번에는 목까지 젖었다. 이번에도 독수리는 왕을 날개 위로 들어올리며 "전하, 놀라셨습니까?" 하고 물었다.

"놀라다마다. 하지만 네가 나를 다시 끌어올려 줄 것이라고 줄곧 생각했지."

"자, 전하, 이제는 죽음의 공포가 어떤 것인지 아시겠죠! 이것은 아주 오래전 일에 대한 보답입니다. 기억하십니까? 제가 참나무 위에 앉아 있었고 전하께서 저를 쏘려고 했지요. 저를 세 번 쏘려고 겨냥했고 저는 내내 애원했습니다. 그러나 저는 전하께서 저를 죽이지 않고 자비를 베풀어 저를 데려가리라고 생각을 하고 있었지요!"

그러고 나서 그들은 아홉의 세 제곱 나라 너머로 날았고 오랫동안 또 날아갔다. 독수리는 왕에게 물었다.

"보십시오, 전하, 우리 위에는 무엇이 있고 아래에는 무엇이 있습니까?"

왕은 둘러보고는 말했다.

"우리 위에는 하늘이 있고 우리 아래에는 땅이 있다."

"다시 보십시오. 오른쪽에는 무엇이 있고 왼쪽에는 무엇이 있습니까?"

"오른쪽에는 탁 트인 들판이 있고 왼쪽에는 집이 한 채 서 있군."

"그곳으로 날아갑시다. 그곳에는 제 막내 여동생이 살고 있습니다."

독수리가 말을 했다. 그들은 곧장 그 집 마당에 내렸다. 독수리의 여동생이 오빠를 반갑게 맞이하며 그를 참나무로 만든 탁자에 앉혔지만 왕 쪽은 쳐다보지도 않았다. 독수리의 여동생은 왕을 마당에 남겨 놓고 사냥개들을 풀어 놓았다. 독수리는 몹시 화를 내며 탁자에서 벌떡 일어나 왕을 낚아채서 멀리 날아갔다.

그들은 또 날고 날았다. 독수리가 왕에게 물었다.

"돌아보세요, 우리 뒤에 뭐가 있나요?"

왕이 뒤를 돌아보고는 대답했다.

"우리 뒤에는 붉게 타는 집이 있는데."

"제 여동생의 집이 불타고 있는 것입니다. 전하를 환영하지 않고 사냥개를 풀어 놓았기 때문에 제가 불을 놓았지요."

독수리가 말했다. 그들은 날고 또 날았고 독수리는 "보십시오, 전하, 우리 위에는 무엇이 있고 우리 아래에는 무엇이 있습니까?"라고 다시 물었다.

"우리 위에는 하늘이 있고 우리 아래에는 땅이 있는데."

"다시 보십시오. 오른쪽에는 무엇이 있고 왼쪽에는 무엇이 있습니까?"

"오른쪽에는 탁 트인 들판이 있고 왼쪽에는 집이 한 채 서 있군."

"그곳에는 제 둘째 여동생이 살고 있습니다. 그 집으로 날아갑시다."

그들은 넓은 마당에 내렸다. 독수리의 둘째 여동생은 오빠를 반갑게 맞이하며 그를 참나무로 만든 탁자에 앉혔지만 왕은 마당에 남겨 놓고 사냥개들을 풀어 달려들게 했다. 독수리는 몹시 화를 내며 탁자에서 벌떡 일어나 왕을 낚아채서 멀리 날아갔다.

그들은 다시 날았으며 독수리가 왕에게 "전하, 보십시오, 우리 뒤에 뭐가 보입니까?" 하고 물었다. 왕이 뒤돌아보고는 "우리 뒤에는 불타는 집이 있군." 하고 대답했다.

"제 여동생의 집이 타고 있는 거예요. 이제는 저의 어머니와 큰 여동생이 살고 있는 곳으로 갑시다." 하고 독수리가 말했다. 드디어 그들은 그곳에 도착했고 어머니와 큰 여동생은 몹시 기뻐했고 정중하고 친절하게 왕을 맞이했다.

"자, 전하, 이제 저희 집에서 쉬세요. 그러고 나면 제가 전하께 배를 한 척 드리고 제가 그 동안 전하의 집에서 먹은 것을 전부 되갚아 드리겠어요. 그러면 집까지 편안히 가세요."

독수리가 말했다. 독수리는 왕에게 배 한 척과 상자 두 개를 주었다. 상자 하나는 빨간색이고 다른 하나는 초록색이었다. 독수리가 말했다.

"명심하세요. 집에 도착할 때까지는 절대로 이 상자들을 열지 마세요. 빨간 상자는 궁궐 뒤뜰에서 열어 보시고 초록색 상자는 앞뜰에서 열어 보세요."

왕은 상자를 받은 후 독수리와 이별을 하고 나서 푸른 바다를 따라 항해했다. 그리고 어느 섬에 도착하니 그곳에서 배가 멈추었다. 왕은 해안으로 나갔고 상자를 생각해 내고는 그 안에서 무엇이 들어 있는지, 그리고 어째서 독수리가 열어 보지 말라고 했는지 생각하기 시작했다. 생각하면 할수록 궁금해서 참을 수가 없었다. 그래서 그는 빨간색 상자를 꺼내어 바다에 내려놓고 열어 보았다. 그랬더니 한눈에 다 볼 수 없을 정도로 많은 온갖 종류의 가축들이 나타나서 섬이 겨우 버틸 정도였다. 왕은 이것을 보고 슬픔에 사로잡혔고 울면서 한탄하기 시작했다.

"이제 이를 어쩌나? 모든 가축들을 어떻게 이 작은 상자에 다시 넣는단 말인가?"

그런데 바로 그때 물에서 한 남자가 나오더니 왕에게 다가와 물었다.

"전하, 왜 그리 슬프게 울고 계십니까?"

"어떻게 울지 않을 수가 있겠나! 이 많은 가축들을 어떻게 저 작은 상자에 넣는단 말인가."

"아마 제가 전하를 도와드릴 수 있을 듯하군요. 가축을 전부 모아 드릴 테니 전하의 집에 있는 것 중에서 전하가 모르고 계신 것을 제게 주십시오."

왕은 '우리 집에 있는 것 중에서 내가 모르는 것이 무엇이 있지? 전부 알고 있는 듯한데.' 하고 생각했다. 왕은 생각해 보고는 "가축을 다 모아 주게. 내 집에 있는 것 중에서 내가 모르는 것을 줄 테니." 하고 동의했다. 그러자 그 사람은 모든 가축을 모아 상자에 넣어 주었고 왕은 배에 타고 집을 향해 떠났다.

왕은 집에 돌아오자 비로소 자신이 집을 비운 사이에 아들이 태어났다는 사실을 알게 되었다. 왕은 아기를 안아 입을 맞추고 쓰다듬기 시작했지만 눈물이 하염없이 흘러내렸다. 왕비가 물었다.

"전하, 무슨 일로 그렇게 눈물을 흘리시는지 말씀해 보세요."

왕자를 주어야만 한다는 사실을 말하는 것이 두려운 왕은 "기뻐서 그러오." 하고 말했다. 그리고 나서 왕은 뒤뜰로 가서는 빨간 상자를 열었다. 그랬더니 그곳에서 모든 우리와 방목지를 가득 채울 만큼의 황소, 암소, 양 등의 가축 떼가 쏟아져 나왔다. 왕은 앞뜰로 가서 초록색 상자를 열었다. 그랬더니 그 앞에 커다랗고 아름다운 정원이 나타났다. 그곳에서 자라는 나무들은 얼마나 멋진지! 왕은 그 광경을 보고 아들을 주어야 한다는 사실을 잊을 정도로 기뻐했다. 그로부터 여러 해가 흘렀다. 어느 날 왕은 산책을 하고 싶어서 강가로 나갔다. 그때 예전의 그 남자가 물에서 나오더니 "전하, 참 빨리도 잊으시는군요! 제게 빚이 있다는 것을 기억하십시오!" 하고 말했다. 왕은 슬픔과 절망에 빠져 집으로 돌아왔고 왕비와 왕자에게 모든 사실을 이야기했다. 그들은 몹시 슬퍼했고 함께 울었다. 그리고 어쩔 수 없이 왕자를 주기로 결정했다. 왕은 왕자를 강가로 데리고 가서 그곳에 홀로 남겨 두었다.

왕자는 주위를 둘러보다가 작은 길을 하나 발견하고는 발길 닿는 대로 그 길을 따라 걸어갔다. 왕자는 걷고 걸어서 울창한 숲에 도착했다. 그 숲에는 작은 오두막이 서 있었고 그 오두막에는 바바 야가가 살고 있었다. 왕자는 안으로 들어가기로 마음먹었다. 왕자를 보자 바바 야가가 물었다.

"여보게, 왕자! 무슨 일을 하려고 하는가, 아니면 피하려고 하는가?"

"아, 할머니! 우선 먹을 것과 마실 것을 주고 나서 물어보세요."

바바 야가는 왕자에게 먹을 것과 마실 것을 주었고 왕자는 어디로 어째서 가는지를 숨김없이 말해 주었다. 그러자 바바 야가가 말했다.

"얘야, 바닷가로 가거라. 저어새 열두 마리가 그곳으로 날아와서 예쁜 처녀로 변해서는 목욕을 할 거야. 그러면 너는 그들에게 살며시 다가가서 제일 손위 처녀의 속옷을 훔쳐라. 그리고 그 처녀와 타협을 하고 나서 바다의 왕에게 가거라. 너는 대식가, 하마, 꽁꽁 얼기를 만나게 될 것이다. 그들도 모두 데려가거라. 그들이 네게 큰 도움이 될 게다."

왕자는 바바 야가와 작별을 한 후 알려준 바닷가의 장소로 가서 덤불 뒤에 숨었다. 마침내 정말로 저어새 열두 마리가 날아와 땅에서 재주를 넘더니 아름다운 처녀들로 변했고 목욕을 하기 시작했다. 왕자는 제일 손위 처녀의 속옷을 훔쳐내어 꼼짝 않고 덤불 뒤에 앉아 있었다. 처녀들은 목욕을 마치더니 물가로 나왔다.

열한 명은 옷을 입은 후 새들로 변하여 집으로 날아갔다. 가장 손위인 현명한 바실리사만이 남았다. 바실리사는 왕자의 자비를 간청하기 시작했다.

"제 옷을 돌려주세요! 당신이 제 아버지인 바다의 차르[주*를 가리킴] 에게 오면 제가 당신에게 도움이 될 거예요."

왕자는 옷을 돌려주었고 바실리사는 곧 저어새로 변하여 동생들을 뒤쫓아 날아갔다. 왕자는 더 걸어갔고 도중에 보가트리인 대식가, 하마, 꽁꽁 얼기를 만났다. 왕자는 그들을 데리고 바다의 왕에게로 갔다.

바다의 차르는 왕자를 보더니 말했다.

"잘 있었나, 왜 이렇게 늦게 온 거야? 난 자네를 기다리느라 지쳤네. 이제 일을 시작하게. 첫 번째 임무를 주겠네. 커다란 수정으로 된 다리를 만들어 내가 아침에 볼 수 있도록 하게. 만일 완성하지 못하면 자네는 죽게 될 거야!"

왕자는 바다의 차르에게서 물러 나왔고 눈물을 흘렸다. 현명한 바실리사는 자기 방의 창문을 열고 물었다.

"왕자님, 왜 그렇게 눈물을 흘리세요?"

"아, 현명한 바실리사. 어찌 울지 않을 수가 있겠소? 당신 아버지가 하룻밤 새에 수정으로 된 다리를 만들라고 명령을 했는데 나는 도끼도 잡을 줄 모른다오."

"괜찮아요! 어서 주무세요. 사람은 저녁보다는 아침에 더 지혜로워지니까요."

바실리사는 왕자를 잠들게 하고는 현관으로 나가서 휘파람을 높고 크게 불었다. 사방에서 목수들이 달려왔다. 그들은 길을 평평하게 고르고, 수정으로 된 다리를 완성한 다음 멋진 무늬를 그려 넣고는 각자 집으로 돌아갔다. 다음날 이른 아침 현명한 바실리사는 왕자를 깨웠다.

"일어나세요, 왕자님! 다리가 준비되었어요. 이제 아버지가 보러 올 거예요."

왕자는 일어나서 비를 들고는 다리의 먼지를 털고 쓸었다.

바다의 차르는 왕자를 칭찬했다.

"첫 일을 완수하느라 수고했네! 자 이제 다음 일을 하게. 내일까지 크고 울창한 푸른 정원을 만들도록 하고 그 정원에서 새들이 노래하고 나무에는 꽃이 활짝 피어 있고 잘 익은 사과며 배가 주렁주렁 열려 있도록 하게."

왕자는 바다의 차르에게서 물러나 눈물을 흘렸다. 현명한 바실리사는 창문을 열고 물었다.

"무엇 때문에 울고 계셔요, 왕자님?"

"어찌 울지 않을 수 있겠소? 당신 아버지가 하룻밤 새에 정원을 만들라고 명령했다오."

"걱정하지 마세요! 어서 주무세요. 사람은 저녁보다는 아침에 더욱 지혜로워지니까요."

바실리사는 왕자를 잠들게 하고는 현관으로 나가서 크게 휘파람을 불었다. 그러자 사방에서 정원사들이 달려와 푸른 정원을 만들었고, 그 정원에 새들이 노래하고 나무에는 꽃이 피고 잘 익은 사과와 배가 주렁주렁 열리게 했다. 현명한 바실리사는 아침 일찍 왕자를 깨웠다.

"일어나세요, 왕자님! 정원이 다 준비되었어요. 아버지가 보러 오실 거예요."

왕자는 비를 들고 정원에 가서 길을 쓸고 나뭇가지들을 정리했다. 바다의 차르는 왕자를 칭찬해 주었다.

"충실하고 진실하게 일을 완수하느라 수고했네. 그 대가로 나의 딸 열두 명 가운데 자네의 신붓감을 고르도록 하게나. 그런데 그 애들은 얼굴과 머리와 옷까지 전부 똑같네. 만일 자네가 같은 애를 세 번 고른다면 그 아이는 자네의 아내가 될 것이지만 만일 자네가 제대로 고르지 못하면 자네는 죽음을 면치 못할 것이야."

현명한 바실리사는 이것에 대해 알게 되었고 기회를 포착해서 왕자에게 "처음에는 제가 손수건을 흔들겠어요. 그리고 두 번째는 옷을 바로 잡을 것이고 세 번째는 제 머리 위로 파리가 날도록 할 거예요."라고 일러 주었다.

그렇게 해서 왕자는 세 번 다 현명한 바실리사를 선택할 수 있었고 두 사람은 결혼식을 올렸다. 잔치가 베풀어지자 바다의 차르는 수백 명의 사람도 먹어치울 수 없을 정도로 많은 온갖 종류의 요리를 준비했다. 그리고 바다의 차르는 사위에게 그 음식을 다 먹어치우라고 명령했다. 만일 조금이라도 남기게 되면 좋지 못할 것이라고 했다.

"아버님, 노인이 한 분 같이 왔는데 그 노인도 같이 먹을 수 있도록 허락해 주십시오."

왕자는 간청했다.

"그 노인도 들어오게 해라!"

이윽고 대식가 보가트리가 나타나서 모든 것을 먹어 치웠다. 그러고도 양이 덜 찬 듯이 보였다.

바다의 왕은 이제 온갖 종류의 술을 마흔 통이 넘게 준비했고 사위에게 다 마시라고 명령했다.

"아버님, 또 다른 노인이 있는데 아버님의 건강을 위하여 건배할 수 있도록 그에게도 허락해 주십시오."

왕자가 간청했다.

"그 노인도 들어오게 해라."

이윽고 하마 보가트리가 나타나서는 단번에 술을 마흔 통 넘게 마셔버리고는 더 달라고 요구하기까지 했다.

바다의 차르는 자신이 꾸민 일이 아무 소용없다는 것을 알아차리고는 젊은 신혼부부를 위하여 무쇠로 된 목욕탕을 아주 뜨겁게 달구라고 명령했다. 무쇠로 된 목욕탕에 불을 지펴 스무 단의 장작을 다 때자 난로와 벽은 다섯 베르스타 밖까지도 접근할 수 없을 정도로 시뻘겋게 달아올랐다.

"아버님, 목욕탕의 온도가 적당한지 제가 데리고 온 노인에게 먼저 목욕해 보도록 허락해 주십시오."

왕자는 간청했다.

"목욕을 해 보라고 해라!"

이윽고 꽁꽁 얼기 보가트리가 목욕탕으로 다가와서 한쪽 구석으로 숨을 내쉬고 다른 쪽으로 또 숨을 내쉬자 그곳에는 고드름이 생기게 되었다. 젊은 부부는 꽁꽁 얼기를 따라서 목욕탕에 들어가 실컷 목욕을 하고 집으로 돌아왔다.

"바다와 차르인 아버지에게서 함께 도망치도록 해요. 아버지는 당신 때문에 몹시 화가 났으니 어떤 못된 일이라도 할 거예요."

현명한 바실리사가 왕자에게 말했다.

"떠납시다."

왕자도 동의했다.

두 사람은 즉시 말에 안장을 얹고 들판으로 달려갔다.

그들은 달리고 또 달렸고 오랜 시간이 흘렀다.

"왕자님, 말에서 내려 땅에 귀를 대 보세요. 우리를 쫓고 있는 무리들의 소리가 들리지 않나요?"

현명한 바실리사가 말했다. 왕자는 땅에 귀를 대 보았지만 아무 소리도 들리지 않았다. 현명한 바실리사는 말에서 내려서 땅에 귀를 대고 들어 보더니 말했다.

"아, 왕자님! 아주 강력한 추적자들이 우리를 쫓아오고 있는 것이 들려요."

바실리사는 말들을 샘으로 변하게 하고 자신은 국자로 변한 뒤 왕자를 노인으로 둔갑시켰다. 추적자들이 도착했다.

"어이, 노인 양반! 잘생긴 젊은이와 어여쁜 처자를 못 보셨소?"

"보았지요. 그들은 이미 오래전, 내가 젊었을 때 지나갔지요."

추적자들은 그 소리를 듣고 바다의 왕에게 되돌아갔다.

"그들의 흔적도 자취도 없었습니다. 대신 어떤 샘 옆에 노인이 하나 있었고 그 물 위에 국자가 떠다니고 있는 것밖에 보지 못했습니다."

"왜 그것들을 데려오지 않았느냐?"

바다의 차르는 소리를 지르고는 당장 추적자들을 사형에 처하라고 명령을 내렸다. 그리고 왕자와 현명한 바실리사를 뒤쫓도록 다른 무리들을 보냈다. 그 사이에 두 사람은 아주 멀리 도망가 있었다.

현명한 바실리사는 자신들을 쫓아오는 새로운 무리들의 소리를 듣고는 왕자를 늙은 사제로 변하게 하고, 자신과 말은 벽이 거의 허물어지고 주위에 온통 이끼가 낀 오래된 교회로 변했다. 추적자들이 곧 도착했다.

"어이, 노인 양반! 잘생긴 젊은이와 어여쁜 처자를 못 보셨소?"

"보았지요. 그들은 이미 오래전, 내가 젊었고 이 교회가 지어지던 때 지나갔어요."

두 번째의 추적자들도 그 말을 듣고 바다의 왕에게 되돌아갔다.

"없습니다, 전하. 그들의 흔적도 자취도 없고 단지 늙은 사제와 오래된 교회만을 보았습니다."

"왜 그것들을 데려오지 않았느냐?"

바다의 차르는 전보다 더 호통을 치고 추적자들을 처형시키라고 명령을 내린 후 직접 왕자와 현명한 바실리사를 뒤쫓아갔다. 이번에 현명한 바실리사는 말들을 걸쭉한 죽으로 된 강둑에 있는 꿀이 흐르는 강으로 변하게 하고, 왕자를 수오리로, 자신은 회색 암오리로 변하게 했다. 바다의 차르는 걸쭉한 죽에 몸을 던져 정신없이 먹고 마시다가 몸이 터져 죽고 말았다.

왕자와 현명한 바실리사는 계속 달려갔고 왕자의 부모님이 사는 궁궐에 도착했다.

"왕자님, 먼저 가서 아버지 어머니께 도착한 것을 알리세요. 저는 여기 길에서 당신을 기다릴게요. 제 말을 꼭 기억하세요. 다른 사람들과는 모두 입을 맞추되 여동생과는 입을 맞추지 마세요. 그렇지 않으면 저를 완전히 잊어버리게 될 거예요."

바실리사가 말했다.

왕자는 집에 도착했고 모든 사람들에게 인사를 하면서 바실리사의 당부를 깜빡 잊고 여동생과도 입을 맞추고 말았다. 여동생에게 입을 맞추자마자 왕자는 마치 한번도 생각하지 않았던 것처럼 아내를 잊고 말았다.

현명한 바실리사는 사흘 동안 왕자를 기다렸다. 하지만 왕자는 오지 않았다. 나흘째 되던 날 바실리사는 거지 여인으로 변장을 하고는 도시로 가서 어느 노파의 집에 머물렀다. 왕자는 어느 부유한 여왕과 결혼할 준비를 하고 있었고 신랑과 신부를 축하하기 위해 선물로 줄 밀로 만든 피로그를 가져오라고 전국 방방곡곡에 포고령을 내렸다. 바실리사가 머물던 집의 노파도 밀가루를 만들어 피로그를 준비했다.

"할머니, 누구에게 주려고 피로그를 만드세요?"

현명한 바실리사가 물었다.

"누구에게 주려고 그러느냐고? 왕자님이 부유한 여왕과 결혼할 거고, 신혼부부에게 줄 선물을 궁궐로 가져가야만 하는 것을 모르우?"

"그럼 저도 피로그를 구워서 궁궐로 가져가야지요. 아마도 왕께서 무언가를 하사해 주실지 모르잖아요."

"그러구려."

현명한 바실리사는 밀가루로 반죽을 만들고 굳은 우유와 비둘기 한 쌍을 넣어서 피로그를 만들었다.

저녁 식사 시간 무렵에 노파와 현명한 바실리사는 궁궐로 갔고 그곳에서는 이미 잔치가 한창 진행되고 있었다. 바실리사가 만든 피로그가 탁자에 올려졌고, 그것을 반으로 자르자마자 속에서 한 쌍의 비둘기가 날아올랐다. 그런데 암컷 비둘기가 굳은 우유 조각을 잡아채자 수컷 비둘기가 말을 했다.

"사랑하는 이여, 나도 굳은 우유 좀 줘."

암컷이 대답했다.

"안 줄 거야, 만일 주면 너도 왕자가 현명한 바실리사를 잊어버린 것처럼 나를 잊어버릴 거야."

그 말을 듣자마자 왕자는 아내를 기억해 냈다. 그는 식탁에서 벌떡 일어나서 바실리사에게 구혼을 하고 자기 옆에 앉혔다. 그 이후로 두 사람은 함께 행복하게 잘 살았다.

꿈의 예언

옛날 옛날에 어떤 상인이 살고 있었는데 그의 슬하에는 드미트리와 이반이라고 하는 아들이 있었다. 어느 날 상인은 잠자리에 들기 전에 아들들의 앞날을 축복하면서 말하였다.

"자, 얘들아! 너희들이 꿈을 꾸거든 아침에 내게 꿈 얘기를 해다오. 그렇지만 만일 누구든지 자신의 꿈 이야기를 숨기면 혼날 줄 알아라."

이튿날 아침에 큰아들 드미트리가 아버지에게 가서 말하였다.

"아버님, 동생 이반인 듯한 어떤 사람이 독수리 열두 마리를 타고 하늘 높이 날아가고, 게다가 아버님의 귀여운 암양이 어디론가 사라져 버리는 꿈을 꾸었습니다."

"바냐야, 넌 무슨 꿈을 꾸었느냐?"

"전 말씀드릴 수 없어요."

이반이 대답했다. 아버지가 이야기하라고 아무리 강요해도 이반은 완고했고 말씀드릴 수 없다는 말만 되풀이했다. 상인은 화가 나서 하인을 불러 말을 듣지 않는 아들을 끌고 가서 옷을 벗긴 뒤 큰 길에 있는 기둥에 단단히 묶어 놓으라고 명령을 내렸다. 하인들은 이반을 붙잡아다 상인의 명령대로 옷을 벗기고는 기둥에 단단히 묶어 놓았다. 선량한 젊은이는 아주 딱한 처지에 놓이게 되었다. 태양이 그의 온몸을 태울 정도로 내리쬐고, 모기 떼는 그를 물어뜯고, 배고픔과 갈증은 그를 기진맥진하게 만들었다.

젊은 왕자가 우연히도 그 길을 지나가다가 딱한 처지에 놓인 이반의 모습을 보게 되었다. 왕자는 그를 가엾게 여겨서 기둥에서 풀어 주라고 명령한 뒤 자신의 옷을 입혀 궁궐로 데리고 갔다. 그리고 자세히 묻기 시작했다.

"누가 너를 기둥에 묶어 놓았느냐?"

"저의 아버님께서 화가 나셨습니다."

"도대체 너는 무슨 잘못을 했느냐?"

"저는 꿈 이야기를 말씀드리지 않았습니다."

"아니, 이럴 수가. 네 아버지는 참 어리석구나. 그까짓 일로 그런 가혹한 벌을 내리다니. 그런데 너는 도대체 무슨 꿈을 꾸었느냐?"

"그건 말씀드릴 수 없습니다. 왕자님!"

"어째서 말을 못 한다는 게냐? 난 너를 죽음에서 구해 주었는데 너는 내게 불손하게 굴 것이냐? 당장 말하도록 해라. 안 그러면 좋지 않은 꼴이 될 것이다!"

"아버님께 말씀드리지 못했듯이 왕자님께도 말씀드릴 수 없습니다!"

왕자는 이반을 감옥에 가두라고 명령했고 곧 병사들이 달려와서 이반을 감옥에 가두었다.

1년이 지나 왕자는 아내를 맞이할 생각을 하고는 채비를 갖춘 뒤

머나먼 나라의 어여쁜 엘레나 여왕에게 청혼하기 위해 출발했다. 왕자에게는 여동생이 하나 있었는데 왕자가 길을 떠난 후 얼마 안 되어서 그녀는 우연히도 이반이 갇혀 있는 감옥 근처를 산책하게 되었다. 감옥의 창을 통해 공주를 보게 된 상인의 아들 이반은 큰소리로 외치기 시작했다.

"자비를 베풀어 주세요, 공주님! 저를 좀 감옥에서 풀어 주세요. 제가 틀림없이 도움이 될 거예요! 왕자님께서 어여쁜 엘레나 여왕에게 청혼하러 길을 떠나셨다는 것을 알고 있어요. 하지만 왕자님께서는 저의 도움 없이는 혼인하실 수 없고 목숨만 잃게 될 거예요. 공주님께서도 어여쁜 엘레나 여왕이 얼마나 교활하며, 얼마나 많은 청혼자들을 죽게 했는지는 소문으로 들었을 거예요."

"당신이 정말 왕자님을 도울 수 있겠어요?"

"도울 수 있지만 이렇게 갇혀 있잖아요."

공주는 이반을 감옥에서 당장 풀어 주라고 명령했다. 상인의 아들 이반은 곧 친구들을 불러모았다. 그들은 이반까지 합해서 모두 열두 명이었는데 신기하게도 마치 쌍둥이들처럼 키며 목소리며 머리 빛깔까지 하나같이 꼭 닮아 있었다. 그들은 치수가 같고 모양이 같은 옷을 입고 말을 타고는 길을 떠났다.

사흘 밤낮 동안 계속 말을 달려서 나흘째에는 어느 울창한 숲에 이르게 되었는데 웬 무서운 고함이 들려왔다. 이반이 말했다.

"멈추게나, 형제들! 여기서 잠시만 기다리고 있게나. 저 소리가 나는 곳에 갔다 오겠네."

이반은 말에서 뛰어내리더니 숲 속으로 달려갔다. 세 노인이 숲 속 빈터에서 서로 다투고 있는 모습이 눈에 띄었다.

"안녕하세요. 할아버지들! 무엇 때문에 이처럼 싸우고 계십니까?"

"아이고, 젊은이! 우리 형제들은 아버님에게서 유산으로 아주 신기한 물건 세 가지를 물려받았다네. 머리에 쓰면 사람들 눈에 띄지 않게 되는 모자와 하늘을 나는 담요하고, 신으면 빨리 달릴 수 있는 장화가 그것일세. 그런데 우리는 이 물건들을 어떻게 나누어 가져야 할지를 몰라서 벌써 70년이나 이렇게 다투고 있다네."

"제가 공정하게 나누어 갖도록 해 드리면 어떻겠습니까?"

"제발 그렇게 해 주게!"

상인의 아들 이반은 활을 힘껏 당겨서 화살 세 개를 각각 다른 방향으로 쏘았다. 그리고 한 노인에게는 오른쪽으로 달려가라고 하고 다른 노인에게는 왼쪽으로, 세 번째 노인에게는 앞으로 곧장 달려가라고 지시했다.

"할아버지들 중에서 제일 먼저 화살을 주워 오는 분은 쓰면 보이지 않는 모자를 가지세요. 그리고 두 번째로 주워 오시는 분은 하늘을 나는 담요를, 세 번째로 오시는 분은 빨리 달리는 장화를 갖도록 하세요."

노인들이 화살을 찾으러 제각기 달려갔고 상인의 아들 이반은 세 가지 진기한 물건들을 챙겨 가지고 친구들에게로 돌아와서 말했다.

"형제들! 우리의 선량한 말들은 모두 풀어 주고 이 하늘을 나는 담요에 타도록 하세."

이반과 동료들은 재빨리 하늘을 나는 담요 위에 올라탔고 어여쁜 엘레나 여왕의 나라를 향해서 날아갔다. 그들은 그 왕국의 수도에 도착해서 성문 근처에 내렸으며 이반과 동료들은 왕자를 찾기 시작했다. 그들이 왕자가 머물고 있는 궁전에 도착하자 왕자가 물었다.

"도대체 무슨 일로 여기에 왔느냐?"

"왕자님! 저희들이 왕자님 곁에서 일할 수 있도록 해 주십시오. 우리는 왕자님을 정성껏 모시고 받들겠습니다."

왕자는 그들의 부탁을 받아들여 이들이 자신을 보좌하도록 허락하였고 이들 모두에게 요리사 일, 마부 일 등을 맡겼다. 때마침 이 날 왕자는 옷을 잘 차려 입고 엘레나 여왕을 만나러 갔다. 여왕은 상냥한 미소로 왕자를 맞아 주었으며 갖가지 음식과 귀한 술로 왕자를 후하게 대접하고 나서 물었다.

"왕자님, 무슨 일로 제게 오셨는지 솔직히 말씀해 주세요."

"말씀드리지요, 어여쁜 엘레나! 나는 당신에게 청혼하러 왔습니다. 내 아내가 되어 주지 않겠습니까?"

"좋아요, 왕자님! 만일 왕자님께서 제가 내는 문제 세 가지를 모두 맞히신다면 왕자님의 청혼에 동의하지요. 그러나 만일 한 문제라도 못 맞힐 경우에는 동의하지 않을 뿐만 아니라 날카로운 도끼로 왕자님의 목을 베어 버리겠어요."

"좋습니다. 문제를 어서 내시지요!"

"저는 내일 어떤 물건 하나를 갖고 있을 거예요. 물론 그게 무엇인지는 말씀드리지 않겠어요. 왕자님, 제가 갖고 있게 될 알 수 없는 물건과 짝을 이루는 물건을 가져오세요."

왕자는 큰 슬픔에 잠겨 자신의 궁궐로 돌아왔다. 상인의 아들 이반이 왕자에게 물었다.

"왕자님, 무슨 걱정이라도 있으십니까? 엘레나 여왕이 왕자님을 괴롭히던가요? 무슨 일인지 말씀해 주세요. 한결 후련해지실 겁니다."

"아니, 글쎄. 엘레나 여왕이 이 세상에서 아무리 지혜로운 사람이라 할지라도 아마 풀 수 없을 그런 문제를 내지 뭔가."

그리고 여왕의 말을 전했다.

"그건 어려운 문제가 아닙니다! 신께 기도드리시고 잠자리에 드세요. 사람은 저녁보다는 아침에 더 지혜로워지니까요."

왕자가 잠자리에 들자 이반은 보이지 않게 되는 모자를 쓰고 빨리 달리는 장화를 신고는 엘레나 여왕의 궁궐로 달려갔다. 그리고 곧장 그녀의 침실로 들어가서 이야기를 엿들었다. 때마침 여왕은 자신의 충실한 하녀에게 명령을 내리고 있었다.

"이 귀한 천을 가져다 신기료장수에게 주고 가능한 한 빨리 내 발에 맞는 구두 한 짝을 만들도록 시켜라."

명령을 받은 하녀가 달려나가자 이반도 그녀의 뒤를 쫓아갔다. 신기료장수는 즉시 일을 시작하였고 능숙한 솜씨로 신속하게 구두 한 짝을 만들어서 창가에 놓았다. 그러자 상인의 아들 이반은 그 구두를 집어 주머니 속에 넣었다.

방금 만든 구두가 감쪽같이 사라지자 가엾은 신기료장수는 여기 저기 허겁지겁 찾아보았다. 방 구석구석을 찾아보았지만 소용이 없었다! 신기료장수는 생각했다.

'참, 이상하군! 도깨비가 나랑 장난을 하고 있는가?'

어쩔 수 없이 그는 바늘을 집어들고 다시 구두 한 짝을 만들어 여왕에게 가져갔다. 여왕이 말했다.

"아니, 이런 느림보가 다 있나! 구두 한 짝을 만드는 데 웬 시간이 그토록 오래 걸리느냐!"

여왕은 곧 탁자에 앉아서 구두에 금으로 수를 놓은 다음 진주와 보석으로 장식하였다. 그곳에 숨어 있던 이반은 감추어 온 구두 한 짝을 꺼내 여왕이 하는 대로 따라서 했다. 여왕이 보석을 집으면 이반도 보석을 달았고 여왕이 실에 진주 알을 꿰면 이반도 구두 위에 진주 알을 장식했다. 엘레나 여왕은 일을 모두 끝마치고 중얼거렸다.

"도대체 내일 왕자는 어떤 물건을 갖고 올까?"

'기다려 보시오! 누가 더 교묘한지는 아직 알 수 없으니까요!' 하고 이반은 생각했다.

이반은 집으로 돌아와 잠자리에 들었고 이튿날 아침 일어나서 왕자를 깨우고 구두 한 짝을 주며 말했다.

"엘레나 여왕에게 가서 이 구두를 보여 주세요. 이것이 바로 여왕이 낸 첫 번째 문제의 답입니다."

왕자는 세수하고 옷을 차려입고는 여왕에게 달려갔다. 여왕의 궁궐에는 귀족들과 대신들이 가득 모여 있었다. 왕자가 도착하자 음악이 울려퍼지며 손님들은 자리에서 일어나 머리를 조아렸고 병사들이 무기를 들어올려서 예우를 갖추었다. 어여쁜 엘레나는 진주와 보석들로 장식된 구두 한 짝을 들고 와서 왕자를 바라보며 미소를 지었다. 그러자 왕자가 여왕에게 말했다.

"아주 훌륭한 구두로군요. 그렇지만 짝이 없으면 아무런 쓸모가 없지요! 여기 다른 한 짝을 여왕님께 선물하지요!"

왕자는 주머니 속에서 구두 한 짝을 꺼내 탁자 위에 올려놓았다. 그러자 모든 손님들은 손뼉을 치며 환호하였고 한목소리로 외쳐댔다.

"왕자님! 당신은 우리의 엘레나 여왕님과 혼인할 자격을 갖추신 분입니다."

"어디 두고 봅시다! 두 번째 문제를 풀도록 하세요."

어여쁜 엘레나가 대꾸했다. 저녁 늦게 왕자는 지난번보다 한층 더 시름에 잠긴 모습으로 집으로 돌아왔다.

"왕자님, 얼굴에 근심이 가득하군요! 신께 기도드리고 잠자리에 드세요. 사람은 저녁보다는 아침에 더 지혜로워지니까요."

상인의 아들 이반이 왕자에게 말했다. 왕자를 잠자리에 들게 한 뒤 이반은 빨리 달리는 장화를 신고 보이지 않게 되는 모자를 쓰고는 여왕의 궁궐로 달려갔다. 여왕은 때마침 충실한 하녀에게 명령하고 있었다.

"얼른 오리장에 가서 암오리 한 마리를 가져오너라."

하녀는 오리장으로 달려갔고 이반도 그녀의 뒤를 쫓아갔다. 하녀는 암오리를 붙잡아 갔고 이반은 수오리를 잡아서 여왕의 궁궐로 돌아왔다. 어여쁜 엘레나 여왕은 탁자에 앉아서 암오리의 양쪽 날개에 리본을 달았고 머리 깃털에는 다이아몬드를 장식했다. 상인의 아들 이반도 수오리를 똑같이 장식했다.

이튿날 아침 어여쁜 엘레나 여왕의 궁궐에는 신하들이 모여 있었고 음악이 울려 퍼졌다. 여왕은 자기의 암오리를 내놓으며 왕자에게 물었다.

"제 문제를 맞추셨나요?"

"그렇습니다, 어여쁜 엘레나! 여기 당신의 암오리와 쌍을 이루는 짝을 가져왔습니다."

왕자는 즉시 수오리를 보여주었다.

그러자 모든 귀족들이 한목소리로 외쳤다.

"훌륭하신 왕자님! 당신은 우리의 엘레나 여왕님과 혼인할 자격을 갖추신 분입니다!"

"아직 너무 일러요. 세 번째 문제를 풀도록 하세요."

저녁 무렵 왕자는 말 한마디 하려 들지 않을 정도로 얼굴을 잔뜩 찌푸리고 집으로 돌아왔다.

"그렇게 상심하지 마십시오, 왕자님. 어서 가서 주무세요. 사람은 저녁보다는 아침에 더 지혜로워지니까요."

상인의 아들 이반은 이렇게 말을 하고 왕자가 잠이 들자 보이지 않게 되는 모자를 쓰고 빨리 달리는 장화를 신고는 여왕의 궁궐로 달려갔다.

때마침 어여쁜 엘레나 여왕은 바다로 나갈 채비를 하고 있었다. 여왕은 마차에 올랐고 전속력으로 말을 몰았다. 상인의 아들 이반도 처지지 않기 위해 그녀 뒤를 바싹 쫓아갔다. 어여쁜 엘레나 여왕은 바다에 이르러 할아버지를 불렀다. 물결이 일렁이더니 금빛 턱수염과 은빛 머리카락을 한 노인이 물 속에서 나타났다. 노인은 물가로 나왔다.

"잘 있었느냐, 손녀딸아! 너 본 지도 오래되었구나. 내 머리에 있는 이나 좀 잡아 주렴."

노인은 손녀의 무릎을 베고 눕더니 잠이 들었다. 어여쁜 엘레나 여왕이 할아버지 머리에서 이를 잡고 있는 동안에 상인의 아들 이반은 그녀의 등 뒤에 서 있었다.

노인이 깊이 잠든 것을 확인한 여왕은 노인의 머리에서 은빛 머리카락 세 가닥을 뽑았다. 그러자 상인의 아들 이반은 머리카락 세 가닥이 아니라 한 움큼을 뽑았다. 깜짝 놀란 노인이 잠에서 깨어 엘레나 여왕에게 소리를 질렀다.

"너, 미쳤냐? 아파 죽겠다!"

"용서하세요, 할아버지! 할아버지는 오랫동안 머리를 빗지 않아서 머리카락이 온통 엉켜 붙었어요."

할아버지는 마음이 누그러졌고 조금 지나자 코를 골기 시작했다. 어여쁜 엘레나 여왕은 할아버지의 금빛 수염 세 가닥을 뽑았다. 그러자 상인의 아들 이반은 노인의 수염을 움켜잡아 거의 전부를 뜯어 내었다. 노인은 크게 소리를 지르며 펄펄 뛰더니 바다 속으로 들어가 버렸다.

'왕자님은 이제 꼼짝없이 걸려들었어. 어딜 가도 이런 수염을 구할 수 없을걸.'

어여쁜 엘레나 여왕은 생각했다.

다음날 여왕의 궁궐에는 손님들이 모였고 왕자도 도착했다. 어여쁜 엘레나 여왕은 은빛 머리카락과 금빛 수염 세 가닥을 왕자에게 보여주며 물었다.

"이런 신기한 물건들을 구경해 보셨나요?"

"여왕께서는 겨우 그 정도를 갖고서 자랑하고 있군요! 원하신다면 한 무더기라도 드리지요."

왕자는 금빛 수염과 은빛 머리카락 한 움큼을 꺼내 여왕에게 주었다. 어여쁜 엘레나 여왕은 화가 나서 자신의 침실로 달려갔고 왕자가 혼자의 힘으로 알아맞히는 것인지 아니면 누군가 다른 사람이 왕자를 도와주는 것인지를 알아보려고 자신의 마법 책을 펼쳐 보았다. 책 속에는 왕자가 지혜로운 것이 아니라, 왕자의 하인이자 상인의 아들인 이반이 지혜로운 것이라고 되어 있었다. 여왕은 손님들이 있는 곳으로 돌아와서 왕자에게 부탁했다.

"왕자님께서 아끼시는 하인을 제게 보내 주세요."

"제게는 하인이 열두 명이나 있습니다."

"이반이라는 하인을 보내 주세요."

"그들 모두 똑같이 이름이 이반이랍니다."

"그렇다면 그들 모두를 제게 보내 주세요!"

여왕이 말했다.

여왕은 '왕자님이 안 계실 때 그놈이 누구인지 꼭 찾아내고 말겠어!' 하고 마음속으로 벼르고 있었다.

왕자의 명령을 받고 충실한 하인 열두 명이 곧 여왕의 궁궐로 오게 되었다. 이들은 얼굴 생김새도 키도 목소리도 머리 빛깔조차도 꼭 같았다. 어여쁜 엘레나 여왕이 물었다.

"너희들 가운데서 누가 우두머리냐?"

그들은 일제히 외쳤다.

"제가 우두머리입니다! 제가요!"

'이런, 경솔하게 행동했다가는 아무것도 알아내지 못하겠는걸!'

여왕은 생각했다. 그러고 나서 여왕은 열한 개는 보통 술잔을 그리고 나머지 한 개는 여왕이 늘 사용하는 황금 술잔으로 가져오도록 명령했다. 여왕은 열두 개의 술잔에 값비싼 포도주를 가득 따르더니 젊은이들에게 마시라고 권했다. 열두 명의 하인들 중 그 누구도 보통 술잔을 잡으려고 하지 않았다. 열두 명 모두가 황금 잔으로 손을 뻗쳤고 서로 다투며 그 잔을 빼앗으려고 소동을 벌여서 술이 바닥으로 온통 쏟아졌다.

어여쁜 엘레나 여왕은 자신의 꾀가 성공하지 못했음을 깨닫고는 이 젊은이들에게 음식과 술을 배불리 먹고 마시게 한 뒤에 자기 궁궐에서 자고 가도록 명령했다. 그날 밤 그들은 모두 깊은 잠에 빠졌고 여왕은 마법 책을 가지고 그들에게로 갔다. 마법 책을 바라보다가 여왕은 누가 진짜 상인의 아들 이반인지를 알아내고는 가위를 꺼내 그의 관자놀이에 조그맣게 상처 자국을 만들어 놓았다.

'내일 이 표시로 요놈을 가려내서 벌을 주어야지!'

다음날 아침 상인의 아들 이반이 잠을 깨 머리를 만져보니 상처 자국이 있었다. 깜짝 놀란 이반은 잠자리에서 벌떡 일어나 동료들을 흔들어 깨웠다.

"그만큼들 잤으면 충분하네. 일이 생겼어! 가위를 가져다 이마에 상처를 조금씩 내도록 하게."

한 시간쯤 지나자 어여쁜 엘레나 여왕은 그들을 불러들였고 죄인을 찾기 시작했다. 이게 어찌된 일인가? 누구를 처다보아도 모든 하인들 이마에 각각 상처 자국이 있었다. 여왕은 분해서 마법 책을 가져다 페치카 속에 넣어 불살라 버렸다. 이제 여왕은 더 이상 왕자의 청혼을 물리칠 구실이 없었고 왕자와 혼인할 수밖에 없게 되었다. 흥겨운 결혼식이 치러졌다. 모든 비용을 나라에서 부담하여 주점과 음식점마다 사흘 동안 밤낮을 가리지 않고 백성들 누구나 다 와서 먹고 마실 수 있게 하였다.

결혼식이 끝나자 왕자는 어여쁜 아내와 함께 자기 나라로 돌아갈 채비를 하였다. 열두 하인들은 먼저 출발하도록 했다. 그들은 이 도시를 벗어나자 하늘을 나는 담요를 펴고 그 위에 올라앉았고 두둥실 떠가는 구름 위로 날아올랐다. 날고 날아서 이들은 자신들의 말들을 풀어놓았던 바로 그 울창한 숲 근처에 이르러 담요를 내렸다. 담요에서 내리자마자 화살을 손에 쥔 한 노인이 그들에게로 달려오고 있는 모습이 눈에 띄었다. 상인의 아들 이반은 그 노인에게 머리에 쓰면 보이지 않게 되는 모자를 주었다. 그 뒤에 두 번째 노인은 달려와서 하늘을 나는 담요를 받았고 세 번째 달려온 노인은 신으면 빨리 달릴 수 있는 장화를 받았다. 이반은 자신의 동료들에게 말했다.

"형제들! 말에 안장을 얹게. 어서 떠나야겠네."

그들은 즉시 말들을 끌고 와서는 안장을 얹은 다음 자신의 나라로 말을 몰아 달려갔다. 그들은 곧장 공주를 뵈러 갔다. 공주는 이들을 크게 반겨 맞아 주었고 왕자가 결혼을 했는지, 곧 집에 돌아올

건지 등 오빠 일에 대해 자세히 물었다. 공주는 물었다.

"당신들의 이 큰 공로에 대해 어떤 상을 내리면 좋을까요?"

상인의 아들이 대답했다.

"저를 예전의 감옥에 다시 가두어 주십시오."

공주가 이반을 설득해 보았지만 이반은 자기 생각을 굽히지 않았다. 그래서 병사들은 그를 다시 감옥에 가두었다.

한 달이 지나서 왕자는 젊은 아내와 함께 자기 나라로 돌아왔다. 모두가 그들을 성대하게 맞이했고 음악이 울려퍼지고 축포를 쏘아 올렸으며 모든 종들을 울려 댔다. 그리고 백성들은 왕자 부부를 보려고 모여들었다. 귀족들과 모든 관리들이 왕자를 알현했다. 왕자는 주위를 둘러보고는 물었다.

"나의 충실한 하인 이반은 어디 있지?"

"그는 감옥에 갇혀 있습니다."

모두가 말했다.

"감옥에라니? 누가 감히 그를 감옥에 가두었느냐?"

공주가 왕자에게 아뢰었다.

"바로 오라버님 자신이 그에게 화를 내고는 감옥에 가두라고 분부하셨습니다. 기억나실 거예요. 그에게 무슨 꿈에 대해서인가 캐어물으셨지만 그는 대답하려 들지 않았지요."

"바로 그가 나의 하인 이반이란 말이냐?"

"네, 바로 그래요. 제가 그를 오라버니 계신 곳으로 가도록 잠시 풀어 주었지요."

왕자는 상인의 아들 이반을 데려오라고 분부했다. 그리고 왕자는 그의 목을 얼싸안으며 지난날 자기가 나쁘게 대했던 일들을 잊어 달라고 부탁했다.

"왕자님, 그동안에 왕자님과 저 사이에 일어났던 모든 일들을 저는 미리 다 알고 있었습니다. 꿈에서 이 모든 것을 보았습니다. 그렇기 때문에 제가 왕자님께 꿈 이야기를 말씀드리지 못했던 것입니다."

이반이 말했다. 왕자는 이반에게 장관의 벼슬을 내리고 많은 땅을 주었으며 궁궐에서 함께 머물러 살게 했다. 상인의 아들 이반은 아버지와 형을 불러 왔고 모두 오래도록 행복하게 살았다.

부자 마르코와 불운아 바실리

　지금이 아닌, 아주 먼 옛날 어떤 왕국 어떤 나라에 별명은 '부자'이며 이름이 '마르코'라는 부자 상인이 살고 있었다. 그의 성격은 엄격하고 냉엄했으며 돈에 대해 탐욕스러워 가난한 사람들에게 자비를 베풀지 않았다. 거지들이 자신의 집 창가에라도 다가오는 것 같으면 종에게 그들을 쫓아버리라고 명령하거나 개를 풀어 물게 했다. 그러나 마르코는 자신의 외동딸 어여쁜 아나스타샤를 귀여워했다. 그녀에게만은 그렇게 엄격하지 않아서 그녀가 다섯 살이 될 때까지는 그녀가 무엇을 해 달라고 얘기하면 거절하는 법이 없었다.

　그런데 어느 추운 겨울 날, 머리가 하얀 노인 세 냥이 창가로 다가와 구걸했다. 마르코는 그들을 보고 개를 풀어 버리라고 명령했다. 이것을 들은 어여쁜 아나스타샤는 아버지에게 간청했다.

　"아버지! 제발 절 위해서라도 그들을 쫓아내라고 명령하지 마시고 외양간에서라도 자고 가게 하세요."

　그러자 마르코는 거지 노인들이 외양간에서 밤을 보내도록 했다.

모두가 잠들자, 아나스타샤는 일어나서 몰래 외양간 구석으로 기어 들어가 거지들을 훔쳐보았다. 거지 노인들은 외양간 가운데로 모여 서는 지팡이를 땅에 세우고 주름 진 손으로 거기에 의지하고 회색 수염을 손 위에 드리운 채 조용히 의논하기 시작하는 것이었다. 가장 나이 많은 노인이 다른 노인들을 둘러보며 말했다.

"세상에서 무슨 새로운 소식이 들리지?"

그러자 다른 노인이 즉시 대답했다.

"파가렐로에 마을의 불운아 이반에게 일곱째 아들이 태어났습니다. 그에게 무슨 이름을 주고 어떤 행운을 나눠줄까요?"

세 번째 노인이 말했다.

"그를 바실리라고 부르고 우리가 지금 머무르고 있는 부자 마르코의 부를 주도록 합시다."

이렇게 의견을 나누고 그들은 길 떠날 채비를 했는데 성상에게 절을 한 다음 외양간을 떠나는 것이었다. 아나스타샤는 이 모든 것을 듣고 나서 아버지에게 와서 노인들의 대화를 모두 얘기해 주었다. 아주 깊이 생각에 잠겼던 부자 마르코는 파가렐로에 마을로 갔다. 그는 신부에게로 곧장 가서 모든 것을 자세하게 물어보았다.

"이 마을의 이반에게 일곱째 아들이 태어났습니까?"

신부가 대답했다.

"예, 어제 우리 마을에서 가장 가난한 농부에게 아이가 태어났습니다. 제가 그 아이에서 바실리라는 이름을 지어 주었는데 일곱째 아들이니까 정말로 불운아입니다. 그 농부의 가장 큰아들이 이제 겨우 일곱 살이랍니다. 아이들은 그렇게들 어린데 먹을 것은 없고 어찌나 가난한지 아무도 그 집을 들여다보고 싶어하지 않는다오."

마르코는 심장이 두근거렸다. 갓난아기에 대해 좋지 않은 생각을 품게 된 마르코는 그의 대부가 되겠다고 자청하고 사제의 아내에게 대모가 되어 달라고 부탁하고는 잔칫상을 잘 차려 달라고 지시했다. 그리고 아이를 데려와 세례를 주고는 잔치를 벌였다. 잔치에서 부자 마르코는 불운아 이반을 구슬렸다.

"여보시오, 당신은 가난하니 아들을 교육시키지 못할 것이오. 그러니 나에게 아들을 주시오. 내가 그를 사람들 속으로 데려다 주겠소. 당신이 편안히 살도록 지금 당장 천 루블을 손에 쥐어 주리다."

이 가난한 사람은 생각하고 또 생각하더니 마침내는 승낙을 했다. 마르코는 신부에게 사례한 다음 아이를 여우털 외투에 싸서 자기의 마차에 싣고 집으로 떠났다. 마을에서 몇십 베르스타 정도 오자 마르코는 말을 세운 다음 아이를 안고 골짜기 끝으로 가서 아이를 버리면서 말했다.

"바로 여기에서나 내 재산을 가지렴!"

그런데 곧 바로 이 길을 따라 외국 상인이 지나가게 되었다. 그들은 마르코에게 꾼 돈인 1만 2000루블을 갚으러 오는 중이었다. 상인들은 골짜기에 이르러 아기 울음 소리를 들었다. 말을 세우고 내려가 보았더니 눈 더미 사이에 푸른 풀밭이 있고 웬 아기가 그 풀밭에서 꽃을 가지고 놀고 있었다. 상인들은 아기를 겉옷으로 싸서 안고는 길을 떠났다. 부자 마르코에게 온 그들은 이 아기를 발견한 놀라운 얘기를 했다. 마르코는 그 아이가 자기가 대부가 되어 준 아기라는 것을 알아차렸다.

"당신들이 찾은 아기를 들여다보는 것만으로도 마음이 아프군. 만약 그 아기를 나에게 준다면 내게 진 빚을 갚은 것으로 하지."

상인들은 동의했고 아기를 마르코에게 주고 떠났다. 그런데 마르코는 그날 밤에 아기를 작은 나무 통에 넣고 통에 송진을 칠해 물이 새어들지 않게 한 다음 바다에 버렸다.

　나무통은 흘러흘러 수도원에 다다랐다. 마침 그때 해안에서 수도사들이 어구들을 말뚝에 걸고 있다가 갑자기 아기 울음소리를 듣게 되었다. 이 울음 소리가 나무 통에서 나는 것이라고 짐작한 그들은 나무 통을 물에서 건져내어 깨뜨려 보았다. 수도사들은 아기를 발견하여 수도원장에게 데려갔다. 수도원장은 이 아이가 나무 통에 넣어져 해안으로 떠밀려 왔다는 것을 알자 이런 결정을 내렸다.

　"이 아이를 바실리라고 부르고, 별명은 불운아라고 하자."

　그때부터 바실리는 수도원에서 정확하게 열여섯 살이 될 때까지 살았다. 그는 잘생긴 얼굴과 온순한 마음과 좋은 머리를 갖춘 아이로 자라났다. 수도원장은 그를 매우 사랑했는데, 글도 빨리 익히고 교회에 있는 누구보다도 더 노래를 잘하며 책도 가장 잘 읽는 등 모든 면에서 빠르고 능숙했기 때문이었다. 그래서 수도원장은 그에게 열쇠지기 일을 시켰다.

　그런데 이 무렵 어느 날 부자 마르코가 장사 일로 바다를 건너 바

●── 부자 마르코는 갓난아기 바실리를 통에 넣은 후 바다에 버렸다.

로 이 수도원에 들르게 되었다. 수도승들은 그를 부자 손님으로 정중하게 맞이했다. 수도원장은 열쇠지기에게 어서 가서 교회 문을 열어놓으라고 명령했고 열쇠지기는 재빨리 뛰어가 불을 밝히고 찬양대 자리에 서서는 찬양하고 성경책을 읽었다. 부자 마르코는 이 청년이 수도원에 들어온 지 오래 되었느냐고 수도원장에게 물어보았다. 수도원장은 있었던 일을 차근차근 얘기했다. 그러자 마르코는 옛일이 기억나기 시작했고, 이 소년이 자기가 대부가 되어 주었던 아이임을 깨닫게 되었다. 그러자 그는 수도원장에게 말했다.

"만일 당신의 열쇠지기 같은 재빠른 청년이 내게 있었다면 내 전 재산을 관리하도록 맡기고 내 모든 장사를 돌보는 제일 높은 감독관을 시켰을 텐데. 당신도 아시겠지만, 내 장사가……."

수도원장은 마르코의 이런 제의를 거절했지만 마르코는 계속 조르며 2만 루블을 헌금할 것을 약속했다. 마음이 움직이기 시작한 수도원장은 이 문제를 다른 수도사들과 의논하게 되었는데 그들이 이에 대해 말했다.

"왜 바실리의 행복을 막습니까? 부자 마르코가 그를 데려가 감독관을 시키도록 내버려두십시오."

그래서 불운아 바실리는 부자 마르코에게 가게 되었다.

마르코는 바실리를 배에 태워 집으로 보내면서 아내에게 다음과 같은 편지를 썼다.

이 사람이 도착하는 대로 그와 함께 비누 공장으로 가서, 비누가 끓는 커다란 가마솥이 나오면 그 속으로 밀어넣으시오. 만약 내 말을 듣지 않으면 아주 엄하고 엄하게 당신을 다루겠소. 이 녀석은 내게 가장 큰 악당이기 때문이오.

바실리는 편지를 가지고 해안에 도착해서 길을 따라 가다가 중간에 거지 노인 셋을 만났다. 그들이 바실리에게 물었다.

"어디로 가는 거지, 불운아 바실리?"

"저기 부자 마르코님 집으로 갑니다. 그분 부인 앞으로 가는 편지를 갖고 왔거든요."

"편지를 좀 보여 다오."

노인들이 말했다.

바실리는 편지를 꺼내 주었다. 그러자 노인들은 편지에 입김을 불더니 말했다.

"가서 이 편지를 부자 마르코의 부인에게 줘라. 신께서는 너를 버리지 않으신단다."

바실리는 마르코의 집에 도착했고 편지를 그의 부인에게 전해 주었다. 마르코의 편지를 읽은 부인은 자신의 눈을 의심하며 딸을 불렀다. 편지에는 다음과 같은 내용이 아주 또렷하게 적혀 있었다.

부인, 내 편지를 받은 다음날 아나스타샤를 내가 보낸 이 청년과 혼인시키시오. 반드시 내가 시키는 대로 이행하시오! 만약 그렇지 않으면 내 앞에서 그 값을 치르게 될 줄 아시오!

아나스타샤는 바실리를 쳐다보았고 바실리도 그녀를 훔쳐보았다. 마르코의 부인은 바실리에게 값비싼 옷을 입히고 그 다음날 딸과 혼인시켰다.

얼마 후 드디어 부자 마르코가 외국에서 돌아왔는데 사위와 딸과 함께 아내가 그를 맞으러 바닷가에 나왔다. 이것을 본 마르코는 아내에게 무섭게 화를 내며 말했다.

"어떻게 당신은 나한테 묻지도 않고 우리 딸을 결혼시켰지?"

그러자 부인이 말했다.

"당신 명령을 듣지 않을 수가 없었어요!"

그러면서 그녀는 화가 난 남편에게 편지를 보여 주었다. 편지를 읽은 마르코는 자기 손으로 쓴 편지가 자기 생각대로가 아닌 것을 보았다. 그러자 마르코는 마음속으로 이렇게 말했다.

'운 좋게 네가 나한테서 세 번 벗어나 죽음을 피했다만, 이번에는 까마귀가 네 뼈를 가지고 나오지 못하는 곳으로 널 보내 주마.'

마르코는 사위와 한 달을 함께 살며 딸과 사위를 위하는 척을 해서 남들이 보기에는 마르코가 마음속에 바실리에 대한 미움을 키우고 있다는 것을 알아채지 못하게 했다. 그러던 어느 날 마르코는 바실리를 불러 말했다.

"아홉의 세 제곱 나라 너머 열의 세 제곱 왕국의 뱀 왕에게 가라. 12년 전에 그가 내 땅에 궁전을 세웠는데 그동안 쌓인 세를 받아오너라. 그리고 또한 그의 왕국 근처에서 3년 전에 소식도 없이 사라진 내 배 열두 척에 대해서도 알아보아라."

바실리는 감히 장인의 뜻에 거역하지 못하고 길을 떠날 채비를 한 다음 아나스타샤와 작별을 하고 건빵이 든 보따리를 짊어지고 길을 떠났다. 그의 젊은 아내는 그와 헤어지면서 살아서는 다시 그를 볼 수 없을 것 같아 눈물을 흘렸다.

바실리가 길을 가고 있는데 어디선가 누가 말했다.

"불운아 바실리, 어디로 가고 있지? 멀리 가는 거니?"

바실리는 사방을 둘러보고 말했다.

"누가 내게 말했는지 대답해 보세요."

"바로 나야, 가지 많은 늙은 참나무. 어디 멀리 가느냐고 내가 묻고 있어."

"12년 동안 쌓인 세를 받으러 뱀 왕에게 가고 있어요."

"뱀 왕에게 가면 날 기억하고 물어봐 줘. 늙고 가지 많은 300년 된 참나무가 이제는 뿌리까지 썩었는데 아직도 이렇게 오랫동안 서서 세상에서 괴로워해야 하느냐고 말이야."

바실리는 이 말을 마음에 새기고 앞으로 더 길을 갔다. 강가에 다다랐을 때, 그는 나룻배에 올랐는데 나룻배 사공 노인이 그를 쳐다보며 말했다.

"멀리 가는 거요, 불운아 바실리?"

바실리는 어디로 가는지 그에게 말했다.

"그럼 뱀 왕을 보면 나를 기억하고 물어봐 주구려. 30년 동안 노를 저은 늙은이가 앞으로 오랫동안 노를 저어야만 하는지."

"그렇게 하죠. 물어봐 드리죠."

그러고는 그는 길을 더 갔다. 해협에 이르렀을 때 고래가 길게 누워 있는 것이 보였는데 고래의 등에는 넓은 길이 나 있어서 길을 따라 사람들이 걸어가기도 하고 무엇을 타고 다니기도 하는 것이었다. 바실리가 고래의 등을 막 밟았을 때 고래가 사람 목소리로 말했다.

"불운아 바실리, 어디 멀리 가는 거니?"

바실리가 고래에게 모든 것을 얘기해 주자 고래가 부탁했다.

"뱀 왕을 보면 나를 기억하고 물어봐 주겠니? 바다 위에 고래가 3년 동안 누워 있는데 그 등을 따라 난 넓은 길을 말과 사람들이 밟고 다녀서 늑골까지 밤이고 낮이고 아파서 견딜 수가 없다고. 얼마나 더 오래 여기 이렇게 누워 있어야 하는지 뱀 왕에게 물어봐 주겠니?"

"좋아, 물어봐 주지."

바실리는 대답을 하고 길을 계속 갔다.

바실리가 걷고 또 걸어갔을 때 푸른 초원이 나타났고 거기에 매우 큰 궁전이 서 있는데 대리석 벽은 번쩍거리고 진주 조개 비늘로 만든 지붕은 오색으로 빛나며 수정으로 된 창문은 햇볕에 불타오르는 듯했다. 바실리는 궁전으로 들어가 이 방 저 방을 다니면서 말로 표현할 수 없는 화려함에 놀랐다. 그런데 그가 마침내 마지막 방에 들어갔을 때 그 방 침대 위에 아름다운 처녀가 앉아 있는 것을 보았다. 그녀는 바실리를 보자 물었다.

"어떻게, 불운아 바실리, 어떻게 당신이 이런 무서운 장소에 들어오게 됐지요?"

바실리는 그녀에게 여기로 오게 된 목적을 모두 얘기하고 또한 길에서 보게 된 것을 얘기했다. 그러자 처녀는 바실리에게 말했다.

"당신의 장인은 세를 받기 위해 당신을 여기로 보낸 것이 아니라, 뱀 왕의 먹이가 되어 반드시 죽게 하려고 보낸 거예요."

그런데 그녀가 이 말을 끝내기가 무섭게 궁전이 진동하고 소란스러워지더니 궁전 뜰에서 우르렁대는 소리가 났다. 처녀는 바실리를 침대 밑에 있는 커다란 가방에 밀어넣고는 자물쇠로 잠그며 속삭였다.

"내가 뱀 왕과 나누는 얘기를 들어 봐요."

그러고는 뱀 왕을 맞으러 나갔다. 괴물 같은 뱀 왕이 방으로 들이닥치더니 곧장 침대에 누우며 말했다.

"러시아 땅을 날아다녔더니[2] 아주 피곤해. 빨리 자고 싶어."

아름다운 처녀가 그를 어루만지며 말했다.

"모든 것을 다 아시는 왕이시여, 제가 당신이 없을 때 아주 재미있는 꿈을 꿨는데 그것을 해몽해 주지 않으시겠어요?"

"음, 빨리 말해 봐."

"아마도 제가 길을 따라 걷고 있었던 것 같은데 참나무가 소리쳤어요. '내가 얼마나 여기 서 있어야 하는지 왕에게 물어봐 줘.' 라고요."

"그 나무는 누군가가 다가와 발로 찰 때까지 거기 그렇게 서 있어야 해. 누군가가 그렇게 건드리면 나무는 뿌리째 뽑혀 넘어지게 되는데 그 참나무 밑에는 금과 은이 수없이 많이 있지. 아마 부자 마르코도 그렇게 많이 가지고 있지는 못할걸!"

"그리고 또 강에 도달해 나룻배에서 일하는 사공을 만났는데, 그가 내게 오랫동안 더 그 일을 해야 하느냐고 물었어요."

"그 사람 뜻에 달려 있지. 강가에서 그에게 처음 오는 사람을 나룻배에 앉히라고 해. 그리고 나룻배와 함께 강으로 밀어 버리면 그는 영원히 사공 대신 노를 저어야 하지."

"다음은 제가 고래의 등에 난 길을 걸어 바다를 건너고 있었는데, 그 고래가 자기가 여기에 얼마나 더 오래 누워 있어야 하느냐고 왕에게 물어봐 달라 했어요."

"그 고래는 자기가 삼킨 부자 마르코의 배 열두 척을 토해 놓을 때까지 거기 그렇게 누워 있어야 해. 만약 토해 내면 물로 돌아갈 수 있고 몸도 예전처럼 건강해질 거야."

뱀 왕은 이렇게 말하고는 옆으로 눕더니 궁전에 있는 모든 수정 창문이 마구 떨리도록 코를 골기 시작했다. 그러자 처녀는 큰 가방에서 바실리를 꺼내 주고 궁전의 담장으로 데리고 가서는 나가는 길을 가리켰다. 바실리는 그녀에게 고맙다고 말하고 돌아가는 길에 올랐다.

그가 고래가 누워 있는 해협에 도달했을 때 고래가 물었다.

"나에 대해 물어보았니?"

"물었지. 나를 저쪽 해안에 데려다 주면 얘기해 주지."

바다를 건넌 다음 바실리는 고래에게 이렇게 말했다.

"네가 3년 전에 삼킨 부자 마르코의 배 열두 척을 토해 내렴."

그러자 고래는 옆으로 돌더니 모든 배를 통째로 하나도 상하지 않은 채 토해 냈다. 그러고는 기뻐서 바닷물을 진동시켜 대는 바람에 불운아 바실리는 해안가에서 무릎까지 물에 잠긴 채 서 있다가 겨우 정신을 차릴 수 있었다. 그리고 바실리는 더 걸어가서 나룻배에 이르렀다. 사공 노인이 물었다.

"나에 대해 뱀 왕에게 말해 봤니?"

"말했어요. 나를 강 저편으로 데려다 주면 얘기하죠."

그리고 강을 건너자 그는 사공에게 말했다.

"나 다음에 당신에게 오는 사람을 나룻배에 앉힌 다음 강변에서 강으로 밀어내세요. 그러면 그 사람이 당신 대신 영원히 배에서 일할 거고 당신은 자유롭게 되죠."

그 다음 바실리는 가지가 많은 오래된 나무에게 다가가서는 발로 찼다. 그러자 참나무가 쓰러져 뿌리가 드러났는데 그 밑에는 금과 은 그리고 다른 귀한 보석들이 셀 수도 없이 들어차 있는 것이었다! 그리고 바실리가 주위를 둘러보았을 때 고래가 토해 낸 부자 마르코의 열두 척의 배가 해안으로 다가오는 것이 보였다. 그런데 맨 앞 배의 뒷부분에 이전에 부자 마르코의 편지를 가져가던 바실리를 만나 피할 수 없는 죽음에서 그를 구해 줬던 바로 그 거지 노인들이 서 있는 것이었다. 이 노인들이 바실리에게 말했다.

"바실리, 신이 어떻게 널 축복하시는지 보았느냐?"

그런 다음 그들은 배에서 내려 자기의 길을 갔다. 선원들은 바실리가 찾은 금과 은을 모두 배에 싣고 집으로 가기 위해 바다로 배를 띄웠다.

이때쯤 부자 마르코는 더욱더 사나워져, 말을 준비하라고 명령하고 열의 세 제곱 왕국에 있는 뱀 왕에게 서둘러 가서는 직접 왕을 만나 보려고 했다. 그래서 그가 강에 도달했더니 사공이 그를 나룻배에 앉히고는 배를 강가에서 밀어내는 것이었다. 마르코는 영원히 사공으로 일하는 신세가 되었다.

한편 불운아 바실리는 장모와 함께 있는 아내에게 돌아와 부자 마르코의 재산을 모두 갖고 가난한 사람을 먹이고 입히며 그들을 도우면서 오랫동안 행복하게 살았다.

●──주

1   러시아 교회의 사제는 결혼할 수 있는 사제와 그렇지 않은 사제, 두 종류가 있다.
2   여기서의 뱀은 용과 같은 존재이다.

이반 왕자와 검은 머리채의 미인 마리야

옛날 옛날에 어떤 왕국 어떤 나라에 한 왕이 살았는데 그에게는 아들 둘이 있었다. 큰아들의 이름은 드미트리였고 작은아들의 이름은 이반이었다. 이반 왕자는 그때 아직 어려서 요람을 타고 놀고 있었지만 드미트리 왕자는 이미 결혼할 나이가 되어 있었다. 그래서 그는 부모에게 와서 말했다.

"약혼녀를 찾으러 떠날 수 있도록 허락해 주십시오."

그의 부모는 떠나도록 허락해 주었다.

그러나 몇 년이 흘러도 드미트리 왕자는 돌아오지 않았다. 왕과 왕비는 아들을 기다리다 지쳐 포기해 버렸다. 이 시간 동안 이반 왕자는 무럭무럭 자라났다. 그는 형을 찾으러 떠나고 싶어서 아버지에게 가서 말했다.

"아버님, 형님을 찾으러 떠나게 해 주십시오! 죽었든지 살았든지 그를 찾아내겠습니다."

"신께서 너와 함께해 주실 것이니, 가거라."

아버지가 말했다. 그래서 왕자는 말에 안장을 얹고 눈이 가는 대로 넓은 들판을 향해 형을 찾으러 떠났다. 오랫동안 길을 달려서 이반 왕자는 넓은 초원에 이르렀다. 거기서 그는 천막이 쳐진 것을 보았는데 그 안에서 어떤 사람이 깊은 잠에 빠져 있는 것이었다. 이반 왕자는 말에서 내려 자고 있는 사람을 내려다보며 생각했다.

'이 사람은 누구이고, 어디로부터 와서 어디로 가는 것일까? 그를 깨우면 길동무가 될 수 있지 않을까?'

그래서 왕자는 자고 있는 사람을 깨웠고 그 사람은 일어나서 눈을 비비며 물었다.

"뭐가 필요해서 날 깨우는 거요?"

"나는 드미트리 왕자를 찾으러 갑니다. 아마 당신과 난 길동무가 될 수 있을 것 같습니다. 당신은 그에 대해 들어본 적이 없습니까?"

"내가 드미트리 왕자요. 그런데 당신은 누구요?"

"당신 동생인 이반 왕자입니다."

그러자 드미트리 왕자는 놀라며 동생에게 말했다.

"내가 집을 떠나올 때 넌 요람을 타고 놀고 있지 않았니?"

"요람을 타던 시절이 있었지요. 하지만 지금은 말을 타고 초원을 달립니다. 당신이 집을 떠난 다음 많은 시간이 흘렀어요. 그동안 전 이렇게 자랐는데 형님은 무얼 하셨나요?"

그런데 드미트리 왕자는 초원에서 깊은 잠이 그를 덮쳐 그 동안 계속 잠만 잤다고 대답하는 것이었다. 그래서 형제는 함께 길을 떠나 약혼녀들을 찾기로 결정했다. 그들은 오래 말을 타고 달렸다. 말도 지치고 그들도 배가 고파졌다.

"동생아, 말을 쉬게 하고 풀을 뜯어먹게 하자꾸나."

드미트리 왕자가 말했다. 형제는 초원에서 말이 풀을 뜯어먹도록 풀어주었다. 형이 이반 왕자에게 말했다.

"아우는 말들을 지켜라, 난 숲으로 가 사냥을 해 보마. 토끼라도 잡아 저녁을 먹자."

그래서 이반 왕자는 말을 지켜보고 드미트리 왕자는 숲으로 갔다. 드미트리 왕자는 가고 또 가 봤지만 그 어떤 동물도 만나지를 못했다. 마침내 숲 밖으로 나오니 해안이 있고 거기 조그마한 집이 한 채 서 있었다. 그가 집으로 들어가니 거기에는 처녀 하나가 앉아 슬프게 울고 있고 그녀 앞에는 관이 놓여 있었다. 드미트리 왕자가 처녀에게 물었다.

"왜 울고 있지요, 아름다운 아가씨?"

처녀가 대답했다.

"어떻게 울지 않을 수가 있겠어요. 제게 마지막 시간이 다가온걸요. 우리 나라로 뱀이 날아와서는 매일 한 사람씩 잡아먹는답니다. 많은 사람을 잡아먹었죠! 그래서 제 아버지인 왕께서 뱀에게 우리 왕국에서 떠나 달라고 애원했더니, 뱀이 말하기를 '너의 딸을 먹이로 나에게 다오. 그러면 네 신하들을 잡아먹지 않겠다. 하지만 자진해서 그녀를 주지 않으면 너희들을 모조리 잡아먹고 너와 네 딸까지 잡아가겠다.' 라고 했답니다. 매우 놀란 아버지께서 저를 여기로 데려다 놓도록 명령했고 그래서 바로 여기 앉아 이렇게 죽음을 기다리고 있답니다."

드미트리 왕자는 그녀를 위로했다.

"울지 마세요, 공주! 나는 오랫동안 잠을 잤기 때문에 이제 내 안에 강한 힘을 느끼고 있답니다. 뱀과 싸우러 가는 것이 두렵지 않아요."

그런데 그때 바다가 요동치고 파도가 높게 일면서 흰 거품이 몰려오더니 파도를 따라 무시무시한 괴물이 헤엄쳐 나왔다. 바로 그 잔인한 뱀이었다. 뱀이 다가오는 소리를 들은 공주는 얼굴이 하얗게 되어선 두려움으로 사시나무처럼 바들바들 떠는 것이었다. 갑자기 무섭게 찢어지는 소리를 내며 방 문이 열리고 문지방에 뱀의 커다란 머리가 나타났다. 그러자 드미트리 왕자는 날카로운 칼을 움켜쥐고 뱀의 목을 힘껏 내리쳤다. 뱀의 머리가 저만치 나가떨어졌다. 왕자는 뱀의 머리를 커다란 바위 밑에 묻고 몸통은 바다에 던져 버렸다.

"내가 당신의 목숨을 구해 줬으니, 공주, 대신 내 아내가 되어 주시오. 그리고 여기서 나를 기다려 주시오. 내 동생을 데려올 테니 그때 우리 함께 당신 아버지에게 갑시다!"

드미트리 왕자는 떠났고 아름다운 공주는 그를 기다리며 혼자 남게 되었다. 이때 뱀이 공주를 먹어치웠는지 알아보기 위해 왕이 보낸 신하가 왔다. 뱀이 죽은 것을 공주로부터 들은 신하는 그녀를 단번에 안아 말에 태워 왕에게 데려왔다. 신하가 말했다.

"신성한 왕이시여, 당신 따님은 살아 있고 하나도 다치지 않았습니다. 단지 두려움으로 헛소리를 하기 시작하는군요. 제가 뱀을 죽였는데, 어떤 왕자가 공주를 구했다는 겁니다."

왕은 매우 기뻐하며 그에게 무슨 상을 주어야 할지 몰라했다. 그러자 그 신하가 말했다.

"공주님과 결혼시켜 주십시오."

왕은 흔쾌히 승낙하고 매우 기뻐하며 온 나라에 잔치를 베풀었다. 한편 왕자 형제는 공주가 있던 조그만 집에 돌아왔지만 거기서 그녀를 발견하지 못하자 말을 달려 곧장 왕에게 갔다. 왕은 자기 도시로 용감한 두 왕자가 왔다는 얘기를 듣고 그들을 잔치에 초대하라고 명령했다. 왕자들이 왕에게 왔다. 드미트리 왕자가 물었다.

"전하, 무슨 일로 나라에 잔치가 벌어졌는지요?"

"나는 내 딸을 내 충실한 신하에게 시집보낸다오. 그가 잔인한 뱀을 죽이고 내 딸을 죽음에서 구해 냈지."

왕은 용감한 왕자들에게 어떻게 뱀이 그의 백성들을 잡아먹었으며 그의 왕국을 구하기 위해 어떻게 그의 딸을 뱀의 먹이로 줄 수밖에 없었는지를 얘기했다. 드미트리 왕자는 왕에게 말했다.

"당신의 용감한 사윗감을 여기로 불러 주십시오. 뱀을 물리친 그 용사를 보게 해 주십시오."

그래서 신하가 왔을 때 왕자가 그에게 물었다.

"용감한 장군님, 죽은 뱀이 어디에 있는지 좀 보여 주시겠습니까?"

신하는 왕과 왕자들을 바닷가로 데려가서는 말했다.

"뱀은 바다 밑바닥에 있습니다. 그걸 바로 여기서 버렸습니다."

그래서 어망을 던져 보았지만 뱀을 건져 내지 못했다. 그러자 드미트리 왕자는 자기가 뱀의 몸통을 던져 버린 장소를 가리키며 말했다.

"어망을 여기로 던지시오."

어망을 던지자 곧 뱀의 몸통이 걸려 나왔다.

"자, 이제, 용사님, 뱀의 머리는 어디에 뒀는지 얘기해 보시죠?"

드미트리 왕자가 말했다. 그 신하는 어떻게 대답할지 몰라 잠자코 서 있었다.

"머리는 여기에 있지요."

왕자가 말했다. 바위를 밀쳐낸 왕자는 뱀의 머리를 들고 왕에게 말했다.

"제가 뱀을 죽였고 저 신하는 사기꾼입니다!"

그러자 왕은 신하를 자기 눈앞에서 보이지 않게 쫓아내고 드미트리 왕자를 공주와 결혼시켰다. 드미트리 왕자는 젊은 아내와 살게 되었지만, 동생인 이반 왕자는 형을 보면서 자기도 아내를 찾게 되기를 바랐다. 그래서 어느 날 그는 형에게 가서 말했다.

"형님은 아내를 찾았군요. 저도 그런 행복을 누리고 싶습니다."

그러자 드미트리 왕자의 부인이 말했다.

"아홉의 세 제곱 나라 너머 열의 세 제곱 왕국에 매우 아름다운 아가씨가 살고 있다고 들었어요. '검은 머리채의 미인 마리야'라는 처녀입니다. 그녀는 지혜로만 차지할 수 있다고 합니다. 왜냐하면 아주 강한 용사 열두 명이 그녀를 지키고 있기 때문이죠."

이 말을 들은 이반 왕자는 길을 떠날 준비를 했다. 드디어 떠날 시간이 되었다. 이반 왕자는 형에게 와서 작별 인사를 할 때 자기의 긴 칼을 주며 말했다.

"안녕히 계세요, 형님. 이 칼을 잘 갖고 계십시오. 이 칼이 검게 변하면 그때 난 살아 있지 않은 겁니다."

그렇게 얘기하고 이반 왕자가 떠났다. 얼마를 말을 타고 갔는지 모르게 되었을 때, 왕자는 닭다리 기둥 위에 돌아앉은 작은 이즈바가 올려져 있는 것을 보았는데 그 오두막은 블린으로 덮어 있었고 흰 빵이 이즈바를 받치고 있었다. 왕자는 오두막으로 다가가 소리쳤다.

"이즈바야, 이즈바야, 앞쪽은 내게로 뒤쪽은 숲으로 향하도록 돌아서라!"

그러자 오두막이 돌아서 왕자가 안으로 들어갈 수 있게 되었는데 그 안에는 바바 야가가 누워 있었다. 그녀는 왕자를 보자 말했다.

"잘 있었냐, 이반 왕자? 어디 멀리 가니?"

"안녕하세요, 할머니! 아홉의 세 제곱 나라 너머 열의 세 제곱 왕국으로 검은 머리채의 미인 마리야를 찾으러 갑니다."

"아이고, 이반 왕자, 쉽지 않은 일을 하려고 하는구먼! 검은 머리채의 미인 마리야는 먼 곳에 산단다. 아직도 멀리 가야 하지."

그래서 왕자는 말을 타고 더 갔다. 숲에 이르렀다. 그 숲에는 참나무가 서 있었고 그 나무 주위로 벌이 날아다니고 있었다. 왕자는 그때 매우 배가 고팠다.

"아마도 저기 꿀이 있을 거야. 꿀을 먹은 다음 좀 쉬고, 말을 타고 더 가야지."

왕자가 꿀을 얻기 위해 참나무를 기어 올라갔을 때 여왕벌이 사람 목소리로 말하는 것이었다.

"꿀을 가져가지 마세요, 왕자님. 제가 당신에게 도움이 될 거예요!"

왕자는 여왕벌의 얘기를 듣고 꿀을 건드리지 않았다. 그리고 말을 타고 더 길을 갔다. 왕자는 더욱 배가 고파졌다. 배고픔으로 말 위에도 겨우 앉아 있을 지경이었다. 그런데 까마귀가 날아오는 것이 보였다. 왕자는 무기를 잡고 까마귀를 죽이려고 했는데 까마귀가 사람 목소리로 그에게 말하는 것이었다.

"죽이지 마세요, 왕자님. 제가 당신에게 도움이 될 거예요!"

그래서 생각하고 생각한 왕자는 무기를 내려놓았다. 까마귀는 날개를 펄럭이더니 숲으로 날아가 버렸고 왕자는 말을 타고 길을 더 갔다. 강가에 이르렀을 때 그는 말에게 물을 먹이고 자기도 실컷 물을 마셨다. 그런데 강바닥에 가재가 있는 것을 본 왕자는 그것을 낚아채고 생각했다.

'이걸 먹어야지.'

그런데 가재가 사람 목소리로 말하는 것이었다.

"죽이지 마세요, 왕자님. 제가 당신에게 도움이 될 거예요!"

왕자는 가재를 도로 물 속에 놓아주고 굶주린 채로 다시 길을 떠났다. 그는 배고픔에 지쳐 '이제는 죽게 되었구나.' 하고 여겼다. 그런데 그때 다행히도 길 위에 집 한 채가 보였다. 그 집으로 다가간 왕자는 말에서 내려 집 안으로 들어갔다. 집에서 한 노파가 그를 맞아주며 말했다.

"어서 오너라, 이반 왕자! 내 아들 보가트리 카르코는 오래전부터 너를 기다렸단다."

"그는 어디에 있지요?"

"집에 없단다. 3년째 신붓감을 찾아다니고 있는데 아직 찾지를 못했지. 들로 나가서 그가 오나 보지 않겠니? 만약 기분이 좋아 돌아오는 것이면 머리 위로 매가 떠돌며 날아올 것이고 만약 기분이 나쁘면 먼저 검은 까마귀가 날아온단다."

그래서 왕자가 들로 나갔을 때 보가트리 카르코가 오는 것이 보였는데 그의 앞에 검은 까마귀가 먼저 날아오고 있었다. 왕자는 오두막으로 돌아와 할머니에게 말했다.

"할머니, 아드님이 오는데 그의 앞에 까마귀가 날고 있어요."

"음, 안 좋은 일이구나. 화가 나서 돌아오는 게야. 잠시 숨어 있어라."

노파는 왕자를 헛간에 숨기고 자물쇠를 채웠다. 잠시 후 보가트리 카르코가 들이닥치더니 어머니에게 말했다.

"먹을 것을 줘요, 어머니. 마실 것도 많이 줘요. 난 배가 고파요."

노파는 그에게 먹을 것과 마실 것을 준 다음 물었다.

"네 일은 어떻게 되었니, 아들아? 곧 신부를 맞이하게 된 거니?"

"아, 얼마나 힘든지 몰라요, 어머니! 만약 이반 왕자만 함께 있었어도 좋았을 텐데. 그는 내가 신부를 얻는 데 도움을 줄 수 있을 테고, 나는 어떻게 하면 그가 검은 머리채의 미인 마리야를 얻을 수 있는지 가르쳐 줄 텐데."

"이반 왕자는 여기에 있단다. 내가 그를 헛간에 숨겨 놓았지. 그가 오랫동안 오지 않았다고 네가 화를 낼까 봐."

그러자 보가트리 카르코는 매우 기뻐하며 헛간으로 가서는 왕자의 손을 잡고 오두막으로 데려와 식탁에 앉히고 어머니에게 귀한 손님을 잘 대접하라고 얘기했다. 왕자는 실컷 먹고 마셨다. 보가트리 카르코가 그에게 말했다.

"난 당신을 오랫동안 기다렸소, 왕자! 내게는 신붓감이 있는데 그녀는 여왕이오. 그런데 당신의 도움이 없이는 그녀를 얻을 수가 없답니다! 내 운명을 쥐고 있는 그 여인에게는 대장장이 마흔 명이 있는데, 마흔 번을 치면 그들은 즉시 전쟁에 나갈 수 있는 마흔 명의 병사가 된다오. 그리고 또 그녀에게는 소녀 마흔 명이 있는데, 그녀들은 모두 핀을 가지고 있어 이 핀으로 찌르면 병사들이 나타난다오. 함께 갑시다. 당신은 대장장이와 소녀들을 없애고 나는 병사들을 죽이겠소."

이반 왕자가 말했다.

"좋습니다. 내가 당신을 도와드릴 테니, 검은 머리채의 미인 마리야를 어떻게 하면 얻을 수 있는지 가르쳐 주십시오."

왕자는 보가트리 카르코와 함께 갔다. 그들은 여왕의 왕국에 가서는 마구 적들을 물리치기 시작했다. 모든 군대를 무찌르고 여왕까지 포로로 잡았다. 보가트리 카르코는 자신의 신붓감을 집으로 데려와서 결혼식을 올리고 왕자에게 말했다.

"음, 이반 왕자, 당신의 도움으로 난 아내를 얻을 수 있었소. 이제 당신도 아내를 얻으시오. 미인 마리야는 아주 먼 곳에 삽니다. 그녀에게 가려면 3년이 걸리죠. 그러나 나를 도와준 대가로 당신에게 내 말을 주겠소. 이 말이 당신을 세 시간 안에 그녀에게 데려다 줄 거요."

그래서 왕자는 말을 받아서 그것을 타고 떠났다. 말은 새보다 더 빨리 달려 산과 골짜기와 무성한 숲을 넘어갔다. 왕자는 그렇게 미인 마리야가 살고 있는 곳에 도착했다. 그는 거기서 노파 한 분을 만나서 물었다.

"할머니, 검은 머리채의 미인 마리야가 어디에 사는지 아세요?"

"그녀가 네게 왜 필요한 거지?"

"그녀에게 청혼하러 왔습니다."

"좋아, 내가 너를 도와주지, 왕자. 가서 여러 가지 대접할 음식들을 사서 내게 가져오너라. 그러면 검은 머리채의 미인 마리야를 내가 손님으로 초대하지."

왕자는 노파가 시키는 대로 하고 자기는 옆방에 가서 숨었다. 드디어 미인 마리야가 와서는 식탁 위에 값진 선물들과 외국에서 가져온 맛있는 과자들이 잔뜩 놓인 것을 보고 놀랐다.

"할머니, 이 진귀한 것들이 어디에서 났지요?"

"아가야, 우리에게 영리한 매가 날아왔는데 그것이 이 선물들을 가져왔단다."

"그게 어디에 있는데요, 할머니?"

"바로 여기에 있단다, 아름다운 소녀야."

할머니는 이렇게 말하고, 왕자가 숨어 있는 방의 문을 열었다. 미인 마리야는 이반 왕자를 보자 곧 그를 사랑하게 되었다. 왕자는 그녀의 흰 손을 잡고 그녀에게 말했다.

"제 아내가 돼 주지 않으시겠습니까, 아름다운 아가씨?"

미인 마리야가 대답했다.

"그렇게 하겠어요. 당신의 진실한 아내가 돼서 죽을 때까지 당신과 헤어지지 않겠어요."

이반 왕자는 신부를 데리고 자기 나라로 돌아가는 길에 올랐다. 그런데 미인 마리야에게 오빠가 열두 명 있었는데 그들은 모두 용감한 장수였고 자신들의 여동생을 자기 눈보다 더 귀하게 여기고 있었다. 그들은 여동생이 집에 없는 것을 보고 찾고 또 찾다가는 노파에게 들러 그녀에게 물어보았다.

"할머니, 우리 여동생인 미인 마리야를 보지 못했습니까?"

"왜 보지 않았겠니? 보았지. 그 아이는 자기 남편인 이반 왕자와 함께 떠났단다."

이 말을 들은 오빠들은 바로 말을 타고 그들을 쫓아 마구 달렸다. 그리고 마침내 그들을 잡아서는 여동생을 뺏고 이반 왕자를 여러 토막을 내 죽이고 초원에 버렸다.

이반 왕자가 살해되자 드미트리 왕자에게 남겨 둔 이반 왕자의 긴 칼이 검게 변했다. 이것을 본 드미트리 왕자의 부인이 슬프게 울면서 남편에게 말했다.

"당신 동생인 이반 왕자가 죽었어요! 이 칼을 보세요. 아주 검게 변했어요."

"그러면 이제 어떻게 하지?"

드미트리 왕자도 눈물을 흘리며 말했다. 드미트리 왕자의 부인이 말했다.

"울지 마세요, 왕자님. 아마 당신 동생을 구할 수 있을지도 몰라요. 우리 정원에 오래된 나무가 하나 있는데, 거기에는 생명의 물과 죽음의 물이 들어 있어요. 내가 울면서 애원하면 나무가 벌어져 내게 물을 줄 수도 있어요."

드미트리 왕자의 아내는 오래된 참나무에게 가서 애원하기 시작했다.

"오래된 참나무 할아버지, 제게 생명과 죽음의 물을 주십시오."

그러나 참나무는 벌어지지도 않고 물도 주지 않았다. 왕자의 아내는 이틀을 그렇게 빌었다. 사흘째 되는 날에 그녀는 다시 참나무에게 왔다. 그녀는 참나무 앞에 무릎을 꿇고 서럽게 울면서 애원했다.

"오, 내 빛 되신 분인 오래된 참나무님, 우리를 불쌍히 여기시어 삶과 죽음의 물을 주십시오!"

그러자 갑자기 참나무가 벌어지더니 거기서 물이 흘러 나왔다. 왕자의 아내는 생명의 물과 죽음의 물을 각각 따로 물병에 담은 다음 늙은 참나무에게 절을 하고 남편에게 갔다.

"어서 준비하세요, 드미트리 왕자님. 당신 동생을 찾으러 갑시다."

그들은 함께 이반 왕자가 여러 조각이 되어 널려 있는 초원으로 갔다. 거기서 그들이 그 모든 시체 조각들과 뼈들을 원래대로 모으고 죽음의 물을 바르자 모든 조각들이 다시 하나의 몸체를 이루는 것이었다. 그 다음 생명의 물을 그것에 뿌리자 이반 왕자가 일어나서 기지개를 켜며 말했다.

"꽤 오래 잔 것 같군!"

"만약 우리 아니었으면, 넌 깨어나지 못했을 거야!"

그에게 형이 대답했다. 그때서야 이반 왕자는 자기에게 일어났던 사건들을 기억해 내고 형과 형수에게 죽음에서 구해 준 데 대해 감사했다. 그런 후 이반 왕자는 자기 신부인 미인 마리야가 있는 곳으로 말을 몰았다. 왕자는 거기 도착하자 곧장 노파에게 들렀다.

"어떻게 하면 미인 마리야를 다시 되찾을 수 있는지 가르쳐 주세요, 할머니."

"그녀의 할머니에게 가거라. 그녀의 할머니에게는 열두 명의 딸과 같은 열두 필의 말이 있단다. 그녀에게 가서 팔 생각이 있는 말이 있느냐고 물어보아라. 그러면 그녀는 자신의 말들은 전부 자식들에게 물려주기로 되어 있다고 할 것이다. 너한테는 그냥 말을 몰아 나가서 사흘 동안 초원에서 먹이라고 시킬 거다. 그 일에 성공한다면 원하는 아무 말이나 가질 수 있겠지만, 만약 실패한다면 네 목을 베어 버릴 거야. 그리고 명심해라. 만약 네가 말을 하나 고르게 된다면 제일 나쁜 것을 골라라. 그 말 하나만이 너를 미인 마리야의 오빠들에게서 벗어나게 할 수 있다."

왕자가 잠시 생각에 잠겼다가 말했다.

"할머니, 두 번 죽는 법은 없고 한 번 죽는 건 피하기 어려운 걸요. 가겠습니다!"

이반 왕자는 미인 마리야의 할머니에게 가서 말들을 돌보게 되었다. 아침에 왕자가 말들을 초원으로 몰아내려고 준비하고 있는데 할머니가 말했다.

"이 떡을 가져가게, 왕자! 해가 기니 배가 고플 거야."

그런데 그 떡에는 잠이 오는 약초가 들어 있었다. 말들을 초원으로 내몰고 수풀에 앉은 왕자는 말들이 풀을 뜯어먹고 있는 모습을 지켜보았다. 그러다 배가 고파지자 떡을 먹고는 깊이 잠들어 버렸다. 저녁이 되어 말들을 집으로 몰아 와야 할 시간인데도 왕자는 여전히 잠을 자고 있었다. 이것을 알게 된 여왕벌이 자기 자식들에게 말했다.

"이반 왕자에게 날아가거라, 내 아이들아. 그를 깨워서 말들을 집으로 몰아가게 해라!"

그러자 벌들이 모여 말들 주위를 돌면서 윙윙거려서 말들이 사방으로 흩어지지 않게 막았다. 그리고 그중 한 마리가 이반 왕자에게 날아가 뺨에 침을 쏘았다. 왕자가 깨어나자 벌이 말했다.

"일어나세요, 왕자님, 어서 말들을 집으로 몰고 가세요!"

그때서야 왕자는 채찍으로 말들을 몰고 할머니에게 갔다.

"할머니, 여기 당신의 말들이 모두 무사합니다!"

"좋아. 좋다, 왕자. 하지만 내일 무슨 일이 일어날지 두고보자꾸나!"

아침에 왕자는 다시 말들을 초원으로 몰고 갔고 그에게 할머니는 또다시 떡을 주었다. 떡을 먹은 왕자는 또 깊은 잠에 빠졌다. 이것을 안 까마귀가 모든 까마귀들을 몰고 이반 왕자에게 날아왔다. 그리고 그의 주위를 돌면서 소리쳤다.

"까악! 까악! 이반 왕자님, 마당에는 이미 밤이 왔어요, 말들을 집으로 몰고 가실 시간이에요."

그러자 왕자는 잠에서 깨어 채찍을 잡았지만 정신을 차릴 수가 없어 잠시 서 있었는데, 그 동안 까마귀들이 말들을 에워싸고 그들 모두를 한데 모으는 것이었다. 그때에야 왕자는 모든 말들을 몰고 가서 할머니에게 말했다.

"보세요, 할머니, 당신의 말들이 모두 무사합니다!"

"좋다, 이반 왕자, 하지만 내일 무슨 일이 있을지 두고보자꾸나. 내일은 말들을 좀더 멀리 몰고 가고 떡도 더 많이 가져가거라."

그래서 왕자는 다음날 아침 일찍 일어나 말들을 초원으로 몰고 갔다. 할머니는 잠 오는 약초를 전보다 더 많이 떡에 떡어 넣었다. 왕자가 배가 고파서 떡을 한 입 물었을 때 그는 그 자리에서 깊은 잠에 빠져 버렸다. 왕자는 자는데 말들은 사방으로 뛰며 흩어졌다. 말들을 집으로 몰고 갈 시간이 되었는데도 왕자는 여전히 깊은 잠에 빠져 일어날 줄을 몰랐다. 이 사실을 알게 된 가재가 강바닥에 살고 있는 모든 가재에게 도움을 청했다.

강기슭으로 모두 올라온 가재들은 수도 셀 수 없이 많아 보였다. 그들은 말들을 에워싸더니 모든 말들을 이반 왕자에게로 몰고 갔다. 가재가 이반 왕자를 깨우고 말했다.

"그것 보세요, 이반 왕자님, 제가 당신에게 필요하잖아요!"

왕자는 가재에게 고맙다고 인사하고 말들을 집으로 몰고 갔다. 그리고 할머니에게 말했다.

"자, 이제 할머니, 일한 대가로 말을 한 필 주시죠."

"갖고 싶은 것을 선택해라, 왕자!"

왕자는 말을 고르기 시작하다가 가장 여윈 말을 골랐다.

"이 말을 내게 주세요, 할머니. 내가 잘 돌봐주면 좋은 말이 될 거예요."

할머니는 그 말을 내어주고 싶지 않았지만 어쩔 수 없는 노릇이었다. 자기가 한 말에 대한 책임을 져야만 했기 때문이었다. 말에 앉은 왕자는 미인 마리야가 있는 곳으로 바람같이 달려갔고 거기에서 다른 노파를 만나 그녀에게 물어보았다.

"미인 마리야가 나를 아직도 기억하고 있는지 혹시 모르세요?"

"기억하고 있고말고, 왕자. 그녀는 당신을 매우 그리워한다오. 조금만 기다려 보오, 그녀가 여기로 곧 올 것이오."

그런데 정말 미인 마리야가 와서 이반 왕자를 보고는 그의 목에 매달려 입을 맞추며 울음을 터뜨리고 어쩔 줄을 몰라하는 것이었다. 그러자 노파는 그녀의 오빠들이 그들을 다시 떼어놓기 전에 빨리 떠나도록 하라고 재촉했다. 왕자는 검은 머리채의 미인 마리야와 함께 말을 타고 떠났다. 그들이 떠나자마자 마리야의 오빠들이 들어와서는 노파에게 물었다.

"우리 동생인 미인 마리야는 어디에 있죠?"

노파가 그들에게 대답했다.

"이반 왕자가 데리고 갔네!"

그러자 오빠들은 이반 왕자를 따라잡기 위해 말을 타고 달려갔지만 이번에는 왕자의 말이 번개보다 빨리 달리고 있었다. 그래서 오빠들은 달리고 또 달렸지만 따라잡지 못하고 하는 수 없이 집으로 돌아갔다.

한편 이반 왕자는 아버지에게 돌아와서 그에게 말했다.

"평안하셨습니까, 아버님! 이 사람이 제 약혼녀인 검은 머리채의 미인 마리야입니다."

그러자 왕은 몹시 기뻐하며 왕자와 그의 약혼녀를 안고 입을 맞췄다. 기쁨 속에서 왕은 유쾌한 잔치를 베풀고 결혼식을 올려 주었으며 젊은 부부는 사람들의 부러움 속에서 행복하게 살았다.

잠자는 나라의 여왕

옛날 옛날에, 신의 세상이 기적으로 가득 차 있고 강에는 젖이 흐르고 그 강가는 꿀로 덮여 있던 그 행복한 시절에 왕과 왕비가 세 아들과 함께 살았다. 그런데 이 왕은 나이가 많았다. 어느 날 아홉의 세 제곱 나라 너머 열의 세 제곱 왕국의 잠자는 나라에 여왕이 살고 있는데 그녀에게는 생명의 물과 죽음의 물이 있고 그녀의 정원에는 젊게 만드는 사과가 자라고 있다는 소문이 그 왕의 귀에까지 들렸다. 왕은 어떻게 하면 그것들을 얻을 수 있을까 하고 궁리하기 시작했다. 그래서 왕은 전 왕국에 생명의 물과 죽음의 물과 젊게 만드는 사과를 구해 올 사냥꾼을 찾는다는 방을 붙이기로 했다. 방을 붙였지만 사냥꾼을 찾진 못했다. 그러자 왕은 모든 군대를 소집하라고 명령하고 그들에게 사냥꾼을 찾아오라고 명령했지만 여전히 찾지 못했다. 왕은 실의에 빠지고 말았다. 이것을 본 왕자들은 아버지가 불쌍해지기 시작했다. 그래서 그들은 어떻게 하면 아버지의 슬픔을 덜어 드릴 수 있을까 생각하고 서로 의논한 끝에 다음과 같이 하기로 결정했다. 즉 생명의 물과 죽음의 물과 젊게 만드는 사과를 구하러 맏이가 맨 처음 가 보기로 하고, 만약 그가 돌아오지 않으면 둘째가 가고, 그도 만약 돌아오지 않으면 막내 이반 왕자가 가기로 말이다. 그래서 큰아들이 아버지에게 가서 말했다.

"저를 보내 주십시오, 아버님. 제가 생명의 물과 죽음의 물과 젊게 만드는 사과를 구하러 가겠습니다."

왕은 아들을 안아주고 말했다.

"가거라, 내 사랑하는 아들아. 신의 은총이 너와 함께하실 것이다. 만약 네가 나에게 생명의 물과 죽음의 물 그리고 젊게 만드는 사과를 가져온다면 내 생전에 나라의 반을 네게 주마."

그리고 나서 왕은 먼 길을 떠나기 위한 배를 빨리 준비시키라고 지시하고 나이 많은 병사에게 왕자와 함께 떠나라고 명령했다.

왕자는 노병과 함께 배에 오르고 항해를 시작했다. 배는 백조같이 돌아 바다를 향했다. 하루와 이틀은 배가 순조롭게 나아갔는데 사흘째에 바람이 일더니 걷잡을 수 없이 배를 향해 휘몰아쳤다. 배

●—— 배는 신기하고 아름다운 섬에 이르렀다.

에 있던 모든 사람들은 너무도 놀라 '이제 우리는 다 죽게 되었구나!'라고 생각했다. 정말로 바람은 계속해서 배를 몰아갔다. 그런데 나흘째 되던 날 배는 아름다운 섬에 멈추는 것이었다.

노병과 함께 해안에 내린 왕자는 섬이 온통 신기한 나무들과 야생의 꽃들로 덮여 있는 것을 보았다. 그들은 섬을 거닐면서 감탄했고 잘 익은 과일을 나무에서 따 먹었다. 섬에는 이제까지 볼 수 없었던 아름다운 새들이 꽃과 꽃 사이를 날아다니고 있었다. 갑자기 수풀 속에서 새 한 마리가 날아올랐는데, 얼마나 아름다웠는지 왕자는 그 새에게서 눈을 뗄 수가 없을 지경이었다. 깃털은 햇빛에 보석처럼 빛났고 두 눈은 다이아몬드처럼 반짝였다.

그 새는 왕자 주위를 돌면서 마치 왕자에게 "날 잡아 보세요."라고 말하는 것 같았다.

왕자는 정말로 당장 새를 잡고 싶었다. 왕자가 그 새를 잡으려고 팔을 뻗으면 새는 튀어올라 날아가 버렸다! 손 안에 거의 잡힐 듯하다가도 금방 벗어나 버리는 것이었다. 왕자는 계속 그 새를 따라갔고 새는 살짝살짝 달아났다. 왕자는 바닷가에서 멀어지게 되었고, 벌써 해가 져서 저녁이 되었다. 노병이 지쳐서 왕자에게 말했다.

"왕자님, 이제 그만 포기하십시오. 잡지 못하십니다. 저는 지쳤고 왕자님도 쉬셔야 합니다. 배로 갑시다."

그러자 왕자는 대답했다.

"나는 저 새 없이는 돌아가지 않을 테야! 넌 배로 돌아가 사흘 낮 사흘 밤 동안 나를 기다려라. 만약 내가 그 안에 돌아가지 않으면 너 혼자 고국으로 돌아가거라."

노병은 한참을 왕자에게 돌아가자고 설득했으나 왕자는 말을 듣지 않았다. 그래서 결국 노병은 배로 돌아가고 왕자는 새를 쫓아갔

─ 러시아 민담

다. 새는 왕자를 나무가 우거진 숲으로 데리고 가더니 수풀로 들어가 사라져 버리는 것이었다. 혼자 남은 왕자는 지쳤고 배가 고파졌다. 그는 숲을 걸으면서 생각했다.

'이제 어떡하지? 어디로 가지? 아마도 난 죽을 운명인가 봐. 숲에 있는 짐승들이 날 잡아먹을 거야!'

왕자가 막 이런 생각을 하고 있을 때 갑자기 그의 앞에 오솔길이 나타났다. 왕자가 그 길을 따라가자 조그만 오두막이 나타났다. 왕자는 오두막 문지방에 노인이 앉아 있는 것을 보았다. 왕자가 노인에게 다가가자 그가 왕자에게 물었다.

"안녕하시오, 왕자! 멀리 가시오?"

"먹을 것도 주지 않고 마실 것도 주지 않고 질문만 하다니!"

왕자가 노인에게 화를 내며 소리쳤다.

그러자 노인이 대꾸했다.

"잘난 놈 같으니라고! 난 너 같은 놈을 좋아하지 않아. 어른을 공경할 줄 모르는 인간은 아무 쓸모가 없지."

그러면서 노인이 지팡이로 땅을 치자 하인들이 나타나 왕자를 붙들어서는 어두운 곳으로 끌고 갔다.

한편 노병은 왕자를 기다렸다가 나흘째 되던 날 고국으로 돌아갔다. 노병은 고국에 도착해서 왕에게 갔다. 그를 본 왕이 물었다.

"왕자는 어디에 있는 거냐?"

노병은 왕의 발치에 엎드려 말했다.

"아아, 성스러운 왕이시여! 당신의 큰아드님은 사라지셨습니다. 광풍이 우리를 신비한 섬으로 몰아가서 바닷가에 내렸는데 우리 주위에는 야생 과일과 화려한 꽃들 그리고 처음 보는 새들이 있었고 그들 중 가장 아름다운 새가 왕자님 마음에 들어 왕자님이 그것을 잡기를 원해서 그 새를 따라가더니 사라지셨습니다."

그러자 왕은 노병을 일으켜 안으면서 말했다.

"아아, 노인, 우리는 커다란 슬픔을 맛볼 때까지 사는군."

왕은 더 깊은 슬픔에 빠지게 되었다. 둘째 아들이 아버지의 이런 슬픔을 보고 그를 위로하기 위해 말했다.

"아버님, 저를 축복해 주십시오! 형님이 사라진 곳에 가 보겠습니다. 물과 사과도 얻고 형님도 찾을 수 있을 것입니다."

왕은 승낙하고 큰아들이 타고 갔던 배를 둘째 아들에게 주고 역시 노병을 딸려 보냈다.

처음 이틀 동안 배는 순조롭게 항해했다. 그런데 사흘째가 되자 강한 바람이 일더니 왕자가 사라진 그 섬으로 배를 몰고 가는 것이었다. 나흘째가 되자 배는 해안에 닿았다. 노병과 함께 왕자는 뭍에 내렸다. 주위 경치에 감탄하고 있는데 바로 저기서 그 새가 날아다니고 있는 것이었다. 노병이 말했다.

"저기 보세요, 저기 보세요. 왕자님, 저 새가 바로 당신 형님을 알지 못하는 곳으로 데려간 그 새입니다."

왕자가 그 새를 쳐다보자 새는 그의 주변을 돌다가 꽃과 꽃 사이를 날아다녔으나 왕자의 손에 잡히지는 않았다. 왕자가 노병에게 말했다.

"음, 여보게, 배에 돌아가서 나를 엿새 동안 기다리고 만약 내가 돌아오지 않으면 혼자 집으로 가게. 나는 새를 잡으러 갈 테니. 내가 저 새를 잡을 수도 있고 저 새가 형님이 길을 잃어버린 곳으로 나를 데려다 줄 수도 있을 거야."

노병이 왕자를 설득했다.

"가지 마십시오, 왕자님, 당신 형님이 사라진 것처럼 왕자님도 사라질 것입니다."

"에이, 노인 양반. 두 번 죽는 법은 없고, 한 번 죽는 것은 피할 수가 없는 법이지!"

그러고는 왕자는 새를 쫓아갔다. 새는 왕자를 숲으로 데리고 가서는 수풀로 날아가서 숨어 버렸다.

숲에서 걷고 또 걷던 왕자는 오솔길을 발견하고 그 길을 따라 오두막에 이르렀다. 현관에 앉아 있던 노인이 왕자를 기다리다가 왕자가 자기를 보게 되자 말했다.

"안녕하시오, 왕자! 오래전부터 난 당신을 기다렸다오. 어디 멀리 가시오?"

"어디로 가든지 그건 당신이 알 바가 아니야. 난 당신과 수다 떨러 여기 온 것이 아니란 말이야. 어서 내가 먹을 것을 준비하지 않으면, 당신 신상에 좋지 않을 거야."

그러자 노인은 왕자의 이 버릇없는 말투에 화가 나서 있는 힘을 다해 지팡이로 땅을 두드렸다. 그러자 역시 하인들이 나타나서 그를 붙잡아 감옥에 던져 넣었다.

한편, 노병은 왕자를 기다렸으나 역시 돌아오지 않았다. 엿새가 지난 다음 노병은 배를 돌려서 혼자 집으로 향했다. 배가 고향에 도착했고 노병은 슬픈 소식을 갖고 왕에게 갔다. 노병을 본 왕이 그에게 물었다.

"왕자는 어디에 있나?"

노병은 왕의 발 앞에 엎드려 눈물을 흘리며 말했다.

"원하신다면 저를 벌하셔도 좋고 원하신다면 저를 불쌍히 여기셔도 좋습니다! 제 잘못입니다, 전하! 왕자님이 새를 쫓아가지 못하도록 말리지를 못했습니다. 왕자님은 새를 쫓아가더니 돌아오지 않았습니다!"

왕은 서럽게 울더니 노병을 일으켜 세워 안으며 말했다.

"난 너를 처벌하지 않겠다. 그 아이들이 죽은 건 네 잘못이 아니야. 아마도 그것이 그들의 운명일 거야."

왕은 더 절망했고 이번에는 이반 왕자가 그에게 와서 말했다.

"아버님! 제가 떠나는 길을 축복해 주십시오. 전 형님들을 찾으러 가고 싶습니다. 아마도 형님들을 찾고 물과 사과도 가져올 수 있을 것입니다."

왕이 이반에게 말했다.

"무슨 생각을 하는 거냐, 내 아들아? 내가 어떻게 너를 보낼 수 있겠니? 네 형들도 그러다가 다 죽었다. 난 이제 늙고 곧 죽게 되는데 그러면 이 왕국에는 누가 남겠니?"

그러나 왕자는 고집을 부렸다.

"가고 싶습니다, 꼭 가고 싶어요."

하는 수 없이 왕은 막내아들을 놓아 주게 되었다. 왕은 노병을 불러서 그에게 왕자를 잘 보살피라고 명령했다. 배가 준비되자 일행은 여행길에 올랐다.

이틀 동안 배는 순조롭게 항해를 하다가 사흘째 날에 광풍을 만났다. 노병이 닻을 내리고 돛을 접었지만 아무 소용이 없었다. 배는 빨리 날아가는 새와 같이 파도에 휩싸이더니 섬에 떠밀려 와서는 우뚝 섰다. 노병이 왕자에게 말했다.

"이 섬에서 당신 형님들이 죽었습니다."

"내가 그들을 찾아낼 수도 있소. 행복은 쟁취하는 것이오."

뭍에 내려온 왕자가 섬의 아름다움에 감탄하고 있는데 노병이 그에게 말했다.

"조심하세요, 왕자님! 당신 형님들을 죽인 악당 같은 새가 저기 있습니다."

정말로 새가 왕자 앞에서 뛰어오르더니 나뭇가지에 앉아서 아름다운 눈으로 이반 왕자의 눈을 마치 유혹하는 것처럼 쳐다보고 있었다. 왕자는 그 새에게서 눈을 떼지 못할 정도로 그 새가 마음에 들었다. 그러나 노병은 왕자에게 그 교활한 새를 믿지 말고 따라가지도 말라고 애원했다. 왕자는 그의 말을 계속해서 듣고 있다가 마침내는 그에게 말하는 것이었다.

"배로 돌아가서 나를 석 달 기다리시오. 만약 내가 나타나지 않으면 석 주를 더 기다리고 석 주가 지나도 내가 오지 않으면 사흘을 더 기다리시오. 나는 이 새를 절대 포기하지 않을 거요. 내가 죽든지 아니면 내가 형들을 찾아내든지 할 것이오."

노병은 떠났고 왕자는 새를 쫓아갔다. 새는 이반 왕자를 숲으로 데리고 가서는 수풀 속으로 사라졌다. 왕자는 숲에서 계속 헤매면서 생각했다

'아마도, 형님들이 길을 잃었던 것처럼 나도 길을 잃은 것 같아.'

이반 왕자가 이렇게 중얼거렸을 때 그의 앞에 오솔길이 나타났다. 그리고 왕자는 오솔길을 따라 걷다가 오두막에 이르렀다. 왕자가 그 안으로 들어가니 노인이 마루에 앉아 있었다. 노인이 왕자를 보자 말했다.

"안녕하시오, 이반 왕자! 오래전부터 당신이 오길 가까스로 지금까지 참고 기다렸소. 어디로 가시오?"

이반이 대답했다.

"안녕하세요, 할아버지! 나도 어디로 가야 할지 잘 모른답니다. 하지만 전 형님들과 생명의 물, 죽음의 물 그리고 젊게 만드는 사과

를 찾고 있습니다."

"그건 어려운 일인데, 왕자! 음, 그 문제에 대해선 내일 얘기하고, 지금 당신은 좀 먹고 쉬어야겠소."

이렇게 얘기한 노인이 지팡이로 땅을 치자 즉시 하인들이 나타났다. 노인은 그들에게 왕자에게 먹을 것과 마실 것을 주게 한 다음 잠자리를 마련해 주라고 명령했다.

왕자가 잠에서 깼을 때 그는 자기 눈을 믿을 수가 없었다. 화려한 천막 안 금으로 된 침대에 누워 있었던 것이다. 문 옆에 서서 그가 깨기만을 기다리던 하인들이 물었다.

"무엇이 필요하십니까, 이반 왕자님? 명령만 내리십시오."

이렇게 이반 왕자는 노인 집에서 손님으로 하루 이틀을 보냈는데, 그곳에서 사는 것이 너무나 좋아서 시간 가는 줄 몰랐다. 벌써 두 달이 흘렀지만 왕자는 여전히 떠날 생각을 하지 않았다. 이것을 본 노인이 물었다.

"당신이 얼마나 내 집에서 손님으로 시간을 보냈는지 아오?"

"아마 이틀쯤이지요."

그러자 노인이 웃으며 왕자에게 말했다.

"아니야, 왕자. 이틀이 아니라 두 달이라오!"

"어휴, 할아버지! 제가 여기서 무엇을 하고 있는 거지요? 시간이 얼마 남지 않았군요. 잠자는 나라 여왕의 왕국까지 가지 못하겠군요."

"괜찮아, 이반 왕자. 슬퍼하지 마시오! 당신의 그 단순함 때문에 나는 당신을 좋아하게 되었소. 내가 잠자는 나라 여왕의 왕국까지 가도록 도와줄 수가 있지."

그러면서 노인은 자기의 하인들에게 왕자의 초상화를 그리라고 지시했다. 초상화가 완성되자 그는 왕자를 불러 말했다.

"바닥에 앉으시오, 왕자."

왕자가 앉자 노인은 그의 주위에 백묵으로 원을 그려놓고 말했다.

"자, 이반 왕자, 내가 하는 말을 잘 들으시오. 내가 말을 끝내고 나면 세 번 손뼉을 치시오. 그러면 잠자는 나라에 있게 될 거요. 이 초상화를 가져가시오. 그리고 여기 시계와 백묵이 있소. 당신이 필요한 것을 다 얻고 나면 당신 주위에 선을 그으시오. 잠자는 나라의 여왕이 사는 궁전 정원 입구에는 거인이 두 명 서 있는데 그들은 손에 500푸드짜리 몽둥이를 들고 있다오. 그들은 아무도 안으로 들여보내 주질 않지. 하지만 당신은 그들 곁을 정확하게 자정에 지나가도록 하시오. 그 시간에 그들은 잠을 잔다오. 그렇게 정원으로 들어가면 거기서 우물 두 개가 보일 텐데 그 우물들 사이에 젊어지게 하는 사과가 열린 나무가 서 있소. 우물들 옆에는 사자들이 나무 가까이 오는 사람을 잡아먹는데 그들도 역시 자정에는 잠들어 있소. 그러니 생명의 물과 죽음의 물을 퍼내고 젊어지는 사과를 따고 나면 곧장 여왕의 궁전으로 가시오. 그녀도 자정에는 자고 있고 그 시간엔 궁전의 모든 사람이 자고 있을 거요. 그러니 그녀 침실로 곧장 들어가 당신의 초상화는 그녀의 탁자 위에 두고 그녀의 초상화를 가지고 오고, 당신의 시계와 그녀의 시계를 바꿔 가지고 오시오. 그리고 그녀 옆에 있는 탁자에서 탈곡기 주머니를 잊지 말고 가져오시오. 거기에는 금이 가득 차 있소. 자, 이제는 길을 떠나시오."

왕자는 노인이 시키는 대로 손뼉을 세 번 쳤다. 그랬더니 잠자는 나라 여왕의 궁전 정원 입구에 자기가 서 있는 것을 깨달았다. 시계를 보자 정확하게 자정이었다! 거인들은 정말로 잠들어 있었다. 왕자가 그들을 뛰어넘어 갔지만 그들은 움직이지도 않았다. 정원으로 들어왔다. 두 개의 우물 곁에서 사자들도 죽은 듯이 잠들어 있었다. 왕자는 조그만 병에 생명의 물과 죽음의 물을 담고 젊어지는 사과를 딴 다음 궁전으로 들어갔다. 첫 번째로 들어간 방에는 아름다운 소녀 열두 명이 자고 있었고 두 번째 방에도 소녀 열두 명이 잠들어 있었는데 세 번째 방에 들어가자 거기 화려한 침대에 잠자는 나라 여왕이 자고 있었다. 그녀를 들여다본 이반 왕자는 눈을 뗄 수가 없었다. 그녀는 이제까지 본 적이 없었던 그런 미녀였다. 그는 재빨리 그녀의 시계와 초상화와 탈곡기 주머니를 집어들고 대신 자기의 시계와 초상화를 그녀에게 남겨놓았다. 그리고 급히 사자들과 거인들 곁을 지나쳐 제자리로 돌아가 백묵으로 자기 주위에 원을 그리고 박수를 쳐서 다시 노인 집으로 돌아갔다.

잠자는 나라 여왕은 잠에서 깨서 자기 탁자에 있는 왕자의 초상화와 그의 시계를 보자 큰 목소리로 소리쳤다.

"누가 감히 내 허락도 없이 여기 들어왔지? 추적대를 보내서 당장 그 뻔뻔스런 자를 잡아 오너라!"

그러나 추적대는 빈손으로 돌아왔다. 머리끝까지 화가 난 잠자는 나라 여왕은 직접 이 불청객을 잡으러 나섰다.

한편 노인의 집에 나타난 이반 왕자는 그에게 말했다.

"안녕하셨어요, 할아버지! 이렇게 당신에게 다시 돌아왔어요. 모든 것을 손에 넣었습니다. 물, 사과 그리고 금이 가득 든 탈곡기 자루를 가져왔습니다. 이제 아버지에게 돌아가야겠어요. 하지만 슬픈 일은 형님들이 어디 있는지 모른다는 거예요."

그러면서 왕자가 울기 시작하자 노인이 그에게 말했다.

"울지 마시오, 이반 왕자! 형들은 우리 집에 있소. 난 그들의 불손함을 절대로 용서하지 않으려고 했는데 당신을 봐서 용서하겠소.

● ─── 러시아 민담

그들을 아버지에게 데려가시오."

그리고 노인은 왕자의 형들을 데려오도록 명령했다. 형제들은 얼싸안고 노인에게 감사한 다음 자신들의 배로 향했다.

그들은 집으로 돌아가게 되었다. 그러나 두 형들은 즐겁지만은 않았다. 이반 왕자가 물과 사과를 얻은 것이 샘이 났기 때문이었다. 그래서 그들은 자기들끼리 모의하기를 동생이 잠이 들면 그에게서 물과 사과를 훔쳐내고 대신 바닷물과 보통 사과로 바꿔놓기로 했다. 그리고 그들은 그렇게 하는 데 성공했다.

왕자들이 집으로 돌아오자 왕은 매우 기뻐하며 얼싸안고 입을 맞추었다. 이반 왕자는 주머니에서 물이 담긴 병과 사과를 꺼내 아버지에게 드리며 말했다.

"아버님, 제가 여기 생명의 물과 죽음의 물 그리고 젊어지는 사과를 가져왔습니다. 물을 마시고 사과를 잡수세요. 그러면 곧 젊어지실 것입니다."

왕은 물을 마시고 사과를 다 먹었지만 하나도 변하지 않고 늙은 상태로 남아 있는 것이었다. 그러자 형들이 아버지에게 말했다.

"그의 말을 믿지 마십시오, 아버님. 그는 거짓말을 한 것입니다. 우리가 아버님을 위해 생명의 물과 죽음의 물 그리고 사과를 구해 왔습니다. 바로 여기 있습니다."

그러면서 그들은 물과 사과를 아버지에게 내놨다. 왕이 그 물을 마시자 건강해졌고 사과를 먹자 젊어졌다. 왕은 매우 기뻐했다. 왕은 두 아들들에게 고맙다고 말하고 이반 왕자에게는 화가 나서 소리쳤다.

"내 눈앞에서 사라져 버려라! 내 집에 사기꾼 아들을 두고 싶지 않다."

이반 왕자는 아무 말도 하지 않고 아버지와 형들에게 절하고 눈길이 닿는 곳으로 떠났다. 도시 밖의 들로 나온 왕자는 목동이 가축에게 풀을 먹이고 있는 것을 보았다. 그에게 다가간 왕자는 묻기 시작했다.

"내게 당신의 목동 옷을 주시오. 그리고 내 옷을 가져가시오."

그러자 목동이 왕자를 보고는 자기의 옷을 벗어 왕자에게 주고 대신 왕자의 옷을 입었다. 왕자는 목동에게 고맙다고 말하고 또다시 눈길이 닿는 곳으로 떠났다. 걷고 걷고 또 걸어서 왕자는 커다란 도시에 있는 장터에 도착했다. 가게들 옆을 지나면서 왕자는 상인들이 어떻게 물건들을 파는가를 구경했다. 그러다 그는 한 노인이 장사를 하고 있는 조그만 가게로 다가가 그에게 말했다.

"할아버지, 제가 가게에서 물건을 팔게 해 주세요!"

"넌 누구냐?"

장사꾼이 물었다.

"저를 여기에 있게 해 주세요, 할아버지! 성실함과 정직함으로 당신을 섬기겠습니다. 그리고 제가 누구인가는 묻지 말아 주세요."

이반 왕자가 마음에 든 노인은 그를 고용하기로 결정했다. 그래서 왕자는 그 가게에서 물건을 팔기 시작했다. 그런데 노인은 곧 놀라게 되었다. 지금의 젊은 심부름꾼이 있을 때보다 더 많은 이익을 남긴 적은 결코 없었기 때문이었다. 왕자는 노인이 가게를 나가면 곧 탈곡기 자루에서 금을 꺼내 늘어놓았다가 저녁에 할아버지에게 보여 주며 말했다.

"이거 보세요, 할아버지. 제가 얼마나 많이 돈을 벌었나를!"

그래서 얼마 지나지 않아 할아버지는 부자가 되어 다른 사람들이 그를 질투할 정도가 되었다. 한번은 시장으로 군인들이 지나가게 되었다. 그때 이반 왕자는 가게 문을 열고 말했다.

"이봐요, 군인 친구들. 가게에서 원하는 건 모두 가져가시오."

순식간에 군인들이 가게 안에 있는 물건들을 가져갔다. 군인들이 떠나자 왕자는 자기의 탈곡기 자루에서 금을 꺼내 다시 매상을 채웠다.

다른 상인들이 노인을 비웃으며 말했다.

"당신은 좋은 심부름꾼을 얻었군그려! 물건들을 다 군인들에게 나눠 주다니."

그러자 노인은 대답했다.

"내 심부름꾼이 시원치 않은지 몰라도, 그만큼 내게 이익을 가져다 주는 사람은 아무도 없을걸."

그렇게 말하고 노인은 상인들을 자기 가게로 데려와 그들에게 금덩이들을 보여 주었다. 그러자 그들은 탄성을 지르고 다음 날 자기들도 가게 문을 연 다음 군대가 지나가기를 기다렸다. 군인들이 오자 상인들이 그들에게 소리쳤다.

"이봐요, 군인들, 원하는 것 모두를 우리 가게에서 가져가시오!"

그러자 군인들은 물건 모두를 가져갔고 어리석은 장사꾼들에게는 물건도 그리고 돈도 남아 있지 않았다. 그들은 노인과 왕자에게 화가 나서 욕하기 시작했지만 왕자는 노인과 함께 가게에 앉아 웃고 있었다.

그런데 그때쯤 이반 왕자가 살던 왕국으로 잠자는 나라 여왕이 와서는 왕에게 그의 막내아들인 이반 왕자를 그녀에게 보내라는 명령을 전하는 사신을 보냈다. 만약 명령을 이행하지 않으면 나라를 부수고 왕을 포로로 잡아가겠다고 위협했다. 왕은 몹시 놀라 어떻게 해야 좋을지 몰라했다. 이반 왕자의 형들도 겁을 집어먹었다. 그들은 아버지에게 그들이 그를 속이고 동생을 모함했음을 실토했다. 다른 때 같았으면 왕은 매우 화를 냈겠지만 지금은 그럴 여유가 없었다. 막내아들을 찾아 그를 잠의 나라 여왕에게 보내야만 했다. 그러나 그가 어디에 있는지 알 길이 없었다.

그런데 가까운 도시에 늙은 상인의 가게에 놀라운 심부름꾼이 나타나서 모두에게 물건을 공짜로 나눠주고 노인의 가방을 금으로 가득 채워 준다는 소문이 왕의 귀에까지 들렸다.

"아마도 이 사람이 이반 왕자일 것이다!"

왕은 그렇게 외치고는 이 놀라운 심부름꾼을 데려오기 위해 사람을 보냈다. 마침내 왕자를 데려왔다.

"왜 제가 필요하신 거죠, 아버님?"

그가 왕에게 묻자 왕은 그를 안고는 말했다.

"내가 너에게 잘못했구나. 용서해라. 그리고 악을 악으로 갚으려고 하지 말아다오. 우리를 재난에서 구해 다오."

그리고 형들도 그에게 와서는 그의 앞에 무릎을 꿇고 말했다.

"우리를 용서해 다오, 동생아!"

그러자 이반 왕자는 형들을 땅에서 일으켜 세우더니 그들에게 말했다.

"지나간 일은 기억하지 맙시다, 형님들. 지난 일을 기억하는 사람에게는 눈이 필요없답니다."

왕자는 잠의 나라 여왕에게 갈 차비를 하고 있는데 그녀에게서 다시 그를 데려가기 위해 사신이 왔다. 이반 왕자는 생각했다.

'음, 보아하니, 잠의 나라 여왕께서 화가 머리끝까지 나신 게로군! 그럼 난 이제 어떻게 해야 하나? 아마도 난 이제 죽은 목숨이겠지.'

그래서 그가 잠의 나라 여왕에게로 왔을 때 마치 죽은 사람처럼 굳어서 서 있었다. 그런데 잠의 나라 여왕이 그에게로 다가오더니 상냥하게 웃으면서 그에게 자기의 흰 손을 내밀며 말하는 것이었다.

"당신이 나의 초상화를 가져갔으니 이제 날 아내로 데려가세요."

왕자는 이런 미인이 자기 아내가 되고 싶어한다는 사실에 너무나도 기뻐서 자기의 귀를 의심했다.

"왜 잠자코 계시지요, 왕자님? 나와 얘기도 하고 싶지 않을 정도로 내가 당신 마음에 안 드시나요?"

그때서야 왕자는 제정신이 들어 약혼녀를 안아 주고 아버지에게 데려왔다.

"아버님, 여기 이 사람이 제 약혼녀입니다. 우리를 축복해 주십시오!"

왕은 기꺼이 아들과 그의 약혼녀를 축복해 주었다. 곧 결혼식이 올려졌고, 이반 왕자는 젊은 아내와 함께 그녀의 왕국으로 돌아갔다. 그들은 지금까지 거기에서 사람들의 축복 속에 살고 있다.

옹기장이

옛날 옛날에 어떤 옹기장이가 옹기를 싣고 길을 가면서 졸고 있었다. 군주 이반 바실리예비치가 그를 따라잡아서는 말했다.

"길을 비켜 주게나!"

옹기장이는 뒤를 돌아보며 말했다.

"그렇게 하시지요."

"자네 졸고 있었지?"

"예, 졸고 있었습니다, 대군주님. 노래 부르는 사람은 두려워하지 말고 졸고 있는 사람은 조심하라는 말이 있지요."

"자네는 용감하군, 옹기장이 양반! 나는 바로 그런 사람들을 좋아하지. 마부, 좀 천천히 가도록 해라. 그런데 옹기장이, 자네는 오랫동안 이 일을 해 왔나?"

"젊었을 때부터 했는데 이제 중년이 되었지요."

"아이들을 먹여살릴 수는 있는가?"

"먹여살리지요, 전하. 저는 밭을 갈지도, 풀을 베지도, 추위에 얼어죽을 곡식을 거두어들이지도 않지요."

"잘됐군, 옹기장이. 한데 세상에는 악이 없지 않지."

"그렇지요, 전하. 세상에는 악이 세 가지 있습니다."

"어떤 세 가지 악인가, 옹기장이?"

"첫 번째 악은 나쁜 이웃이며, 두 번째 악은 못된 아내이며, 세 번째 악은 사악한 마음입니다."

"그렇다면 그것들 중에서 무엇이 가장 나쁜지 말해 보게."

"나쁜 이웃은 피해 갈 수가 있고, 아내가 아이들과 함께 있는다면 못된 아내로부터도 역시 벗어날 수가 있지요. 그러나 사악한 마음으로부터는 벗어날 수가 없지요. 늘 자신과 함께 있거든요."

"그렇지, 자네 말이 맞아, 옹기장이. 자네는 영리하군. 잘 듣게나! 자네는 나를 위해, 나는 자네를 위해서 말야. 러시아에서 거위들이 날아올 거야. 털을 뽑은 뒤 정당하게 처리하게!"

"좋습니다. 오면 남김없이 완전히 뽑겠습니다."

"자, 옹기장이. 잠시만 멈추게! 자네의 옹기들을 좀 봐야겠네."

옹기장이는 멈춰 섰고 자신의 물건을 늘어놓았다. 군주는 물건들을 살펴보고는 사기 접시 세 개를 옹기장이에게 보여 주며 말했다.

"자네 나에게 이와 같은 것을 많이 만들어 주겠나?"

"얼마나 많이 말입니까, 전하?"

"수레 열 대 분량이 필요하네."

"얼마 동안에 만들어야 하나요?"

"한 달 동안이네."

"두 주 만에도 도시로 보내드릴 수 있습니다. 저는 전하를 위해서, 전하는 저를 위해서 말이지요."

"고맙네, 옹기장이."

"그런데 전하, 물건들을 도시로 가져갈 때 어디로 찾아뵈어야 하나요?"

"나는 상인의 집에 머무를 걸세."

군주는 도시에 도착해서 모든 사람에게 모든 식사 때에 은이나 주석이나 동이나 나무로 만든 식기는 사용하지 말고 오로지 사기 그릇만을 사용하라고 명령을 내렸다. 옹기장이는 군주가 주문한 물건 만들기를 끝내고는 물건들을 도시로 싣고 갔다. 어떤 한 귀족이 시장에 있는 옹기장이에게서 오지 그릇을 사려고 찾아왔다.

"물건은 좋은가, 옹기장이?"

"어서 오십시오."

"나에게 자네의 모든 물건을 팔게나."

"안 됩니다. 이것들은 주문 받은 물건들입니다."

"돈을 받게나. 물건들에 대한 선금을 받지 않았다면 자네에게 책임을 지울 수 없네. 자, 얼마를 주면 되겠나?"

"그렇다면 그릇마다 돈을 가득 채워 주십시오."

"그건 너무 비싸지, 옹기장이!"

"그럼, 그릇 하나에 돈을 가득 채워주면 그릇 두 개를 드리지요. 좋습니까?"

"자네는 나를 위해서, 나는 자네를 위해서." 하며 그들은 합의를 보았다. 그들은 돈으로 단지를 채웠다가 비우기를 계속했다. 귀족의 돈은 바닥이 났지만 물건은 아직도 많이 남았다. 귀족은 집에 가서 돈을 더 가지고 왔다. 또다시 돈을 그릇에 채우고 비웠다. 돈은 다시 바닥이 났지만 물건은 아직도 많았다.

"어떻게 하지, 옹기장이?"

"아니, 예상치 못했습니까? 어쩔 수 없지요. 나리께서 저를 태우고 저기 있는 집까지 마차를 끌고 가십시오. 그러면 물건도 돈도 드리지요."

귀족은 돈이 아까우면서도 자신의 체면이 말이 아니어서 머뭇거렸다. 그러나 어쩔 수 없이 옹기장이의 말에 따랐다. 말을 마차에서 풀고는 옹기장이를 마차에 태우고 귀족은 그것을 끌었다. 옹기장이는 노래를 흥얼거리고 귀족은 마차를 끌고 또 끌었다.

"자네를 어디까지 끌어다 주어야 하나?"

"저기 있는 저 집까지요."

옹기장이는 즐겁게 노래를 불렀고 그 집 맞은편에서는 목청을 더욱 높였다. 상인의 집에 있던 군주가 그 노랫소리를 듣고는 현관으로 나갔고 옹기장이를 알아보았다.

"아니! 잘 지냈나, 옹기장이? 어서 오게!"

"감사합니다. 전하."

"그런데 자네 무엇을 몰고 있는 건가?"

"사악한 마음을 몰고 있습니다, 전하."

"영리한 옹기장이, 자네는 물건을 다 팔았군. 귀족 양반! 자네는 귀족 의복과 장화를 벗게나. 옹기장이, 자네도 입고 있는 카프탄과 짚신을 벗게나. 귀족 양반, 자네는 옹기장이의 옷을 걸치고, 옹기장이, 자네는 귀족의 의복을 입게나. 자네는 물건을 파는 재주가 뛰어나군! 옹기장이는 오래 일하지는 않았지만 돈을 많이 벌었네. 하지만 귀족 양반, 자네는 귀족의 체면을 어떻게 지키는지를 모르고 있네. 자, 옹기장이. 러시아에서 거위들이 날아왔나?"

"날아왔습니다."

"거위들의 깃털을 뽑았고 정당하게 처리했나?"

"예, 전하. 남김없이 모조리 뽑았습니다."

현명한 대답

어떤 한 병사가 소속 연대에서 25년 동안 근무를 했지만 차르의 얼굴도 한번 보지 못했다. 병사는 집으로 돌아왔고 사람들이 차르에 대해 물었지만 병사는 뭐라고 말해야 할지를 몰랐다. 그러자 친척들과 친구들이 그를 조롱하기 시작했다.

"그래, 25년간이나 복무하고도 차르의 눈도 한번 못 봤단 말이야!"

그는 그 말에 굴욕감을 느껴서 차르를 만나보러 떠났다. 병사는 궁전에 도착했다. 차르가 그에게 물었다.

"그래 무슨 일이냐?"

"전하, 저는 25년간이나 전하와 신을 위해 군 복무를 해 왔습니다만 아직 한번도 전하를 뵌 적이 없었습니다. 그래서 전하를 뵈러 찾아왔습니다."

"그래, 실컷 보아라."

병사는 차르의 주위를 세 번 돌며 꼼꼼히 살펴보았다. 차르가 병사에게 물었다.

"내가 잘생겼느냐?"

"예, 전하, 그렇사옵니다."

"그렇다면 말해 보아라. 하늘에서 땅까지는 얼마나 먼가?"

"하늘에서 무슨 소리가 나면 여기 땅에서 들을 수 있을 만큼 멉니다."

"그렇다면 땅은 얼마나 넓으냐?"

"땅에서 태양이 뜨고 땅에서 질 정도로 넓습니다."

"그렇다면 땅속은 깊은가?"

"저에게는 할아버지가 계셨는데 90년 전에 돌아가셨습니다. 그리고 할아버지는 땅에 묻히셨는데 그 후로 한번도 집에 돌아온 적이 없습니다. 그러니 땅속이 깊은 것이 틀림없습니다."

그러자 차르는 병사를 감옥에 보내며 말했다.

"병사여, 잘 들어라! 내가 너에게 거위 서른 마리를 보내겠다. 그 거위들 한 마리에게서 각기 깃털을 하나씩 뽑도록 하여라."

"잘 알겠사옵니다."

차르는 부유한 상인 서른 명을 불렀고 병사에게 한 것과 같은 수수께끼를 내었다. 상인들은 생각하고 생각했지만 대답을 할 수 없었다. 그러자 차르는 그들을 병사와 같은 감옥에 가두라고 명령했다. 병사가 상인들에게 물었다.

"상인 양반들, 무엇 때문에 감옥에 오게 되었소?"

"글쎄, 차르께서 우리에게 땅에서 하늘까지는 얼마나 먼지, 땅은 얼마나 넓은지 그리고 땅속은 얼마나 깊은지를 물으셨소. 그런데 우리는 무지한 사람들이라서 대답을 할 수가 없었소."

"당신들 각자가 내게 1000루블씩 준다면 내가 그 대답을 알려드리겠소."

"형제여, 알려주시오."

병사는 그들에게서 1000루블씩 받고 차르가 낸 수수께끼의 답을 알려주었다. 이틀쯤 지나자 차르는 상인들과 군인들을 불렀다. 그리고 상인들에게 그 수수께끼를 물었고 그들이 곧 대답을 하자 집으로 돌려보냈다.

"여봐라, 병사. 거위의 깃털을 뽑았느냐?"

"뽑았습니다, 전하. 게다가 황금까지 뽑았습니다."

"너희 집까지는 먼가?"

"여기서 보이지 않을 정도로 멉니다."

"자, 1000루블을 받아라. 그리고 떠나라!"

병사는 집으로 돌아와서 편안하고 부유하게 잘 살았다.

똑똑한 꼬마 소녀

가난한 동생과 부유한 형이 함께 여행을 하고 있었다. 그들은 말을 한 마리씩 가지고 있었는데 가난한 동생의 것은 암말이었고 부자인 형의 것은 거세한 수컷이었다. 두 사람은 숙소에서 밤을 보내게 되었다. 한밤중에 가난한 동생의 암말이 새끼를 낳았고 그 망아지는 부유한 형의 수레 아래로 굴러 들어가게 되었다. 아침에 형이 가난한 동생을 깨웠다.

"일어나 봐, 동생아. 간밤에 내 수레가 망아지를 낳았어."

동생이 일어나서는 말했다.

"어떻게 수레가 망아지를 낳을 수 있어요! 나의 말이 망아지를 낳은 거지."

그러자 부유한 형은 말했다.

"네 말이 망아지를 낳았다면 그 망아지가 제 어미 곁에 있어야지!"

두 사람은 말다툼을 벌였고 결국 관청에까지 가게 되었다. 부유한 형은 재판관에게 돈을 주었고 가난한 동생은 말로 자신의 정당함을 주장했다. 이 사건은 결국 차르에게까지 가게 되었다. 차르는 두 형제를 불렀고 그들에게 "무엇이 세상에서 가장 강하고 빠른가? 무엇이 세상에서 가장 기름진가? 무엇이 가장 폭신한가? 그리고 무엇이 가장 사랑스러운가?"라는 네 가지의 수수께끼를 내었다. 그리고 나흘째 되는 날에 대답을 하라며 그들에게 사흘의 말미를 주었다.

부유한 형은 생각하고 생각한 끝에 대모를 기억하고는 조언을 구하러 갔다. 대모는 그를 식탁에 앉히고 음식을 대접한 후에 물었다.

"왜 그렇게 우울한가?"

"차르께서 제게 수수께끼를 네 개 내면서 시간은 겨우 사흘을 주셨어요."

"무슨 문제인데? 나한테 얘기해 보게."

"이런 것입니다, 대모님. 첫 번째 수수께끼는 '무엇이 세상에서 가장 강하고 빠른가?' 입니다."

"쉬운 수수께끼로군! 내 남편에게는 밤색 암말이 하나 있지. 그 말보다도 더 빠른 것은 이 세상에는 없다네. 만일 그 말에게 채찍을 휘두르면 산토끼도 따라잡지."

"두 번째 수수께끼는 '무엇이 세상에서 가장 기름진가?' 입니다."

"우리에게는 2년째 키우고 있는 점박이 수퇘지가 있지. 그 녀석은 어찌나 기름진지 제 다리로 일어서지 못할 정도라네."

"세 번째 수수께끼는 '무엇이 세상에서 가장 폭신한가?' 입니다."

"잘 알려졌듯이 이불 깃털이지. 그보다도 더 폭신한 것은 생각할 수조차 없지."

"네 번째 수수께끼는 '무엇이 세상에서 가장 사랑스러운가?' 입니다."

"세상에서 무엇보다도 사랑스러운 것은 바로 우리 손자인 이바누슈카이지."

"고맙습니다, 대모님! 지혜를 깨우쳐 주신 것 평생 동안 잊지 않겠습니다."

한편 가난한 동생은 비탄의 눈물을 흘리며 집으로 돌아왔다. 그의 유일한 자식인 일곱 살배기 어린 딸이 아버지를 맞이했다.

"아버지, 무엇 때문에 한숨을 쉬고 눈물까지 흘리세요?"

"내가 어떻게 한숨을 쉬지 않고 울지 않을 수가 있겠니? 차르께서 내게 죽었다 깨어나도 풀지 못할 수수께끼 네 개를 내셨단다."

"제게 말씀해 보세요. 어떤 문제들인가요?"

"얘야, 그 문제들은 '무엇이 세상에서 가장 강하고 빠른가? 무엇이 세상에서 가장 기름진가? 무엇이 세상에서 제일 폭신한가? 무엇이 세상에서 가장 사랑스러운가?'란다."

"아버지, 차르께 가서 말씀 드리세요. 세상에서 가장 강하고 빠른 것은 바람이며 가장 기름진 것은 대지라고요. 자라고 살아가는 모든 것을 대지가 부양하잖아요. 그리고 가장 폭신한 것은 손이에요. 사람이 어디에 눕건 머리 아래에 손을 항상 넣잖아요. 그리고 세상에서 잠보다 더 사랑스러운 것은 없어요."

가난한 동생과 부유한 형이 둘 다 차르 앞에 오게 되었다. 차르는 두 사람의 대답을 다 듣고는 가난한 동생에게 물었다.

"네 스스로 이 문제들을 풀었느냐, 아니면 누군가가 너에게 가르쳐 주었느냐?"

"전하, 제게는 일곱 살배기 딸이 있는데 그 애가 제게 답을 가르쳐 주었습니다."

"너의 딸이 그렇게 현명하다면 이 비단 실을 그 애에게 주고 내일 아침까지 내게 자수를 넣은 수건을 짜 오라고 시켜라."

가난한 동생은 비단 실을 들고 슬픔에 잠겨 집으로 돌아와 딸에게 말했다.

"일 났구나! 차르께서 이 비단 실로 수건을 짜 오라고 하셨다."

일곱 살배기 딸이 빗자루에서 가지를 하나 꺾어 아버지에게 주며 부탁했다.

"슬퍼하지 마세요, 아버지. 차르께 가셔서 이 가지로 베틀을 만들 수 있는 장인을 찾아 주면 그 베틀로 수건을 짜겠다고 말씀드리세요."

농부는 차르에게 딸이 시킨 대로 아뢰었다. 그러자 차르는 농부에게 달걀 150개를 주면서 말했다.

"이 달걀들을 너의 딸에게 가져다주고 내일까지 병아리 150마리를 부화시키라고 해라."

농부는 훨씬 상심해서 집으로 돌아왔다.

"아, 딸아! 산 너머 산이로구나. 다른 일이 주어졌다."

"슬퍼하지 마세요, 아버지!"

그녀는 달걀을 구워서 점심과 저녁에 먹으려고 간수해 두고는 아버지를 차르께 보냈다.

"병아리들의 먹이로, 하루 만에 밭을 갈고 씨를 뿌리고 수확하여 탈곡한 지 하루 된 수수 낟알이 필요하다고 차르께 말씀드리세요. 우리 병아리들은 그 이외에 다른 낟알은 먹으려 하지 않는다고도 말씀드리세요."

차르는 모두 들은 후에 말했다.

"너의 딸이 그렇게 현명하다면, 걷지도 않고 말에 타지도 않고,

● ─ 러시아 민담

벌거벗지도 옷을 입지도 않고, 선물을 가진 채도 빈손인 채도 아닌 상태로 내일 아침에 직접 내게 나타나라고 해라."

농부는 생각했다.

'아이고, 내 딸도 이렇게 교묘한 과제를 풀 수는 없을 거야. 이제 완전히 망했구나!'

"걱정하지 마세요. 아버지! 사냥꾼에게 가셔서 살아 있는 토끼와 살아 있는 메추리를 사다 주세요."

일곱 살배기 딸이 말했다. 아버지는 가서 딸에게 토끼와 메추리를 사다 주었다. 이튿날 아침 일곱 살배기 소녀는 모든 옷을 벗고 그물을 걸친 채, 손으로 메추리를 들고 토끼 위에 앉아서 궁궐로 갔다. 차르는 문가에서 소녀를 맞이했다. 소녀는 차르에게 "전하, 여기 선물이 있습니다." 하고 인사를 드리고는 메추리를 선물했다. 차르가 손을 내밀었는데 메추리는 푸드덕거리다가 날아가 버렸다!

"좋다, 지시한 대로 바로 그렇게 했구나. 이제 말해 보렴. 네 아버지는 가난한 것 같은데 너희들은 무엇으로 먹고 사느냐?"

"아버지는 물이 없는 강가에서 고기를 잡으시는데, 어전도 치지 않고 고기를 잡아 제 옷자락으로 생선 수프를 끓이지요."

"뭐라고, 이 무슨 어리석은 소리냐! 어떻게 물고기가 물이 없는 강가에 사느냐? 물고기는 물 속에서 헤엄치지!"

"그렇다면 차르께서는 현명하신가요? 마차가 망아지를 낳는 것을 보신 적이 있습니까? 마차가 아니라 암말이 망아지를 낳지요."

차르는 가난한 농부에게 망아지를 주라고 판결을 내렸고 그의 딸을 궁궐에 머물게 했다. 일곱 살배기 소녀가 다 자랐을 때 차르가 그녀와 결혼했고 그녀는 왕비가 되었다.

지혜로운 조언

옛날 옛날에 부유한 상인이 살았는데 '불운아 이반'이라는 아들을 남겨두고 어느 날 죽었다. 이반은 술을 마시며 흥청거렸으며 물려받은 재산을 다 탕진하고는 일을 찾으러 길을 떠났다. 겉보기에는 아주 잘생긴 이반이 시장에서 어슬렁거리며 돌아다니고 있는데, 바로 그 시각에 상인의 딸인 사랑스러운 한 처녀가 창가에 앉아서 여러 가지 색의 비단으로 융단을 만들고 있었다. 그녀는 이반을 보게 되었고 한눈에 그에게 반해 버렸다.

처녀는 어머니에게 말했다.

"저 사람과 결혼시켜 주세요."

어머니는 딸의 말을 들으려 하지 않았지만 결국 남편과 그 일을 상의했다.

"아마 저 젊은이도 아내 덕에 행복해질 거예요. 우리 딸이야 복을 타고났잖아요."

그래서 처녀의 부모님은 딸을 이반과 결혼시켰다. 이반의 아내는 실을 사서 융단을 만든 뒤 그것을 팔아 오도록 남편을 보냈다.

"100루블을 받고 이 융단을 파세요. 하지만 덕이 높은 분을 만나면 지혜로운 조언하고 맞바꾸세요."

이반은 한 늙은 노인을 만났고 노인은 융단의 값을 흥정하기 시작했다. 융단 값을 100루블로 흥정을 한 노인은 돈을 꺼내며 물었다.

"돈을 원하시오, 아니면 지혜로운 조언을 원하시오?"

상인의 아들 이반은 생각하고 생각했다.

'아내가 분부한 건 무슨 목적이 있어서겠지.'

"융단 값으로 지혜로운 조언을 해 주세요!"

"죽음 앞에서 아무것도 두려워하지 말게!"

이런 말을 남긴 채 노인은 융단을 가지고 떠나 버렸다. 상인의 아들 이반은 집으로 돌아와서 아내에게 모든 일을 말해 주었다. 그러자 아내는 남편에게 잘했다고 한 후 비단실을 사서 또 다시 융단을 만들었다. 그리고 융단을 팔아 오라고 남편을 내보냈다.

"500루블 받고 이 융단을 파세요. 하지만 지혜로운 사람을 만나거든 조언과 바꾸세요."

상인의 아들 이반은 시장으로 갔고 지난번에 만났던 바로 그 노인을 다시 마주쳤으며 그 노인은 500루블에 그 융단을 사기로 흥정했다. 노인은 돈을 꺼내다가 이반에게 물었다.

"내가 자네에게 지혜로운 조언을 해 주길 원하나?"

"융단 대신에 지혜로운 조언을 해 주세요."

"눈을 크게 뜨고, 일에 분별력을 갖고, 머리를 죽이지 말게!"

그리고 노인은 융단을 들더니 떠나 버렸다. 상인의 아들 이반은 집으로 돌아와 아내에게 모든 것을 말해 주었지만 아내는 한마디도 하지 않았다.

어느 날 상인의 아들 이반의 아저씨들이 해외로 교역을 하려고 준비를 하고 있었다. 상인의 아들 이반도 겨우겨우 배 한 척을 준비했고 아내와 작별 인사를 하고는 그들과 함께 떠났다. 바다에서 항해를 하고 있는데 바다 속에서 괴물이 나타나서 상인들에게 말했다.

"해결할 재판이 있으니 러시아 사람을 한 명 보내 주게나. 나중에 돌려보내 줄 테니까."

아저씨들은 생각하고 생각한 끝에 조카인 이반에게 와서는 바다로 가 달라고 정중히 부탁했다. 이반은 노인이 해 준 조언인 '죽음 앞에서 아무것도 두려워하지 말라.'라는 말을 기억하고 괴물과 함께 바다 속으로 갔다. 바다 속에서는 운명의 신이 금과 은과 동 중에서 어느 것이 가장 귀중한 것인지 판정하고 있었다. 바다의 신은 상인의 아들 이반에게 말했다.

"자네가 이 문제를 해결하면 보답을 하겠네."

"좋습니다. 동이 다른 것보다 귀중합니다. 동이 없이는 돈 문제를 해결할 수 없습니다. 코페이카나 폴루쉬카 같은 동전은 동으로 되어 있고 그런 것들을 모아 루블도 가질 수 있지만, 금이나 은으로는 물어뜯어도 아무것도 나오지 않으니까요."

이반이 대답했다.

"자네 말이 맞군. 이제 자네 배로 돌아가게."

운명의 신이 말했다. 바다 괴물은 이반을 배로 데려다 주었고 이반의 배를 보석으로 가득 채웠다.

아저씨들은 이미 멀리 가 있었지만 이반은 곧 그들을 따라잡고 누구의 물건이 더 좋은가 아저씨들과 입씨름을 벌였다. 아저씨들은 이반에게 말했다.

"조카, 자네는 겨우 배 한 척이지만 우리는 100척이나 가지고 있잖아."

그들은 계속해 입씨름을 벌였고 화를 냈으며 이반을 차르에게 고발하러 갔다. 처음에 차르는 아저씨들에게 복종하지 않은 죄를 물어 심리도 하지 않고 이반을 교수형시키려고 했지만 나중에는 신고 온 물건을 심사하도록 대령시키라고 명령했다. 아저씨들이 금과 비단 천을 가져오자 차르는 넋을 잃고 바라보았다.

그리고 나서 차르는 상인의 아들 이반에게 말했다.

"네 물건들을 보여 다오."

"전하, 창문들을 닫게 하여 주십시오. 어두운 곳에서 제 물건을 보여드리고 싶습니다."

차르는 창문을 닫으라고 명령하자 이반은 주머니에서 보석 하나를 꺼냈다. 보석은 주위의 모든 것을 환하게 비추었다.

"상인의 아들이여! 네 물건이 더 좋구나. 아저씨들의 배를 전부 네가 갖도록 해라."

차르가 판결을 내렸다. 이반은 아저씨들의 배를 전부 차지하고는 정확히 20년 동안 장사를 했고 온갖 종류의 재물을 얻고 말할 수 없을 정도의 부를 이루어 집으로 돌아왔다. 집으로 들어선 이반은 자신의 아내가 두 젊은 청년들과 잠자리에 누워 있는 것을 보았다. 이반은 증오로 불타올라 예리한 칼을 꺼내들며 '마누라의 정부들을 다 죽여 버려야지.' 하고 속으로 생각했다.

그런데 '눈을 크게 뜨고, 일에 분별력을 갖고, 머리를 죽이지 마라.'라는 노인의 조언이 생각났다.

이반은 자신의 아내를 깨웠고 아내는 벌떡 일어나더니 젊은 청년들을 쿡쿡 찔렀다.

"얘들아, 너희들의 아버지께서 돌아오셨다!"

그때서야 상인의 아들 이반은 자신이 없는 동안 아내가 쌍둥이 형제를 낳았음을 알게 되었다.

작은 눈 소녀

옛날 옛날에 할아버지가 할머니와 함께 살고 있었다. 그들에게는 자식들도 손자도 손녀도 없었다. 어느 축제일에 그들은 성 문 밖으로 나가, 다른 집 아이들이 눈사람을 만들고 눈싸움들을 하며 노는 것을 지켜보았다. 할아버지가 작은 눈덩이를 집어들더니 말했다.

"할멈, 우리에게도 이렇게 하얗고 동그란 딸이 있었으면 좋았을 텐데!"

할머니는 그 눈덩이를 바라보더니 고개를 끄덕이며 말했다.

"하지만 할 수 없죠. 어디에서 그런 아이를 얻을 수가 있겠어요."

그러나 할아버지는 눈덩이를 오두막으로 가져와 화분 안에 넣고 나뭇가지로 덮어 창가에 놓아두었다. 해가 떠서 화분을 데우자 눈이 녹기 시작했다. 그때 노인들은 화분 안의 나뭇가지 밑에서 무엇인가가 빽빽거리는 작은 소리를 들었다. 그들이 창으로 다가가서 쳐다보았을 때 화분 안에 눈덩이같이 하얗고 동그란 소녀가 있는 것을 보았다. 그리고 그 소녀가 말하는 것이었다.

"저는 눈에 굴러 싸였다가 햇빛에 녹고 얼굴이 빨개진 '작은 눈 소녀' 랍니다."

두 노인은 매우 기뻐하면서 그녀를 꺼냈다. 할머니는 그녀를 위해 옷을 만들고 할아버지는 수건으로 눈 소녀를 감싸 주며 돌봐주었다.

자장자장, 우리 눈 소녀야.
귀여운 아가야,
눈에 굴러 싸였다가,
햇빛에 녹았네!
우리가 너에게 마실 것을 주고,
우리가 너에게 먹을 것을 주고,
화사하게 옷 입히고,
지혜를 가르치마!

눈 소녀는 이렇게 노인들에게 기쁨을 주며 이야기 속에서나 나올 법한 그렇게 영리한 아이로 자랐다.

노인들에게는 모든 일이 잘되어 갔다. 오두막 안에서도 좋았고 마당에서도 나쁘지 않았으며, 소들은 우리에서 겨울을 났고 마당에는 닭들을 풀어 놓았다. 그런네 닭들을 집에서 우리로 옮겼을 때 불행이 찾아왔다. 노부부의 개 주치카에게 병든 여우가 다가와 매달리며 애원했다.

"하얀 발과 부드러운 꼬리를 가진 주치카야, 주치카야, 나를 우리에 들어가게 해 다오. 몸을 녹이고 싶구나."

주치카는 하루 종일 할아버지를 따라 숲에서 뛰어다녔기 때문에 할머니가 닭들을 우리로 몰아넣은 것도 모르고 병든 여우가 불쌍해 우리로 들여보내 주었다. 그러자 여우는 닭을 두 마리 죽이고는 자기 굴로 끌고 가버렸다. 이것을 안 할아버지는 주치카를 마당에서 내쫓아 버렸다.

"네가 가고 싶은 곳으로 가 버려. 너 같은 감시꾼은 필요치 않아!"

그래서 주치키는 울면서 할머니와 할아버지의 마당을 떠났고 이런 주치카를 할머니와 작은 눈 소녀만 안쓰러워했다.

여름이 왔고 열매들이 앞을 다퉈 결실을 맺기 시작했을 때 열매를 따러 숲에 가자고 친구들이 눈 소녀를 불렀다. 노인들은 그 소리에 귀 기울이지도 않았고 눈 소녀를 놔 주지도 않았다. 그러자 소녀들은 눈 소녀를 손에서 놓지 않겠다고 약속했고 눈 소녀 자신도 열매를 따 보고 숲을 보고 싶다고 졸랐다. 그래서 노인들은 하는 수 없이 소녀를 놔 주면서 작은 바구니와 빵 조각을 싸 주었다.

작은 눈 소녀는 친구들과 손을 잡고 숲으로 뛰어갔고 거기서 열매들을 보자 모든 것을 잊고 사방으로 뛰어다니며 열매를 따면서 탄성을 지르고 서로 얘기했다. 그런데 소녀들이 그렇게 열매를 다 모으고 나니 작은 눈 소녀를 잃어버린 것이었다.

한편 눈 소녀는 사람들을 부르기 시작했으나 대답하는 사람이 아무도 없었다. 불쌍한 소녀는 울음을 터뜨렸고 길을 찾아 보았으나 더욱더 헤매게 될 뿐이었다. 그래서 소녀는 나무로 기어 올라가 소리쳤다

"여보세요, 누구 없어요?"

그러자 누군가가 풀을 밟는 소리를 내고 나뭇가지를 부러뜨리며 다가왔다.

"왜 그러니, 소녀야? 예쁜 소녀야?"

"아아! 저는 눈에 굴러 싸였다가 햇빛에 녹아 얼굴이 빨개진 작은 눈 소녀랍니다. 그런데 친구들이 할아버지와 할머니에게 졸라 함께 딸기를 따러 숲으로 와서는 저를 두고 갔답니다!"

"내려오렴. 내가 집으로 데려다 주마!"

"아뇨, 곰 아저씨. 저는 당신을 따라가지 않겠어요. 당신이 무서워요. 당신은 저를 잡아먹을 테니까요!"

그러자 곰이 그 자리를 떠났다. 그리고 그 다음엔 회색 늑대가 달려왔다.

"예쁜 소녀야, 왜 그렇게 슬피 울고 있니?"

"아아, 저는 눈에 굴러 싸였다가 햇빛에 녹고 얼굴이 빨개진 작은 눈 소녀랍니다. 그런데 친구들이 할아버지와 할머니에게 졸라서 산딸기를 따기 위해 함께 숲으로 와서는 저를 두고 갔답니다."

"내려오렴, 내가 집으로 데려다 주마!"

"아뇨, 늑대 아저씨, 저는 당신을 따라가지 않겠어요. 당신이 무서워요. 당신은 저를 잡아먹을 테니까요!"

그러자 늑대는 그 자리를 떠났다. 그리고 그 다음엔 여우가 다가왔다.

"예쁜 소녀야, 왜 울고 있지?"

"아아! 저는 눈에 굴러 싸여 있다가 햇빛에 녹아 얼굴이 빨개진 작은 눈 소녀랍니다. 그런데 친구들이 할아버지와 할머니에게 졸라 딸기를 따러 함께 숲으로 와서는 저를 두고 갔답니다!"

"아이고, 예쁜 것! 아이고, 영리한 것! 아이고, 불쌍한 것! 어서 내려오렴, 내가 널 집으로 바래다 주마!"

"아뇨, 여우님. 그건 여우 같은 얘기예요. 당신이 무서워요. 당신은 절 늑대에게 데리고 가거나 곰에게 넘길 거예요. 당신과 함께 가지 않겠어요!"

그러자 여우는 나무 주위를 돌면서 눈 소녀를 올려다보고 나무에서 내려오라고 꾀었지만 그녀는 내려가지 않았다.

그런데 얼마 후 이런 소리가 들렸다.

"멍, 멍, 멍!"

숲에서 개가 짖는 소리였다.

"어머, 주치카! 아아, 내 사랑하는 개다! 나야. 작은 눈 소녀는 눈에 굴러 싸여 있다가 햇빛에 녹아 얼굴이 빨개졌는데, 친구들이 할아버지와 할머니에게 졸라 딸기를 따러 나를 숲으로 데리고 와서는 두고 갔단다. 곰이 데리고 가고 싶어해도 난 가지 않았고 늑대가 같이 가자고 해도 난 거절했고 여우가 꾀었지만 난 그에게 속지 않았단다. 하지만 너와는 같이 가고 싶어, 주치카!"

여우는 개가 짖는 소리를 듣더니 꼬리를 내리고 사라졌다.

그러자 작은 눈 소녀는 나무에서 내려왔고 주치카가 그녀에게 달려와서 몸을 비벼대고 온통 그녀의 얼굴을 핥고 집으로 데려갔다. 이때 곰은 나무 그루터기 뒤에 서 있었고 늑대는 숲속 빈터에 앉아 있었으며 여우는 수풀 사이를 이리저리 돌아다니고만 있었다. 주치카가 큰 소리로 마구 짖어댔기 때문에 모두들 개를 무서워하여 아무도 앞으로 나서지를 못했던 것이다.

드디어 그들이 집으로 돌아오자 할아버지는 기뻐서 눈물을 흘렸다. 할아버지와 할머니는 눈 소녀가 먹고 마시게 한 다음 잠자리를 만들어 주고 이불을 덮어 주었다.

자장자장, 우리 눈 소녀야,

귀여운 아가야,
눈에 굴러 싸였다가,
햇빛에 녹았네!
우리가 너에게 마실 것을 주고,
우리가 너에게 먹을 것을 주고,
화사하게 옷 입히고,
지혜를 가르치마!

한편 할머니와 할아버지는 주치카를 용서해 주고 우유를 마시게 해 주면서 따뜻하게 대하고 이전에 있던 장소에 다시 있으면서 예전처럼 문을 지키게 했다.

까다로운 소녀

 옛날 옛날에 남편과 아내가 살고 있었다. 그들에게는 아이가 둘밖에 없었는데 말라셰치카라는 딸과 이바셰치카라는 아들이었다. 말라셰치카는 열 살 조금 더 먹었고 이바셰치카는 겨우 세 살이었다. 아버지와 어머니가 아이들을 너무 귀여워해서 그들은 버릇이 없을 지경이었다. 딸을 호되게 야단쳐야 할 때인데도 그들은 야단을 치지 않고 타이른 다음엔 달래기 시작하는 것이었다.
 "너한테 이것도 주고 저것도 주도록 하마!"
 그래서 이제 말라셰치카는 마을에서도 도시에서도 보기 힘든 아주 까다롭게 구는 아이가 되었다. 그녀에게 밀가루 빵을 주면 먹지 않았고 호밀 빵은 쳐다보지도 않았으며 오로지 버터와 우유를 넣은 부드러운 빵만을 먹었다. 어머니가 딸기 파이를 구우면 말라셰치카는 그것을 더 달게 먹기 위해, 싱거우니 꿀을 달라고 하는 것이었다. 그러면 어머니는 하는 수 없이 딸에게 꿀을 한 순가락 퍼 주고 자기는 냄새만 맡아 보는 것이었다. 어머니는 아버지와 함께 단 맛이 부족해도 꿀 없이 그냥 파이만 먹었는데, 그들이 먹을 꿀은 없었기 때문이다. 그런데 어느 날 시내에 나가야 할 일이 생겨서 부모는 말라셰치카를 구스르기 시작했다. 부모는 말썽을 부리지 말고 동생을 돌봐주고 무엇보다도 동생이 오두막에서 나가지 못하게 하라고 일렀다.

"우리 말을 잘 들으면 그 대신 과자를 사다 주마. 그리고 볶은 땅콩과 머릿수건, 커다란 단추가 달린 원피스도 사다 줄게."

어머니가 이렇게 말하고 있는데 아버지가 어서 떠나자고 재촉했다. 그런데 딸은 그들의 말을 한 귀로 듣고 다른 귀로 흘리고 있었다. 드디어 아버지가 어머니와 함께 떠났다. 그런데 얼마 후 친구들이 와서 잔디밭에 가서 놀자고 그녀를 부르는 것이었다. 소녀는 부모님이 자기에게 신신당부한 말들이 생각났지만 곧 이런 생각을 했다.

'거리로 조금 나간다고 해서 무슨 큰일이 나는 건 아니야!'

그러나 그 잔디밭은 먼 숲까지 거의 다 가야 있었다. 친구들이 그녀에게 아기를 데리고 가자고 조르자 소녀는 동생을 데리고 가서는 앉아서 그에게 화관을 만들어 주었다. 그러다 친구들이 그녀에게 솔개 놀이를 하자고 조르자 잠깐 놀다 와야지 생각하고 갔다가 그만 한 시간을 보내게 됐다. 그리고 돌아와 보니, 아니 이런! 동생은 보이지 않고 앉았던 자리는 이미 식어 있었으며 단지 그 자리의 풀만이 구겨져 있는 것이었다.

어떻게 하면 좋을까? 그녀는 당장 친구들에게 달려가 그를 보았냐고 물어보았지만 한 친구는 모른다고 말하고 다른 친구는 못 봤다고 대답할 뿐이었다. 그러자 소녀는 마구 뛰어가기 시작했는데 눈으로는 동생을 찾으며 무작정 뛰었다. 뛰고 또 뛰어서는 들판에 있는 페치카에 이르렀다.

"페치카야, 페치카야! 너 혹시 내 동생, 이바셰치카를 보지 못했니?"

그러자 페치카가 그녀에게 말했다.

"까다로운 소녀야, 내 호밀 빵을 먹으렴. 그러면 얘기해 주지!"

"알았어, 이렇게 호밀 빵을 먹고 있잖아! 우리 집에선 난 밀가루 빵조차 쳐다보지도 않는단 말이야!"

"에이, 말라셰치카, 호밀 빵을 먹어야 해. 과자는 나중에 먹고!"

페치카가 그녀에게 말했다. 그러자 말라셰치카는 화가 나서 뛰어가 버렸다. 그렇게 계속해서 뛰어가다가 지치자 사과나무 밑에 앉았다가 물어보기 시작했다.

"너 혹시 내 동생, 이바셰치카를 보지 못했니?"

그러자 사과나무가 대답했다.

"까다로운 소녀야, 신맛 나는 내 야생 사과를 먹어 보렴. 아마 알고 있을지도 모르니. 다 먹으면 얘기해 주지."

"알았어, 이렇게 신 사과를 먹고 있잖아! 우리 집에는 집에서 키운 사과나무도 많은데, 난 그중에서도 맛있는 것만 골라 먹는단 말이야!"

그러자 사과나무는 몸을 흔들더니 꼭대기에 있는 제일 시고 작은 사과를 그녀에게 떨어뜨리면서 말했다.

"배고픈 말라셰치카, 따뜻한 빵을 주었더니 '방금 구운 것은 맛이 없어.'라고 불평을 했다네."

그러자 말라셰치카는 뛰어가 버렸다. 계속해서 뛰다가 그녀는 우유가 흐르는 강의 시럽으로 된 강둑에서 멈춰 서서 강에게 묻기 시작했다.

"강아, 강아! 혹시 너 내 동생, 이바셰치카를 보지 못했니?"

그러자 강이 그녀에게 대답했다.

"자, 까다로운 소녀야, 우유 넣은 귀리죽을 먹으렴. 그러고 나면 네 동생 이야기를 해 줄 수도 있지."

"지금 당신의 우유 넣은 죽을 먹고 있잖아! 우리 집에선 크림만 먹었단 말이야!"

"에이, 국자로 퍼먹는 것을 싫어하면 안 돼!"

강이 으르렁거렸다. 그러자 소녀는 다른 곳으로 뛰어가 버렸다. 그렇게 이바셰치카를 찾아서 소녀는 오랫동안 뛰어다녔다. 그러다가 소녀는 고슴도치와 부딪쳤다. 처음에는 가시에 찔릴까 봐 밀어내려다가, 생각을 고쳐먹고 고슴도치에게 물었다.

"고슴도치야, 고슴도치야, 너 혹시 내 동생 보지 못했니?"

그러자 고슴도치가 그녀에게 이렇게 대답하는 것이었다.

"보았단다, 소녀야. 한 무리의 회색 기러기들이 빨간 셔츠를 입은 어린아이를 숲에 있는 자기 집으로 데려가더구나."

까다로운 소녀가 외쳤다.

"아아, 그 아이가 바로 내 동생인 이바셰치카란다! 친절한 고슴도치야, 말해 주렴. 그들이 아이를 어디로 데려갔는지 말이야."

그래서 고슴도치가 그녀에게 나무가 무성한 이 숲 어딘가에는 닭다리 위에 이즈바 한 채가 있는데 거기에는 바바 야가가 살고 있으며 그 바바 야가는 회색 기러기들을 하인으로 삼았기 때문에 그들은 바바 야가가 시키는 대로 한다고 설명해 주었다. 그러자 말라셰치카는 고슴도치에게 부탁을 하나 더 하기 위해 그를 쓰다듬으며 말했다.

"아기같이 귀여운 고슴도치야, 바늘이 북슬북슬한 고슴도치야! 나를 닭다리 위에 있는 이즈바로 데려다 주렴!"

"좋아."

고슴도치는 이렇게 말하고 말라셰치카를 숲의 가장 깊은 곳으로 데려갔는데 그곳에서는 먹을 수 있는 열매나 풀들이 여기저기에 많이 널려 있었다.

새콤한 풀들과 열매들, 검은 양딸기들이 나무들과 수풀들을 휘감으며 서로 뒤엉켜 열려 있었고 굵은 산딸기 열매들은 양지에서 잘 익어가고 있었다.

'저걸 좀 먹어 볼까!'

말라셰치카는 이런 생각을 하다가 갑자기 지금 먹는 걸 생각할 때가 아님을 깨달았다. 그래서 검은 양딸기가 모여서 엉켜 있는 곳을 그냥 지나쳐 고슴도치를 따라 뛰어갔다. 고슴도치는 드디어 그녀를 닭다리 위에 서 있는 이즈바로 데려갔다.

말라셰치카가 열린 문틈으로 안을 들여다보았더니 마루 구석에서 바바 야가가 자고 있고 길다란 의자 위에는 이바셰치카가 앉아서 꽃을 갖고 놀고 있는 것이었다.

그러자 그녀는 동생의 손을 얼른 움켜쥐곤 빠져나왔다!

그런데 바바 야가의 기러기 하인들은 예민한 새들이었다. 보초를 서던 한 기러기가 목을 빼더니 각각거리며 날개를 치고는 나무가 울창한 숲보다 더 높이 날아 올라가 사방을 살펴보다가 말라셰치카가 동생과 함께 도망가는 것을 발견했다. 그러자 보초 회색 기러기는 각각거리며 크게 소리질러 모든 기러기 떼를 일어나게 하고 자기는 바바 야가에게 날아가서 보고를 했다.

"다리에 뼈만 남은 바바 야가 할멈! 우리 집에 좋지 않은 일이 벌어졌어요. 말라셰치카가 이바셰치카를 집으로 데려가고 있어요!"

그러자 바바 야가는 몹시 흥분했다.

"아이고, 이놈들. 게으름뱅이, 건달들아. 무엇 때문에 내가 너희들에게 먹을 것과 마실 것을 주는지 모르겠다! 빨리 가서 누나와 아이 둘 다 내게 데려다 놔!"

그러자 기러기들은 그들을 쫓아 날아갔다. 날아가면서 그들은 서로를 부르고 대답하면서 소리쳤다. 말라셰치카는 이 기러기 소리를 듣자 우유가 흐르는 강의 시럽으로 된 강둑으로 다가가서 머리를 숙여 인사하고 말했다.

"어머니이신 강이여! 빨리 나를 저 거친 기러기들에게서 보호해 주세요!"

그러자 강이 그녀에게 대답했다.

"까다로운 소녀야, 앞으로는 그럼 나의 우유를 넣은 귀리죽을 먹어라."

지치고 배가 고파진 말라셰치카는 기꺼이 이 깔깔한 죽을 먹고는 강가로 와서 우유를 실컷 마셨다. 그러자 강이 그녀에게 말했다.

"그러니까 너같이 까다로운 아이는 배고픔 맛을 알아야지 정신을 차리게 돼! 자, 이제 그럼 강둑 밑에 앉아라. 내가 너를 덮어 주마."

말라셰치카가 앉자 강은 푸른 갈대로 그녀를 덮어 주었고 기러기는 그 위를 날면서 강가 주위를 맴돌았지만 누나와 아이를 끝내 찾지 못하고 집으로 날아갔다. 그러자 바바 야가는 전보다 너욱 더 화를 내며 아이들을 데려오라고 기러기들을 내쫓았다. 그래서 기러기들은 아이들을 찾기 위해 날아다니며 서로를 부르고 대답하면서 소리쳤다. 이 소리를 들은 말라셰치카는 전보다 더 날쌔게 뛰어갔다. 그리고 그녀는 야생의 사과나무에게 도착하자 말했다.

"어머니이신 푸른 사과나무님! 피할 수 없는 재난에서, 그리고 저 나쁜 기러기들에게서 나를 보호해 주세요!"

그러자 사과나무가 그녀에게 말했다.

"그렇다면 들판에서 저절로 자란 나의 신 사과를 먹어라. 그러면 아마 너를 숨겨 줄 수도 있지!"

까다로운 소녀는 하는 수 없이 야생 사과를 집어들어 먹기 시작했는데, 배가 고팠던 말라셰치카에게 이것은 잘 익은 사과보다 더 달게 느껴졌다. 가지 많은 사과나무가 서 있다가 웃으면서 말했다.

"그러니까 너 같은 까다로운 아이는 배고픔 맛을 알아야 정신을 차리게 돼! 이 아가씨가 전에는 내 사과를 입에 가져가기도 싫어하더니, 이제는 더 먹기를 원하네!"

그러고 나서 사과나무는 아이와 함께 누나를 자기의 무성한 가지들로 안더니, 잎들이 가장 많이 모여 있는 가운데로 끌어다 감쌌다. 조금 후에 기러기들이 날아와 사과나무를 보았지만 아무도 없었다! 그래서 그들은 또 빈손으로 바바 야가에게 돌아왔다.

바바 야가는 그들이 빈손으로 돌아온 것을 보자마자 마구 발을 구르며 숲이 온통 떠나가도록 소리를 질렀다.

"이런 게으른 놈들! 건달 같은 놈들아! 네 놈들 털을 다 뽑아 바람에 날려 버리고, 산 채로 잡아먹어 버릴 테다!"

그러자 기러기들은 매우 놀라 이바셰치카와 말라셰치카를 잡으러 다시 날아갔다. 그들은 초조해하며 서로를 앞과 뒤를 향해 물어보고 대답하면서 소리쳤다.

"저기에는, 저기에는? 저기엔 없어?"

이제 들판은 어두워졌고 거의 아무것도 보이지 않았으며 어디에 숨을 곳도 없는데 거친 기러기들은 모두 더 가까이 더 가까이 다가오고 있었다. 이제 까다로운 소녀의 손과 발은 지쳐서 겨우 걸어가고 있었다.

그런데 저기 들판에 페치카가 서 있는 것이 보였다. 그녀는 페치카에게 다가갔다.

"어머니이신 페치카님, 나와 동생을 마귀 할멈에게서 숨겨 주세요!"

"이 아가씨야, 부모님 말씀대로 숲에 가지 말고, 아이를 데리고 가지 말고, 아버지와 어머니가 오시기를 집에서 기다렸으면 좋았잖아! 넌 항상 '끓인 것은 안 먹어, 구운 것은 먹기 싫어, 그리고 튀긴 것은 마음에 들지 않아!' 하고 말하잖아."

그러자 말라셰치카는 앞으로는 그렇게 하지 않겠다고 페치카에게 빌면서 애원했다.

"음, 그렇다면 두고 보겠어. 그럼 내 호밀 빵을 먹어 보렴!"

"이런 빵은 생전 처음 먹어 봐요. 마치 과자처럼 맛있어!"

그러자 페치카가 웃으면서 말했다.

"배고픈 사람에게는 호밀 빵이 과자와 같이 맛있지만, 배부른 자에게는 제일 맛있는 과자도 맛이 없는 법이지! 자, 이제 페치카 안으로 들어와라."

페치카는 이렇게 말하고 그들을 안으로 들여보낸 다음 입구를 닫았다. 말리세치카는 페치카에 앉아서 기러기들이 가까이 날아와 초조해하며 서로에게 묻는 소리를 들었다.

"저기에는, 저기에는? 저기엔 없어!"

그들은 아궁이 주위로 날아왔지만 말라셰치카를 찾지 못하고 땅에 앉아 자기들끼리 얘기하기 시작했다. 어떻게 해야 하나? 여주인이 그들을 산 채로 잡아먹겠다고 했으니 집으로 돌아갈 수도 없고 여기에 남을 수도 없었다. 아마도 그녀가 그들을 쏘아 죽이려 할 것이기 때문이었다.

"그렇다면 형제들, 집으로 돌아가세나. 따뜻한 땅, 바바 야가가 올 수 없는 곳으로!"

가장 앞에서 날던 기러기가 말했다. 그러자 다른 기러기들이 찬성을 했고 그들은 푸른 바다 너머 멀리멀리 날아가 버렸다.

말라셰치카는 조금 쉬었다가 동생을 붙잡고 집으로 뛰어갔다. 집에는 아버지가 어머니와 온 마을을 뒤지고 다니며, 만나는 사람과 마주치는 아이들을 붙잡고 자기 아이들이 어디 있느냐고 물어보았다. 아무도 아는 사람이 없었고 단지 목동만이 말하기를 아이들이 숲속에서 놀고 있었다고 알려 줄 뿐이었다.

아버지는 어머니와 함께 숲에 가서 찾다가 돌아와 마을 가까이에서 말라셰치카와 이바셰치카를 만났다.

말라셰치카는 부모님에게 모든 잘못을 고백하고 앞으로는 말 잘 듣고 까다롭게 굴지 않고 남들이 먹는 것을 자기도 먹겠다고 얘기했다. 그녀는 얘기한 대로 실제로 그렇게 했다. 그리고 이야기도 여기서 끝났다.

멍청한 이바누슈카

옛날 옛날에 한 노인과 노파가 살았는데 그들에게는 슬하에 세 아들이 있었고 위의 두 아들은 영리했지만 막내는 멍청한 이바누슈카였다. 두 영리한 형들은 들판에서 양들에게 풀을 먹였지만 이 바보는 아무 일도 하지 않고 하루 종일 페치카 위에 앉아서 파리만 잡고 있었다. 어느 날 노파는 호밀로 경단을 만들어 바보에게 말했다.

"얘야, 이 경단을 형들에게 좀 가져다 주고 먹으라고 해라."

노파는 단지 가득히 경단을 담아서 바보의 손에 쥐어 주었다. 그리지 그는 형들에게 허둥지둥 걸어갔다. 그날은 쾌청한 맑은 날이었다. 이바누슈카가 마을 어귀를 벗어났을 때 그는 옆에 따라오는 자신의 그림자를 보고 생각했다.

'내 옆에 따라오는 사람은 도대체 누구지? 한 발짝도 떨어지지를 않네. 아마도 경단이 먹고 싶은가 보다.'

그래서 이바누슈카는 자신의 그림자에게 경단을 하나씩 던져 주기 시작했고 결국엔 모두 다 던져 주었다. 그런데 보니까 그림자는 계속해서 그의 곁에서 걷고 있었다.

"아니, 지독하게 먹어 대는군!"

어린 바보는 화가 나서 단지를 그림자에게 던져 버렸다. 그러자 단지의 깨진 조각들이 사방으로 튀었다.

그렇게 해서 바보는 빈손으로 형들에게 가게 되었다. 형들은 이바누슈카에게 물었다.

"야, 바보야, 무슨 일로 왔냐?"

"형들에게 식사를 가져왔어요."

"식사는 어디 있니? 좀 먹어야겠다."

"그런데, 형님들, 어떤 낯선 사람이 도중에 내내 나를 쫓아오면서 다 먹어치웠어요!"

"도대체 어떤 사람이?"

"바로 이 사람예요. 지금까지도 내 옆에 서 있잖아요."

형들은 이바누슈카에게 욕설을 퍼붓고 두들겨팼다. 형들은 실컷 때리고 나서 이바누슈카에게 양들을 돌보라고 시키고는 식사하러 마을로 갔다. 어린 바보가 양을 돌보기 시작했다. 양들이 들판 여기 저기에 흩어져 있는 것을 보고 바보 이바누슈카는 양들의 눈알을 뽑아 버려야겠다고 생각했다. 그리고 양들을 모조리 붙잡아서 눈알을 전부 뽑아 버리고 한 군데 모아 두고는 무슨 큰일이나 한 것처럼 싱글벙글하며 앉아 있었다.

형들이 식사를 하고 들판으로 돌아왔다.

"이런 바보 같은 놈아! 도대체 무슨 짓을 한 거야? 어째서 양들의 눈이 멀어 버렸지?"

"아, 양들에게 눈이 왜 필요해요? 형들이 가 버리자 놈들이 사방으로 흩어지잖아요. 그래서 놈들을 잡아서 한 군데 모으고 눈알을 뽑아야겠다고 궁리해 냈지요. 아, 고단하다!"

"기다려라, 고단하다는 것이 어떤 것인지 우리가 보여 줄 테다!"

형들은 주먹으로 이바누슈카를 사정없이 때렸다. 이바누슈카는 지독히도 호되게 야단을 맞았다.

이럭저럭 세월은 흘렀고, 집에서는 축제일에 쓸 물건들을 사 오도록 어린 바보 이바누슈카를 도시로 보냈다. 이바누슈카는 식탁, 식기, 찻잔, 소금 등 모든 것을 샀다. 그리고 짐수레에 온갖 종류의 물건들을 가득 실었다. 이바누슈카는 집으로 향해 출발했지만 말은 아마도 그 무거운 짐 때문인 듯 겨우겨우 발길을 옮겼다. 그래서 이바누슈카는 속으로 생각했다.

'말은 다리가 네 개고 식탁도 다리가 네 개지. 그렇다면 식탁도 스스로 집까지 달려갈 거야.'

이바누슈카는 식탁을 내려놓고 계속해서 갔다. 얼마 동안 가니 까마귀들이 이바누슈카의 머리 위를 날면서 깍깍거렸다. 그 모습을 본 이바누슈카는 '저 어린것들이 배가 고픈 게 틀림없어. 그러니 저렇게 울고 있지!' 하고 생각했다. 그는 음식이 담긴 접시를 바닥에 내려놓았다.

"귀여운 것들아, 많이 먹어라."

이바누슈카는 계속 걷다가, 불에 탄 나무 그루터기가 있고 어린 나무들이 자라고 있는 숲을 지나게 되었다. 이바누슈키는 생각했다.

"아니, 저런. 저 어린것들이 모자도 없이 있군. 얼어죽겠네!"

이바누슈카는 단지와 사기 그릇을 집어서 그루터기 위에 씌워 주었다. 얼마 후 이바누슈카는 강에 도착했고 말에게 물을 먹이려 했지만 말은 물을 먹으려 하지 않았다. 이바누슈카는 '이 녀석은 소금을 타지 않은 물은 마시지 않는구나!' 하고 생각하고 물에 소금을 탔다. 그러나 말은 여전히 물을 먹으려 하지 않았다. 이바누슈카가 소금 한 부대를 모두 쏟아부었지만 그래도 마찬가지였다.

"도대체 왜 안 마시는 거야. 이 말 뼈다귀 같은 놈아! 내가 괜히 소금을 한 부대나 전부 쏟아부었는 줄 알아?"

화가 난 이바누슈카는 장작을 잡아 말의 정수리를 내리쳐서 그 자리에서 즉사시키고 말았다. 이제 이바누슈카에게는 식기가 들어 있는 자루가 남았고 그는 그것을 어깨에 매달았다. 이바누슈카가 걸어가는 동안 식기들은 계속해서 딸그랑거렸다. 딸그랑, 딸그랑, 딸그랑! 그러자 이바누슈카는 식기들이 "어린 바보, 이바누슈카!"라고 말하고 있다고 생각했다. 이바누슈카는 식기들을 내팽개치고 발로 짓밟으며 말했다.

"'어린 바보, 이바누슈카' 라고 부르면 어떻게 되는지 알겠지? 알 겠어? 나를 놀릴 생각은 꿈도 꾸지 마, 이 악당들!"

이바누슈카는 집으로 돌아와 형들에게 말했다.

"형님들, 물건을 다 샀어요."

"고맙다, 애야. 그런데 산 물건들은 어디 있니?"

"식탁은 지금 오고 있는 중인데 좀 늦는 것 같네요. 음식은 불쌍한 까마귀들이 먹고 있고요, 단지와 사기 그릇들은 오다가 숲에 있는 아이들 머리 위에 씌워 주었고요, 소금은 말이 먹을 물에 타 버렸고요, 식기들은 나를 놀리기에 길에 버렸어요."

"이 바보야! 어서 가서 길에다 떨어뜨리고 온 것들을 전부 주워 와."

이바누슈카는 숲에 가서 불에 탄 그루터기에서 단지들을 벗겨서 바닥에 구멍을 뚫은 뒤 크든 작든 열두 개씩 끈에 꿰어 집으로 가져왔다. 형들은 이바누슈카를 실컷 두들겨 팬 뒤 자신들이 직접 물건을 사러 시내로 나가며 집을 보라고 바보를 남겨두었다. 집을 보던 이바누슈카는 맥주가 큰 통에서 발효되느라고 부글거리는 소리를 들었다.

이바누슈카는 말했다.

"맥주야. 그만 부글거려라! 바보라고 놀리지 마!"

하지만 맥주는 이바누슈카의 말을 듣지 않았다. 그러자 이바누슈카는 큰 통에서 맥주를 전부 쏟아 버리고 빈 맥주 통을 타고 온 집을 돌아다니며 노래를 불렀다.

돌아온 형들은 몹시 화가 나서 이바누슈카를 잡아 큰 가마니에 넣고 꿰매버린 후 강으로 끌고 갔다. 자루를 강가에 놓고 형들은 얼음에 난 구멍을 찾으러 갔다. 바로 그때 회색 말이 끄는 트로이카를 타고 한 귀족이 근처를 지나게 되었다. 이바누슈카는 소리쳤다.

"판결하고 다스리라고 나를 시장직에 임명했지만, 나는 어떻게 판결해야 하는지도 어떻게 다스려야 하는지도 알지 못해요!"

귀족이 말했다.

"잠깐만 있어, 이 바보야. 어떻게 다스리고 판결해야 하는지 내가 아니까. 가마니에서 어서 나와!"

이바누슈카는 가마니에서 나오자 귀족을 자루에 넣고 꿰맨 후 자신은 귀족의 마차를 타고 시야에서 사라져 버렸다. 형들이 돌아와서 자루를 얼음 밑으로 던져 버렸는데 물에서 히우적대는 소리가 들렸다.

형들은 "멍청한 놈이 낚시질을 하려는 모양이군." 하고 말하고는 집으로 가버렸다. 그런데 어디서 나타났는지 트로이카를 탄 이바누슈카가 그들 쪽으로 오면서 자랑을 늘어놓았다.

"이런 멋진 말들을 잡았어요! 강물 속에는 아직도 이런 멋진 회색 말 한 마리가 남아 있어요!"

형들은 부러워서 바보에게 말했다.

"우리도 자루에 넣고 꿰맨 후 얼음 구멍에 빨리 넣어 줘! 그 회색 말이 도망치기 전에."

어린 바보 이바누슈카는 형들을 얼음 구멍에 빠뜨리고는 집으로 달려와 맥주를 다 마시고 형들을 추모했다. 이바누슈카 집에는 우물이 하나 있고 그 우물에는 황어가 한 마리 있다. 내 이야기는 이것으로 끝이다.

바보와 자작나무

옛날 옛날에 어느 왕국 어느 나라에 한 노인이 살고 있었다. 그 노인은 슬하에 아들 삼형제를 두고 있었는데 위의 두 아들은 영리했지만 막내아들은 바보였다. 노인이 세상을 떠나자 삼 형제는 제비뽑기를 해서 재산을 나누어 가졌다. 똑똑한 형들은 아버지의 많은 재산을 모두 차지해 버렸고 바보는 아무짝에도 쓸모 없는 황소를 갖게 되었다! 장이 열리자 형들은 장에 갈 준비를 했다. 그러자 바보가 말했다.

"형님들, 저도 제 황소를 팔러 장에 가겠어요."

바보는 황소의 뿔에 밧줄을 단단히 매고는 황소를 도시로 끌고 갔다. 바보는 어느 숲을 지나게 되었는데 그 숲에는 오래되고 말라 빠진 자작나무 한 그루가 서 있었다. 바람이 불자 자작나무는 윙윙 소리를 내었다. 바보는 생각했다.

'어째서 자작나무가 윙윙거리는 걸까? 혹시 내 황소를 흥정하자는 것이 아닐까?'

● ─ 러시아 민담

"좋아, 내 황소를 사고 싶으면 사려무나, 너한테 팔 테니까! 소 값은 20루블이야. 더 이상 싸게는 안 돼. 이젠 돈을 다오!"

자작나무는 아무 대답도 하지 않고 윙윙 소리를 낼 뿐이었다. 그러자 바보는 자작나무가 외상으로 소를 달라고 하는 것으로 여겼다.

"알았다. 내가 내일까지 기다려 줄게!"

바보는 소를 자작나무에 묶어 놓고 자작나무와 헤어져 집으로 돌아왔다. 마침내 똑똑한 형들이 집에 돌아와서는 물었다.

"그래, 바보야! 황소는 팔았니?"

"팔았지요."

"얼마 받고 팔았냐?"

"20루블요."

"그러면 돈은 어디 있니?"

"돈은 아직 받지는 못했어요. 내일 받을 거예요!"

"에이, 이런 멍청아!"

다음날 아침 바보는 일어나서 채비를 하고 소 값을 받으러 자작나무에게로 갔다. 숲에 이르니 자작나무가 바람 때문에 흔들렸다. 그런데 소는 보이지 않았다. 간밤에 늑대들이 잡아먹었던 것이다.

"자, 여보게! 소 값을 내게나! 오늘 주겠다고 약속했잖아."

바람이 불자 자작나무는 윙윙 소리를 내었다. 그러자 바보가 말했다.

"아니, 이런! 자네는 아주 신용이 없구먼! 어제는 오늘 주겠다고 하더니 오늘 또 미룰 생각인가! 그렇다면 꼭 하루만 더 기다려 주지. 하지만 더 이상은 안 돼! 나는 돈이 필요하단 말야."

바보가 집으로 돌아오자 형들이 그에게 물었다.

"그래, 소 값을 받았니?"

"아니요, 형님들! 하루 더 기다려야 해요."

"도대체 누구한테 소를 판 거냐?"

"숲속에 있는 말라빠진 자작나무한테요."

"아이고, 이런 멍청아!"

사흘째 되는 날에 바보는 도끼를 들고 숲으로 향했다. 숲으로 간 바보는 소 값을 달라고 말했다. 그러나 자작나무는 윙윙 소리만 냈다. 그러자 바보는 화가 잔뜩 난 목소리로 외쳤다.

"여보게, 절대 안 돼. 그처럼 내일 내일 하고 미루기만 한다면 나는 아마 결코 돈을 받지 못할 거야. 나는 농담 같은 건 좋아하지 않아. 당장 널 베어 버리겠어!"

바보가 도끼로 자작나무를 세게 치자 나뭇조각들이 사방으로 흩어졌다. 이 자작나무에는 커다란 구멍이 하나 나 있었는데 그 구멍 속에는 도둑들이 숨겨 둔 금화가 가득 든 커다란 단지가 있었다. 자작나무가 두 동강으로 쪼개지고 바보는 금화를 보게 되었다. 바보는 윗옷 가득히 금화를 그러모았고 그것을 집으로 가져와서 형들에게 보여 주었다.

"얘, 바보야, 도대체 이것이 어디서 난 거냐?"

"자작나무가 소 값으로 주었어요. 그런데 이것이 전부가 아니에요. 반도 집으로 가져오질 못했어요. 형님들! 나머지를 가지러 함께 갑시다!"

바보와 형들은 숲으로 갔고 금화를 그러모아서 집으로 날랐다. 약삭빠른 형들이 말했다.

"얘, 바보야, 우리한테 금화가 이렇게 많다는 것을 아무한테도 말해서는 안 된다."

"염려 마세요. 말하지 않을 테니까요!"

● 러시아 민담

도중에 이들은 뜻밖에도 마을의 성당지기와 마주치게 되었다.

"여보게들! 도대체 숲에서 무엇을 끌고 가는 건가?"

"버섯입니다."

약삭빠른 형들이 말했다. 그런데 바보가 끼어들었다.

"형들 말은 거짓말이에요! 우리는 돈을 가져가는 거예요. 자, 이것 보세요!"

성당지기는 금화를 보고는 깜짝 놀랐고 달려들어서는 주머니에 한 움큼 집어넣었다. 바보는 화가 나서 도끼로 그를 내리쳐 죽이고 말았다. 두 형은 이를 보고 아연실색했다. 형들이 소리쳤다.

"아이고, 바보 같으니! 이게 무슨 짓이야? 너는 이제 끝장이고 우리도 망했다! 이제 시체를 어떻게 처리하지?"

그들은 궁리 끝에 시체를 굴 속으로 메고 가 그곳에 던져 버렸다. 한밤중에 맏형이 둘째에게 말했다.

"일이 아주 좋지 않게 되었어! 사람들이 성당지기에 대해서 물어 보면 바보는 사실대로 다 말해 버릴 거야. 염소를 죽여서 굴에 묻어 버리고 시체를 다른 장소에 파묻자."

그들은 밤이 이슥하기를 기다려 검은 숫염소를 죽인 후 굴 속에 던져 버리고 성당지기의 시체는 다른 곳으로 옮겨 땅에 묻어버렸다. 며칠이 지나자 마을 사람들은 사방에서 성당지기의 행방을 찾기 시작했고 모든 사람들에게 묻기 시작했다. 바보가 사람들을 보고는 말했다.

"그가 도대체 당신들에게 무슨 상관이에요? 최근에 내가 그를 도끼로 죽였어요. 그래서 우리 형들이 그를 굴 속으로 옮겼지요."

사람들은 즉시 바보를 붙잡았다.

"앞장서라. 어딘지 가 보자!"

바보는 동굴 속으로 기어 들어가서 염소의 머리를 잡고는 물었다.

"성당지기가 검은 옷을 입었습니까?"

"검은 옷을 입었지!"

"턱수염도 났나요?"

"그럼, 턱수염도 났지!"

"뿔도 있습니까?"

"무슨 뿔이 있다는 거야, 바보야!"

"자, 이것 봐요!"

바보는 제가 끌어온 머리를 내밀었다.

사람들이 보니까 염소가 아니겠는가! 그들은 바보에게 침을 뱉고는 집으로들 돌아갔다.

이야기는 여기서 끝이 났다. 나에게 꿀 한 잔 주시오.

게으른 에멜랴

　옛날 옛날에 한 남자가 살았는데 그에게는 아들 셋이 있었다. 그런데 두 아들은 영리했으나 나머지 한 아들은 바보였는데 그의 이름은 에멜랴였다. 그의 아버지는 나이가 들어 늙게 되자 아들들을 불러 말했다.
　"사랑하는 내 아들들아! 나는 이제 몹시 늙어 곧 죽을 것 같구나. 내 재산을 똑같이 나눠 줘야겠다. 가방에 300루블이 있을 것이다. 똑같이 나눠 가지려무나."
　노인이 죽자 아들들은 그를 장사지내고 얼마 동안 예전처럼 지냈다. 그런데 마침내 영리한 두 아들 머리에 장사하러 대도시로 떠나야겠다는 생각이 떠올랐다. 그들은 항상 따뜻한 페치카에 앉아만 있는 에멜랴에게 말했다.
　"에멜랴! 우리가 지금 너의 100루블을 가져가고 나중에 이자와 함께 돌려줄게. 그 외에도 너에게 붉은 겉옷과 붉은 모자 그리고 붉은 장화를 사다 줄게. 그리고 넌 집에 남아서 우리 대신 집안일을 해라. 여자들이 시키는 대로 일을 하려무나."

두 형은 이미 결혼을 해서 가족이 있는 상태였다. 붉은 겉옷과 붉은 모자 그리고 붉은 장화를 사다 준다는 꾐에 넘어간 바보는 형수들의 말에 복종할 것과 모든 집안일을 도맡아 할 것을 약속했다. 그러자 형들은 안심하고 집을 떠났다.

다음 날 한 형수가 바보에게 물을 길어오라고 시켰다. 그 날 날씨는 얼음이 얼 정도로 추워서 바보는 페치카에 앉아 형수에게 대답했다.

"갈 마음이 있긴 하지만, 가고 싶다면 당신이 가."

다른 형수가 소리 질렀다.

"너 어떻게 감히 그렇게 대답할 수 있지? 이 바보야! 얼마나 추운지 안 보이니? 남자만이 갈 수 있는 날씨란 말이야."

"난 게으름을 피우고 싶어!"

바보가 대답했다. 형수들이 소리쳤다.

"뭐, 게으름을 피우고 싶다고? 네가 어떻게 게으름을 피울 수가 있지? 그렇게 되면 물도 없고 먹을 것도 없을 텐데. 그렇다면 좋아, 형들에게 일러서 네게 겉옷과 모자와 장화를 사다 주지 말라고 해야지."

바보에게는 이 마지막 말이 매우 마음에 걸렸다. 그래서 페치카에서 나와 옷을 입고 신발을 신기 시작했다. 그리고 양동이와 도끼를 들고 강으로 갔다. 강에서 그는 얼음 위에 아주 커다란 구멍을 뚫었다. 그런 후 양동이에 물을 담고, 그것을 얼음 위에 놔두고 구멍 밑의 물을 쳐다보기 시작했다. 왜냐하면 거기에서 커다란 꼬치삼치가 헤엄치는 것을 보았기 때문이었다.

'그렇지, 이걸로 맛있는 생선국을 끓일 수 있겠다!'

이렇게 생각한 에멜랴는 재빠르게 움직여 물고기를 낚아채서는 양동이에 넣으려 했다. 그런데 그때 꼬치삼치가 사람 목소리로 소리치는 것이었다.

"바보야, 바보야! 너는 왜 날 잡았니?"

"왜 잡다니? 그걸 모른단 말이야? 집으로 가져다가 생선국을 끓이려고 잡았지."

"바보야, 바보야! 날 집으로 데려가지 말아 줘. 날 물 속에 놔주렴. 그 대신 너를 부자로 만들어 줄게."

"더 지껄이려무나!"

꼬치삼치 말을 믿지 않은 바보는 이렇게 말하고, 마을로 돌아갈 채비를 했다.

"바보야, 바보야! 조금만 기다려 봐! 잠깐만 서 있어! 나를 집으로 데려가지 말고 물 속에 다시 놔주렴. 그러면 네가 원하는 것 모두 들어줄게."

꼬치삼치는 전보다 더 크게 소리쳤다. 에멜랴는 멈춰 서서 잠시 생각했다. 만약 이 물고기 말이 사실이라면 일할 필요도 없고 얼마든지 게으름을 피울 수가 있다는 생각을 하게 되자 신이 났다.

"음, 그럼 좋아. 널 놓아주지. 그 대신 약속은 꼭 지켜야 돼."

"놓아만 줘, 약속을 꼭 지킬게."

그러나 물고기가 자기를 속인다고 생각한 바보는 여전히 물고기를 놓아주기를 주저하며 서성거리기만 했다.

"아이고, 이 바보야! 그렇다면 먼저 무엇이 필요한지 얘기해 봐. 그러면 원하는 대로 그것이 이루어지는 것을 보게 될 거야."

"나는 이 물동이들이 스스로 움직여서 산을 넘어 마을로 돌아갔으면 해. 물론 그 안에 든 물이 엎질러지지 않고 말이야."

"걱정하지 마. 물이 엎질러지지 않을 거야. 그리고 넌 내가 하는 말을 기억하기만 하면 돼. 잘 들어. 꼬치삼치가 명하는 대로 그리고 내 소원대로 될지어다. 양동이는 산으로 올라가거라."

바보가 이 말을 따라했더니, 정말로 양동이가 즉시 조용히 자리에서 움직여 산으로 올라가는 것이었다. 에멜랴는 놀라고 또 놀라서 물었다.

"항상 이런 일이 있는 거야?"

"물론이지. 단지 내가 한 말을 잊지만 않으면 돼."

에멜랴는 꼬치삼치를 얼음 구멍 속으로 놔주고 집으로 돌아갔다. 이웃 사람들은 양동이가 혼자서 오는 것을 보고 놀라서 소리쳤다.

"바보야, 바보야! 이게 웬일이니? 양동이들이 혼자 걸어가고 바보는 그 뒤를 따라가네."

그러나 에멜랴는 그 누구에게도 신경 쓰지 않고 집으로 향했다. 양동이가 집 안으로 들어가서 마루에 서자 에멜랴는 곧바로 페치카로 기어 들어갔다.

얼마 후 형수들이 에멜랴에게 말했다.

"넌 왜 밤낮 페치카에만 있는 거니! 나가서 장작 좀 패라. 얼마나 추운지 안 보인단 말이야?"

"난 게으름을 피우고 싶어."

"뭐, 게으름을 피우고 싶다고? 그러면 얼어 죽고 말걸. 또 겉옷과 모자와 장화도 못 받게 될 거야!"

형수들이 그에게 소리치며 말했다. 바보는 이 말에 놀랐지만 게으른 그는 벽으로 돌아누워 조용히 속삭였다.

"꼬치삼치의 명대로 그리고 내 소원대로 될지어다. 도끼, 너는 가서 장작을 쪼개고, 장작, 너는 스스로 집 안으로 들어오너라."

그가 이 말을 마치자마자 도끼가 자기 자리에서 움직였고 장작은 집 안으로 들어왔을 뿐만이 아니라, 장작 스스로 아궁이로 들어가는 것이었다. 형수들은 이것을 보고 소스라치게 놀랐을 뿐만 아니라 에멜랴의 솜씨에 감탄했다. 그리고 이때부터 매일 에멜랴의 지시대로 도끼가 장작을 패러 밖으로 나갔다.

일주일이 지났다. 형수들은 다시 바보에게 장작이 다 떨어졌으니, 숲에 가서 새 장작을 모아오라고 요구했다.

"숲에 가긴 가야겠지만, 당신들은 뭘 하는 거야?"

"우리가 뭘 하다니? 여자들이 이런 추위에 장작을 구하러 숲에 가야만 하겠니? 이 바보야! 넌 정말 바보 같구나!"

"난 게으름을 피우고 싶어."

"그렇게 하렴. 하지만 그러면 붉은 겉옷과 모자와 장화를 보지 못할걸."

이 말이 마음에 걸린 바보는 마지못해 페치카에서 기어 나와 옷을 입고 신발을 신기 시작했다. 그리고 마당으로 나와 헛간에서 썰매를 꺼내고 줄과 도끼를 집은 다음 썰매에 편안히 앉아 대문을 열라고 형수들에게 소리쳤다. 형수들은 그가 썰매에 말도 매지 않은 채 앉아 있는 것을 보고 소리쳤다.

"이 바보야, 말도 매지 않고 어디로 가려고 하니?"

"말 같은 건 필요 없어. 문이나 열어 줘."

형수들은 문을 열러 나가자 에멜랴는 썰매에 앉은 채 낮은 목소리로 중얼거렸다.

"꼬치삼치의 명대로 그리고 내 소원대로 될지어다. 썰매는 숲으로 향해라!"

그러자 썰매가 힘차게 문 밖으로 나가더니 숲으로 가려면 지나야만 할 공터로 질주했다. 에멜랴는 썰매 위에 길게 누워 사람들에게 비키라고 소리치지도 않았기 때문에 많은 행인이 썰매에 치었다. 사람들이 그를 쫓아왔으나 끝까지 따라잡지는 못했다.

에멜랴는 숲에 도착했을 때 썰매에서 내리면서 말했다.

"꼬치삼치의 명대로 그리고 내 소원대로 될지어다. 도끼, 너는 장작을 패고 장작은 스스로 모여서 서로 한 단씩 엮여라!"

에멜랴가 이 말을 다 끝마치기도 전에 도끼가 숲을 돌아다니면서 장작을 패고 장작들은 스스로 모여서 줄로 자신들을 묶는 것이었다. 그리고 에멜랴는 도끼에게 몽둥이를 만들라고 명령하였다.

"꼬치삼치의 명대로 그리고 내 소원대로 될지어다. 썰매야, 집으로 가거라!"

그가 행인들을 썰매로 친 공터로 들어서자 사람들이 그를 붙잡아 썰매에서 끌어내려 때리려고 했다. 에멜랴는 일이 좋지 않게 돌아가는 것을 보고 중얼거렸다.

"꼬치삼치의 명대로 그리고 내 소원대로 될지어다. 몽둥이야, 저 사람들 옆구리를 흠씬 두들겨 주어라."

그가 썰매 한가운데 누워 이렇게 중얼거리자마자, 몽둥이는 모여든 사람들의 등을 후려갈기면서 다니기 시작했고 그러자 사람들은 달아나서 숨기에 바빴다. 에멜랴는 집으로 쏜살같이 달려왔고 몽둥이는 그를 따라오는 것이었다. 집에 들어온 에멜랴는 또다시 페치카로 기어 들어가 버렸다.

이제 도시에는 말 없이 마차를 몰고 많은 사람들을 치고 다니는 사람에 대한 소문이 나기 시작했다. 이 놀라운 일에 대한 소문은 수도에까지 퍼져서 그 나라 왕도 듣게 되었다. 자신의 눈으로 기적이 보고 싶어진 왕은 이 놀라운 인물을 찾아오도록 자기와 가까운 한 사람을 군사들을 딸려보냈다. 이 궁정 대신은 에멜랴가 사는 동네를 찾아내서는 그곳의 나이 많은 어른을 불렀다.

궁정 대신이 말했다.

"나는 왕이 보내 이곳에 왔습니다. 말 없이 마차를 몰고 다니는 사람을 데려오라는 명령을 받았습니다."

그래서 그 마을의 나이 많은 어른은 궁전 대신을 에멜랴가 사는 오두막으로 데리고 갔다.

"그 바보는 어디에 있습니까?"

궁정 대신이 물었다.

"당신이 그에게 무슨 볼일이 있죠?"

에멜랴가 페치카에서 물었다.

"볼일이 있으니까 찾겠지, 어서 옷을 입어라. 너를 왕에게 데려가야만 해!"

궁정 대신이 소리쳤다.

"내가 그에게 뭘 잊고 두고 왔나요?"

에멜랴는 여전히 페치카에서 물었다.

"아이고, 이런 무례한 놈 같으니!"

궁정 대신은 소리치며 흥분해서 몸을 떨며 에멜랴의 뺨을 때렸다. 에멜랴는 무언가 일이 나쁘게 돌아가고 있다는 것을 느끼자 돌아서서 중얼거렸다.

"꼬치삼치의 명대로 그리고 내 소원대로 될지어다. 몽둥이, 너는 나를 모욕하는 이 사람이 어른에게 용서해 달라고 빌 정도로 두들겨 패라."

그래서 마구 두들겨 맞은 궁정 대신은 하는 수 없이 도시로 돌아와 왕에게 있었던 일들을 모두 보고했다. 왕은 이들의 말을 완전히 믿지 않고 자신의 가까운 사람들 중에 지혜로운 사람을 골라 바보를 속여서라도 데려오라고 명령했다. 이 지혜로운 궁정 대신은 바보가 사는 마을로 곧장 가서는 마을에서 나이 많은 어른을 자기에게로 불렀다.

"왕께서 당신들의 바보를 데려오라고 나를 보냈습니다. 그가 누구와 함께 사는지 얘기해 주십시오. 그리고 그의 가족들을 불러 주십시오."

그러자 나이 많은 어른은 바보의 형수들을 부르러 사람을 보냈다. 그리고 그들이 왔을 때 궁정 대신은 물었다.

"너희들의 바보가 좋아하는 것은 무엇이고, 싫어하는 것은 무엇이지?"

"바보는 항상 한 번 부탁하면 듣지 않고 두 번째 부탁할 때도 듣지 않는데, 세 번째 부탁하면 그때는 반드시 그 일을 해 줍니다. 그러나 그는 자기에게 소리 지르는 것은 아주 싫어합니다."

궁정 대신은 바보의 형수들을 놔주며 그들을 왜 불렀는지 바보에게 얘기하지 말라고 했다. 그러고는 건포도와 자두와 산딸기와 과자를 사 들고 오두막에 있는 에멜랴에게 갔다.

"안녕, 에멜랴? 그런데 넌 항상 페치카에만 누워 있는 거니? 이것 좀 먹어 보렴."

그는 바보에게 사 가지고 온 음식을 주고 계속해서 말했다.

"왕에게 가 보자, 에멜랴. 내가 데려다 줄게."

"내가 그에게 왜 가나요? 나는 여기가 따뜻하고 좋은데요."

세상에서 무엇보다 따뜻한 것을 좋아하는 바보가 대답했다.

"그러지 말고 같이 가 다오, 제발."

"나는 게으름을 피우고 싶어요."

"하지만 같이 가면, 왕께서 너에게 붉은 겉옷과 붉은 모자와 장화를 사 주실 텐데."

이 약속은 바보를 바로 혹하게 만들었다.

"그렇다면 할 일도 없으니 가 보지요! 당신이 먼저 가고 나는 나중에 가지요."

궁정 대신은 형수들에게 바보를 믿어도 되는지 그리고 그가 자신을 속이지는 않을 것인지를 물어보았다.

"약속한 것을 어기지는 않습니다."

그들이 대답했다. 그래서 대신은 떠났고 에멜랴는 페치카에 남아서 말했다.

"어휴, 정말이지 떠나고 싶지가 않구나! 하지만 할 일도 없잖아!"

그러고는 바보는 벽을 향해 돌아누워 중얼거렸다.

"꼬치삼치의 명대로 그리고 나의 소원대로 될지어다. 페치카, 너는 나를 수도에 있는 왕에게로 데려다 다오!"

그러자 오두막이 갈라지더니 페치카가 원래 있던 자리에서 움직여 마당으로 나섰다. 페치카는 매우 빠르게 날아서 대신을 뒤따라가서 그와 함께 수도에 도달하는 것이었다. 그때 왕은 장관들과 함께 궁궐 뜰에 나와서 에멜랴를 맞이했다. 왕이 물었다.

"말해 보게나, 청년. 나무를 하러 갈 때, 그대는 왜 많은 사람을 다치게 했지?"

"아, 내가 무슨 잘못을 했나요? 왜 그들이 비키지 않았나요?"

그런데 이때 왕궁의 창문으로 공주가 내다보고 있었다.

에멜랴는 그녀를 보자 탄성을 질렀다.

"꼬치삼치의 명대로 그리고 내 소원대로 될지어다. 저 아름다운 공주가 나를 사랑하게 해 다오."

그가 이 말을 마치자마자 공주가 그를 뚫어지게 쳐다보더니 사랑에 빠지는 것이었다. 바보도 그녀를 바라보다가 말했다.

"꼬치삼치의 명대로 그리고 내 소원대로 될지어다. 페치카는 집으로 가자!"

그러자 페치카는 집으로 날아가 이전의 위치로 내려앉았다.

에멜랴는 예전처럼 페치카에 누워 시간을 보내며 살기 시작했고 궁전에서 또한 조용한 생활이 이전처럼 계속되었다. 단지 바보를 사랑하게 된 공주만이 에멜랴에게 시집보내 달라며 왕을 조르면서 괴롭혔다. 왕은 화가 나서 미칠 지경이었다. 장관들은 왕에게 맨 처음 에멜랴를 데리러 갔다가 실패하고 그냥 돌아온 사람을 다시 보내라고 얘기했다. 그래서 그 대신이 나타나자 왕이 그에게 말했다.

"나의 정다운 친구여, 나는 바보를 데려오라고 자네를 보냈건만 자네는 그를 데리고 오지 못했네. 만약 이번에 그를 데리고 온다면 상을 주겠고, 또 실패한다면 벌을 내리겠네."

대신은 에멜랴의 마을로 가서 나이가 많은 어른을 찾아갔다.

"자, 여기 돈이 있소. 지금 가서 포도주를 사서 상을 차리시오. 그리고 에멜랴를 초대해 술에 취하게 하시오."

마을의 나이 많은 어른은 에멜랴를 술 취하게 하고 싶지 않았으나 왕이 이 대신을 보냈다는 사실을 알고 있었으므로 복종해야 하기 때문에 그의 명령대로 상을 차렸다.

에멜랴는 먹는 것을 매우 좋아했기 때문에 기뻐하며 식사를 하러 어른의 집에 갔다. 대신과 어른은 에멜랴가 취해서 상에서 쓰러져 잠이 들 때까지 계속 그에게 술을 날라다 줬다.

대신은 잠이 든 바보를 마차에 앉히고 꽁꽁 묶어서 도시로 데려왔다. 왕은 튼튼한 쇠사슬과 참나무 통을 가져오라고 명령했다. 그리고 왕은 이 통에 공주와 술에 취해 잠든 바보를 넣고, 물이 안으로 스며들지 않게 하여 바다에 띄우라고 명령했다. 참나무 통이 물에 떠 다닌 지 얼마가 지나서 드디어 정신을 차린 에멜랴는 주위가 온통 어두운 것을 보고 물었다.

"내가 어디에 있는 거지?"

공주가 대답했다.

"에멜랴, 당신은 통 속에 있어요. 당신은 나와 함께 통 속에 갇혔어요."

"그럼 당신은 누구지?"

"나는 공주예요."

공주는 대답하고 이제까지 그에게 일어났던 일을 모두 얘기해 주고는 울면서 이 통 속에서 나갈 수 있게 해 달라고 애원했다. 그녀는 그가 할 수 있다는 것을 알고 있었다.

"왜 그렇게 해야만 하지? 나는 이대로도 좋은데."

공주가 계속해서 말했다.

"당신이 나를 누르고 있어요. 나와 당신을 이 감옥과 같은 곳에서 꺼내 주세요. 자비로운 분이여, 나를 죽게 내버려두지 말아 주세요."

에멜랴는 이런 간청에 마음이 움직였다. 그래서 대답했다.

"음, 그렇다면 좋아. 당신을 위해 이 일을 하지."

그는 돌아누워 조용히 말했다.

"꼬치삼치의 명대로 그리고 내 소원대로 될지어다. 바다, 너는 우리가 타고 있는 참나무 통을 우리나라에서 멀지 않은 해변으로 갖다 놓고, 참나무 통, 너는 스스로 벌어져서 나갈 수 있게 하려무나."

그가 이 말을 마치기도 전에 바다에 파도가 일더니 참나무 통을 번쩍 들었다가 해변으로 내던지는 것이었다. 쇠사슬은 끊어지고, 공주와 바보는 과일 나무가 많은 아름다운 섬으로 나왔다.

"아, 에멜랴. 그렇다면 여기서 우리가 살아야 하는 건가요? 여기는 어디 하나 몸을 숨길 데라곤 없군요. 천막조차 없고요. 제발 소원이니 오두막 같은 거라도 지으라고 명령하세요. 비가 오면 피하기라도 하게요."

"그건 또 왜 해야 하지? 난 이대로도 좋은데. 난 게으름을 피우고 싶어."

바보는 고집을 피우기 시작했다.

그러나 공주는 좋게 간청하면 바보가 들어준다는 것을 이미 알았으므로 그에게 계속 조르기 시작했다.

바보는 공주가 불쌍한 생각이 들어서 중얼거렸다.

"꼬치삼치의 명대로 그리고 내 소원대로 될지어다. 이 섬 가운데에 궁전이 생길지어다. 그리고 모든 사람들이 놀라게, 여기서부터 왕이 사는 궁전까지 수정으로 된 다리를 놓고, 궁전에 있어야만 하는 모든 신하들이 있게 하라."

그가 이 말을 다 마치기도 전에 아주 커다란 궁전이 나타나더니, 거기서 수정으로 된 다리가 뻗어 나오는 것이었다. 에멜랴는 자기의 신부인 공주와 궁궐로 들어갔는데, 그 궁궐 안에 있는 모든 것들은 너무나도 훌륭하고 많은 신하들이 바보의 지시만을 기다리고 있었다. 에멜랴가 보기에 이 사람들은 모두 제대로 된 사람다웠고 자기 하나만이 더럽고 해진 옷을 입은 바보였다. 그것을 보고 그는 더 나은 사람이 되고 싶어졌다.

바보는 옆으로 가서 말했다.

"꼬치삼치의 명대로 그리고 내 소원대로 될지어다. 나는 지혜롭고 멋있는 사람이 되고 싶다!"

바보가 이 말을 마치자마자 공주와 거기 있던 모두 사람이 다 놀랄 정도로 멋있고 지혜로운 남자로 변했다. 에멜랴는 즉시 왕과 그의 장관들을 모시고 오도록 신하에게 명령하고 자기가 누구인지 미리 일러두지 않도록 했다. 신하는 새로 생긴 수정 다리를 건너 왕에게 가서 말했다.

"왕이시여, 저는 당신과 당신의 장관들을 초대하기 위해 저의 주인님께서 보내신 그의 종입니다."

"누가 너의 주인이냐?"

왕이 물었다.

"저도 모릅니다. 그분과 함께 식사하면서 보시면 저절로 아시게 될 것입니다."

신하가 대답했다.

그러자 왕은 꼭 가겠다고 말하고 그 다음 날 모든 궁정 신하들을 데리고 왔다. 궁궐에서 에멜랴는 왕을 반갑게 맞이해서 호화로운 방으로 인도했다. 그곳에는 푸짐한 잔칫상이 차려져 있었다. 그들이 식사를 마쳤을 때 에멜랴가 말했다.

"왕이신 아버님이시여, 정말로 저를 못 알아보시겠습니까?"

그때 에멜랴는 비싼 옷을 입고 있었고 얼굴은 잘생겨진 데다 지혜로워 보였기 때문에 왕은 그를 알아볼 수가 없었다.

"아니, 난 자네를 모르네."

"정말로 왕이시여, 페치카를 타고 당신에게 날아왔던 바보를 모르시겠단 말입니까? 당신이 당신 따님과 함께 물이 스며들지 않도록 한 통에 넣어 바다로 떠나보낸 그 바보를 몰라보시겠습니까? 제가 그 바보 에멜랴입니다!"

너무나도 놀란 왕은 심지어 몸을 부들부들 떨기조차 했다. 그러자 바보는 공주에게 가서 그녀를 데려왔다. 딸을 본 왕은 매우 기뻐하며 에멜랴에게 말했다.

"자네에게 내가 아주 잘못했네. 그 대신 내 딸을 주겠네. 그녀를 아내로 삼게나."

에멜랴는 왕에게 감사하고 그 다음 날은 온 세상에 잔치를 베풀었다. 그 결혼식에 나도 참석하여 꿀이 든 술을 마셨지만, 술은 수염을 따라 흘러내릴 뿐 목구멍으로는 한 모금도 넘어가지 않았다.

두 운 명

　옛날에 한 농부가 두 아들과 함께 살다가 세상을 떠났다. 두 아들은 결혼하기로 마음을 먹고 큰아들은 가난한 처녀와, 작은아들은 부유한 처녀와 결혼을 했다. 그리고 그들은 어쩔 수 없이 함께 같은 집에서 살게 되었다. 어느 날 두 아내들 사이에서 말다툼이 벌어졌다.
　"내가 형제 가운데서 형님과 결혼을 했으니 윗사람 대접을 받아야 마땅하지!"
　큰아들의 아내가 말했다.
　그러나 작은아들의 아내는 대들었다.
　"그렇지 않아요. 내가 형님보다 부자잖아요!"
　두 형제는 지켜보고 지켜보았지만 아내들이 화합할 기미가 없다는 것을 알고는 아버지가 물려준 유산을 똑같이 나눈 뒤 각각 따로 살게 되었다.
　큰아들네 집에서는 1년도 지나지 않아 아이들이 태어났고, 살림은 점점 쪼들리게 되어 완전히 몰락하는 지경에 이르렀다. 먹을 것과 돈이 있을 때는 자라는 아이들을 보는 것이 즐거움이지만 살림이 옹색해지면 아이들은 걱정거리이다!

큰아들은 동생에게 찾아가 사정해 보았다.

"너무 어려우니 좀 도와다오!"

그러나 아우는 "형님이 알아서 살아가세요! 우리 애들도 자라고 있거든요." 하고 한마디로 형의 요청을 거절했다.

얼마 지나서 가난한 형은 부자인 아우를 다시 찾아가서 부탁했다.

"딱 하루만이라도 말들을 빌려다오. 밭을 갈려 해도 말이 없어 갈 수가 없단다."

"밭에 나가 말들을 가져다 딱 하루만 쓰도록 하세요. 말들을 너무 심하게 부리지 말도록 하고요!"

형이 아우네 밭으로 가 보니 낯선 사람들이 아우의 말을 타고 땅을 갈고 있었다.

"잠깐 일들을 멈추시오! 당신들은 도대체 뉘시오?"

큰아들은 소리치기 시작했다.

"그건 왜 묻소?"

"이 말들은 내 아우의 것이니 하는 말이오."

밭갈이하던 사람들 중의 하나가 대답했다.

"우리가 누구인지 정말로 모르겠어요? 우린 당신 아우의 행운이지요. 당신의 아우는 먹고 마시고 한가로이 지내면서 아무것도 할 줄 모르지만 우리가 그의 일을 해 주고 있거든요."

"그렇다면 나의 행운은 도대체 어디에 있는 거요?"

"당신의 행운은 바로 저기 덤불 숲 밑에 붉은 루바슈카를 입고 누워 있지요. 그는 낮이나 밤이나 아무것도 하지 않고 잠만 자고 있어요."

'좋아! 너를 혼내 주고 말 테다.'

큰아들은 굵은 나뭇가지를 하나 꺾어 자신의 행운에게로 다가가서 그의 옆구리를 힘껏 때렸다. 행운은 잠에서 깨어나서 물었다.

"도대체 무슨 일로 때리는 거요?"

"아직 그다지 세게 때리지도 않았어! 다른 이의 행운들은 밭을 갈고 있는데 너는 잠만 자고 있으니 말이다!"

"아니, 설마 내가 당신을 위해 밭을 갈기를 원하는 겁니까? 그런 생각은 하지도 마세요!"

"어째서? 넌 계속해서 덤불 밑에 누워 있기만 할 거냐? 네가 그처럼 게으름을 부리면 나는 굶어죽는단 말이다!"

"만일 내가 당신을 도와주길 바란다면 농사일은 그만두고 장사를 하세요. 난 농사일은 전혀 모르지만 장사라면 모두 안답니다."

"장사를 하라고? 그야 못 할 것도 없지! 하지만 난 가진 게 아무것도 없는데, 어떻게 장사를 하나?"

"당신 아내의 낡은 웃옷이라도 내다 파세요. 그리고 그 돈으로 새 옷을 사고 또 그것을 다시 파세요. 그 일이라면 내가 당신을 도울 수 있을 거예요. 당신 곁에서 한발짝도 떠나지 않을 테니까요."

"그렇다면 좋아!"

이튿날 아침에 가난한 형은 아내에게 말했다.

"여보, 짐을 싸서 도시로 갑시다."

"아니, 갑자기 왜요?"

"농사일은 그만두고 장사를 시작해 보려고."

"아니, 당신 제정신이에요? 아이들에게 먹일 것도 없는데 도시에서 어쩌려고요?"

"그건 당신이 알 바 아니오. 어서 짐이나 싸서 아이들을 데리고 떠납시다."

그렇게 해서 그들은 짐을 꾸렸다. 그들은 신께 기도를 드린 뒤 오두막집에 있는 문들을 단단히 잠그기 시작했다. 그런데 오두막집 안에서 누군가가 슬피 흐느껴 우는 소리가 들렸다.

큰아들이 물었다.

"아니, 거기서 울고 있는 이가 누구요?"

"바로 저예요. 당신의 불행이지요!"

"무엇 때문에 우는 거냐?"

"어찌 울지 않을 수 있겠어요? 당신은 나를 버리고 홀로 떠나려 하잖아요."

"아니다, 애야! 너를 이곳에 버려두지 않고 함께 데려가야지!"

이렇게 말한 뒤 큰아들은 아내에게 말했다.

"여보! 가방에서 짐을 꺼내시오."

아내가 가방에서 짐을 꺼내자 큰아들은 "자, 불행아, 어서 가방 속으로 들어가렴!" 하고 말했다. 불행이 가방 속으로 들어가자 큰아들은 자물쇠 세 개로 가방을 채웠다. 그리고 그 가방을 땅속에 묻으며 "꺼져! 이 저주스러운 놈아! 다시는 내 앞에 나타나지 마라!" 하고 말했다.

가난한 큰아들은 아내와 아이들을 데리고 도시로 와서 집을 얻은 다음 장사하기 시작했다. 그는 아내의 낡은 웃옷을 시장에 가져가서 1루블을 받고 팔았고 그 돈으로 새 옷을 한 벌 샀고 그것을 다시 2루블을 받고 팔았다. 이런 식으로 장사해서 모든 물건을 두 배 가격을 더 받고 팔았다. 그래서 그는 짧은 시간에 부자가 되었으며 상인 조합에도 가입하게 되었다.

부유한 동생이 형에 대한 소문을 듣고 형을 찾아와서는 물었다.

"말씀해 보세요, 도대체 무슨 수를 썼기에 가난한 신세에서 벼락부자가 된 겁니까?"

"아주 간단해. 내 불행을 가방 속에 넣어 잠그고 땅에 묻어 버렸지."

"어디에다요?"

"전에 살던 시골 마당에."

동생은 형이 부자가 된 것을 보고는 질투가 나서 울음이 터질 지경이었다. 그는 당장 시골로 가서 땅에서 형의 불행이 든 가방을 꺼냈다. 그리고 불행을 가방 속에서 풀어 주었다.

"형에게 가서 그를 가난하게 만들어라."

"싫어요! 난 그에게는 가지 않을 거예요. 당신을 따라다니는 것이 더 나아요. 당신은 좋은 사람이군요. 나를 이 세상에 내보내 주었으니 말이예요. 하지만 그 악당은 나를 땅속에 처박았잖아요."

불행이 대답했다.

얼마간의 시간이 흐른 뒤 질투심 많은 동생은 비참한 가난뱅이 신세가 되었다.

루토누슈카

옛날에 한 노부부가 살고 있었는데 그들의 슬하에는 루토냐라는 아들이 있었다. 어느 날 늙은 아버지가 아들 루토냐와 마당에서 일하고 있을 때 어머니가 오두막집 안에서 천장 시렁의 장작을 내리려다 페치카 위에 떨어뜨리고 말았다. 그러자 그녀는 큰 소리로 울부짖으며 탄식하기 시작했다. 아내의 울부짖음을 들은 노인은 황급히 집 안으로 뛰어들어가 왜 우는지 물었다. 노파는 눈물을 글썽거리며 말했다.

"만일 루토냐가 결혼을 해서 아들이 있었더라면, 그리고 그 아이가 페치카에 앉아 있었더라면 내가 이 장작으로 아이를 다치게 했을 거예요."

그러자 노인도 "그렇겠네, 할멈. 당신은 아이를 다치게 했을 거야!" 하고 말하며 아내와 함께 울부짖기 시작했고 두 사람은 함께 통곡했다.

루토냐가 마당에서 뛰어 들어와 물었다.

"왜 울고들 계세요?"

두 사람은 모든 것을 얘기했다.

"만일 네가 결혼을 해서 아들이 있었더라면, 그리고 그 아이가 몇 시간 동안 바로 여기에 앉아 있었더라면 이 할멈이 장작으로 그 애를 죽였을 거야. 장작이 바로 이곳에 얼마나 큰 소리를 내면서 떨어졌는지!"

"아이고, 훌륭하십니다."

루토냐가 말했다.

"안녕히들 계세요! 만일 제가 부모님들보다도 더 어리석은 사람들을 만나면 다시 집에 돌아오지만 그런 사람들을 만나지 못하면 다시는 돌아오지 않을 거예요."

루토냐는 모자를 집어 머리에 쓰며 이렇게 말하곤 집을 떠나버렸다.

루토냐는 걷고 또 걸어갔다. 그리고 오두막 안으로 암소를 끌고 들어가려는 몇몇 농부들을 보게 되었다. 암소는 힘들어하는 기색이 역력했다. 루토냐가 물었다.

"왜 암소를 오두막 안에 끌고 가십니까?"

그들이 대답했다.

"이 안을 보게나, 풀이 얼마나 무성하게 자라고 있는지!"

"아이고, 멍청한 사람들아!"

루토냐는 오두막으로 들어가 풀을 뽑아서 암소에게 던져 주었다. 그 모습을 지켜본 농부들은 깜짝 놀라며 루토냐에게 곁에 머물면서 자신들을 깨우쳐 달라고 부탁하기 시작했다.

"아뇨, 세상에는 바보들이 많이 있을 거예요."

루토냐는 다시 길을 떠났다. 어느 마을에서 루토냐는 한 농가 근처에 농부들이 많이 모여 있는 것을 보았다. 그들은 대문에 멍에를 매어 놓고는 말이 그 멍에에 들어가도록 몰아대고 있었다. 말은 지친 나머지 죽을 지경이었다. 루토냐는 물었다.

"무엇을 하려고 그렇게 애쓰고 있습니까?"

"이 말에 멍에를 씌우려고 하는 참이오."

"아이고, 이런 멍청한 사람들같으니라고! 봐두시오, 내가 해 줄 테니까."

이렇게 말하고 루토냐는 멍에를 들어 말에 씌웠다. 이 농부들 역시 놀라며 일주일만이라도 자신들과 함께 있어 달라고 애원했다. 그러나 루토냐는 그들의 청을 거절하고 계속 길을 갔다.

루토냐는 걷고 또 걸어서 피곤하게 되었고 여인숙에 들렀다. 그곳에서는 주인 노파가 묽은 죽을 끓여서 아이들에게 상을 차려 주고는 지하실에 있는 스메타나(요구르트와 비슷한 시큼한 음식)를 숟가락으로 떠서 나르느라고 들락거렸다.

"할멈, 왜 그렇게 쓸데없이 신발이 닳도록 돌아다녀요?"

"보게나, 묽은 죽은 식탁 위에 있고 스메타나는 지하실에 있는데 어째서라니."

주인 노파는 목쉰 소리로 대꾸했다.

"할멈, 그럼 스메타나가 든 단지를 여기로 가져오면 일이 순조롭잖아요."

"아, 그렇군!"

노파는 스메타나를 방으로 가져온 후 루토냐에게 식탁에 함께 앉자고 권했다. 루토냐는 실컷 먹은 후 잠자리에 올라가 잠을 잤다. 그가 깨어나면 내 얘기도 계속될 것이다. 하지만 지금은 이만 끝이다.

● 주

1   '루토누슈카'는 루토나의 애칭이다.

귀족의 아들 다닐로

아주 먼 어떤 나라에 늙은 왕이 나이가 많아 죽게 되었다. 그에게는 자식들이 많았는데 몇 명은 병으로 죽고 나머지 몇 명은 전쟁터에서 싸우다 죽었다. 그래서 왕국에는 그의 막내딸인 니나 공주만 남게 되었다.

"나는 너에게 왕국을 물려줄 준비를 하지 못했구나. 하지만 백성을 사랑하고 가난한 사람들을 돌봐 준다면 신하들의 존경을 받게 되고 지혜롭게 나라를 통치하게 될 거다. 그리고 중요한 건 아첨쟁이를 주의해야만 한다는 거다. 그들은 너를 거짓말로 속일 것이야!"

이 말을 마친 후 왕은 숨을 거두었다.

젊은 여왕 니나는 아버지의 유언대로 나라를 다스려서 곧 백성들의 사랑과 충성을 받게 되었다. 그녀의 궁궐 문들은 항상 무언가 청원하는 사람들을 위하여 열려 있었고 위로와 도움을 받지 못한 채 그녀에게서 떠나는 거지는 한 명도 없었다.

그렇게 지혜로운 여왕에 대한 칭송이 멀리까지 퍼져서 그녀와 결혼하고 싶어하는 구혼자가 줄을 이었다. 그러나 여왕은 누구와 결혼해야 할지 결정을 내릴 수가 없었다.

그래서 니나 여왕은 다른 나라에서 손님으로 온 자신의 구혼자들을 위해 연회를 베풀었다. 그들 모두에게 똑같이 여왕은 상냥하고 정중하게 대해 주었다. 손님들은 그녀의 천상의 아름다움에 대해 앞을 다투어 말했다. 여왕은 잠자코 그들의 아첨하는 말을 듣고 있었으나 마음에 담아 두지는 않았다. 그녀는 자신이 미녀라고 여기지 않았다. 실제로 그렇긴 했지만, 한 가지 그녀에게 아름다운 것이 있었으니 바로 사람의 마음을 꿰뚫는 지혜롭고 선한 눈이었다.

그런데 그들 중 귀족의 아들 다닐로만이 여왕에게 아무 말도 하지 않고 있었다. 여왕이 그를 향해 물었다.

"장군, 당신은 왜 나에 대해 아무 말도 안 하나요?"

"여왕 전하, 여기 있는 사람들이 칭송하는 당신의 아름다움에 대해서는 할 말이 없습니다. 당신의 가장 중요한 아름다움은 지혜와 고운 마음씨입니다. 당신에 대해 말하는 모든 것은 다 이것에 대해 말하는 것이고, 사람들도 이것을 칭송하는 것입니다."

나머지 손님들은 놀라움에 입을 벌렸다. 여왕은 그 장군에게 인사를 하고 그 자리를 떠났다.

곧 두 번째 연회가 잡혔다. 여왕은 연회에 초대된 모든 구혼자들이 여자 옷을 입고 그곳에 참석하도록 명령을 내렸다. 외국에서 온 신랑감들에게는 매우 마음에 안 드는 명령이었지만 여왕의 비위를 맞추자니 어쩔 수가 없는 노릇이어서 그들은 모두 여자 옷을 입고 연회에 참석했다. 그런데 마지막에 입장한 귀족의 아들 다닐로만은 남자 옷을 그대로 입고 있는 것이 아니겠는가?

"왜 당신은 내 명령에 복종하지 않는 거죠, 장군?"

니나 여왕이 엄하게 물었다.

"여왕 전하, 저는 당신의 충직한 신하입니다. 그리고 어느 때든지 당신을 위해서라면 목숨을 바칠 각오가 돼 있지만, 성실과 진실로 당신을 섬길 뿐이므로 여장을 하라는 당신의 변덕에 맞춰 행동할 수는 없습니다. 군인에게는 어울리지 않는 일입니다. 저는 당신과 왕국을 보호하기 위해 제 칼을 항상 가지고 다니며 준비해 두어야만 합니다."

다닐로는 고개를 숙인 채 말했다.

그러자 여왕은 진실하지 못한 나머지 신랑감들을 마음속으로 비웃으며 상냥하고 진심 어린 목소리로 그에게 대답했다.

"고마워요, 장군. 용감하고 올바른 소리를 해 주시는군요."

세 번째 시험으로 여왕은 손님들과 숲으로 산책을 나가기로 했다. 그녀는 넓은 강에 이르자 말했다.

"재미있는 놀이로 저를 즐겁게 해 주세요. 여러분의 힘과 솜씨를 보여 주세요! 여러분 중에 자신의 칼을 강 건너편으로 던질 수 있는 분에게는 제 마구간에서 가장 좋은 말을 선물하겠어요."

신랑감들은 차례대로 칼을 강 저편으로 던져 보았지만 강 한가운데까지도 이르지 못했다. 그런데 다닐로가 마지막으로 나서서 칼을 멀리 던지자 강 건너편에 떨어지는 것이었다.

"훌륭해요, 다닐로! 제 마구간에서 아무 말이나 가지세요."

니나 여왕이 칭찬했다. 그런데 여왕이 이 말을 마치자마자, 무시무시하게 으르렁거리는 소리가 들려왔다. 모두가 뒤돌아보았더니 거대한 곰이 앞발을 들고 여왕을 막 덮치려고 하는 것이었다.

"구해 주세요, 이러다 죽을 것 같아요!"

그녀가 소리쳤다.

그러나 무기를 갖고 있지 않은 신랑감들은 뿔뿔이 흩어져 도망을 쳤다. 여왕 근처에는 귀족의 아들 다닐로만이 남았는데 그는 오래 생각하지 않고 재빨리 곰을 움켜 안고 목을 조르기 시작했다. 그러자 곰이 곧 신음하는 것이었다.

여왕이 소리쳤다.

"그만 하세요, 장군! 곰을 놔주세요. 그 곰은 길들인 것이에요. 나는 그저 이 알랑거리기만 하는 신랑감들을 시험해 보고 싶었을 뿐이에요. 당신은 말뿐만이 아니라 실제 행동으로 나를 향한 진심을 증명했어요. 당신은 나의 진정한 남편입니다!"

이 사실은 그 즉시 모든 백성에게 공포되었다. 그리고 조롱감이 된 다른 신랑감들은 부끄러워서 재빨리 자기 나라로 돌아가 버렸다.

보바 왕과 아름다운 두루진나 공주

옛날 옛날에 푸른 바다 건너, 높은 산맥들 너머에 키르비트 베르제우로비치라는 훌륭한 왕이 살았다. 그의 딸인 밀리트리사는 세상에서 보기 드문 미인이었다. 그런데 그녀는 옆에도 접근하기 힘든 교만한 미녀라는 소문이 돌았다.

키르비트 베르제우로비치의 왕국 이웃에는 그비돈이라는 왕이 살았는데 그는 엄청난 부와 권력을 가진 용감한 사람이었다. 그런데 우연히 그비돈 왕이 밀리트리사 키르비티예브나를 보고는 그녀를 사랑하게 되어 무슨 일이 있어도 그녀와 결혼하겠다는 결심을 하게 되었다. 그비돈 왕은 즉시 자신의 중직한 신하 중 하나에게 청혼의 편지를 들려서 키르비트 왕에게 보냈다. 키르비트 베르제우로비치는 자신의 딸이 다돈 공작을 사랑하는 것을 알고 있었지만 청혼을 거절하면 그비돈 왕이 자기의 왕국을 파괴하고 자기와 밀리트리사를 포로로 잡아갈까 봐 두려웠다. 그래서 밀리트리사가 저항하고 애원하는데도 그비돈에게 딸을 시집보냈다.

밀리트리사 키르비티예브나는 그비돈과 결혼해서 4년을 살았다. 그들의 아들인 보바가 세 살이 되었다. 그는 아버지에게서 키와 힘을, 어머니에게서는 출중한 외모를 물려받았다. 그비돈은 자신의 아내와 아들을 매우 사랑했지만 밀리트리사는 여전히 다돈 공작을 사랑하고 있었다. 그러던 어느 날 밀리트리사는 다돈 공작이 군대를 데리고 와 그비돈의 왕국 수도에서 멀지 않은 숲에 숨어들어 그비돈을 급습해서 그의 나라를 정복하려 한다는 소식을 들었다. 이 얘기는 밀리트리사를 놀라게 한 것이 아니라 오히려 그녀를 기쁘게 하는 것이었다. 밀리트리사는 군대와 함께 다돈이 잠복해 있는 숲으로 사냥을 나가라고 그비돈을 설득했고, 다돈은 숨어 있다가 그비돈의 사냥 부대를 덮쳐 모조리 죽여 버렸다. 그런 다음 수도로 쳐들어 온 다돈은 왕으로 자칭하고 밀리트리사 키르비티예브나와 결혼했다.

어린 보바 왕자는 다돈을 매우 미워하며 어떻게든 그와 마주치지 않으려고 도망 다녔다. 그런데 불행히도 어느 날 다돈은 꿈에서 보바가 훌륭한 장수가 되어 수도로 쳐들어 와 자신을 죽이고 아버지의 왕좌를 되찾는 것을 보았다. 다돈은 밀리트리사에게 꿈 얘기를 하고 아들을 죽이라고 요구했다. 밀리트리사 키르비티예브나가 아들 보바를 살려달라고 아무리 애원해도 다돈은 막무가내로 거절했다. 그녀는 단지 보바를 바로 죽이는 대신 굶기게끔 결정을 바꿀 수 있었을 뿐이었다.

이제 겨우 세 살밖에 안 된 보바는 탑 속에 갇혔다. 그는 며칠을 배고픔과 목마름에 시달렸다. 그러나 그비돈의 충직한 신하들이 보바를 굶게 버려두지 않았다. 그들은 죽은 아이를 탑에 갖다 놓고 보바를 왕국의 끝으로 옮겨 거기서 배의 선장에게 맡기며 죄 없는 아이를 괴로운 죽음에서 구해 달라고 부탁했다. 배는 다돈의 나라에서 멀리 떠나 젠제베이 안드로노비치가 다스리는 왕국에 도착했다. 자기 나라에 돌아온 선장은 젠제베이 왕에게 보바를 데리고 와서 어떻게 이 아이가 배에 오르게 되었는지 이야기했다.

"아이가 잘생겼을 뿐만 아니라 얼마나 영리하고 착하고 상냥한지 배에 있는 모든 사람들이 그를 친아들처럼 사랑했습니다."

"너는 어떤 출신이지? 귀족이냐 평민이냐?"

젠제베이가 보바에게 물었다. 잠시 동안 생각하다가 얼굴이 새빨개진 보바가 말했다.

"평민입니다."

아이는 자신의 생애에 끔찍한 불행이 일어났던 것을 이해했기 때문에 자기의 출신 성분이 밝혀지는 것이 두려웠다. 젠제베이는 거짓말이라는 것을 알고 있었지만 더 묻지 않고 보바를 자기 궁전의 심부름하는 아이로 남아 있게 했다. 젠제베이에게는 두루진나라는 예쁜 딸이 있었는데 그녀는 보바와 친하게 되었다. 보바는 그녀의 놀이와 공부에 좋은 친구가 되었다. 그는 그녀가 산책을 할 때 같이 따라가고 그녀가 식사를 할 때 옆에서 거들었다.

세월이 흘렀다. 두루진나 공주는 세상에 보기 드문 아름다운 아가씨가 되었다. 그녀의 아름다움에 대한 칭찬이 세계를 떠돌았지만 그녀에게 어울릴 만한 신랑감이 없었다. 보바 또한 사라시 멋있는 청년이 되어서 모든 사람의 주목을 받게 되었다.

공주에게 첫 번째 청혼자로 마르코브룬이라는 강력한 힘을 가진 왕이 나타났다. 그러나 그는 거절을 당하자 수많은 군사들을 이끌고 젠제베이의 왕국을 침략했다. 젠제베이의 군대는 격파되었고 젠제베이 왕 자신은 겨우 수도에 몸을 숨겼다.

슬픔이 나라의 온 백성을 휘어잡았고 아름다운 두루진나 공주는 누구보다 더 깊은 슬픔에 잠겼다.
"슬퍼하지 마세요, 공주님. 제가 저 미운 마르코브룬에게서 공주님을 구하겠습니다."
보바가 두루진나 공주에게 말했다.
"네가 그걸 어떻게 할 수 있겠니?"
"가서 당신의 자유를 위해 그와 싸우죠."
"너 혼자서?"
두루진나 공주가 웃었다.
"넌 고작해야 소년이잖아! 네가 내 편이 될 준비가 되어 있다는 것은 귀하게 여기지만 무의미하게 죽지는 마. 내가 저 증오스러운 마르코브룬의 아내가 돼야만 할 슬픈 운명을 피할 수 없다는 게 빤히 보이지 않니. 네 죽음으로 인해 내 슬픔이 더하지 않게 해 줘. 그리고 내 어릴 적 가장 좋은 친구로서 내 궁전에 남아 주렴."
"아닙니다, 공주님. 제가 제 안에서 느끼는 용감한 힘을 당신은 모르실 겁니다. 시간이 있을 때마다 전 군사 훈련을 받았고 당신 아버지의 병사들과 시합을 했는데, 그들 열 명이 무기도 갖지 않은 저 하나와 싸워도 저를 이길 수는 없었습니다."
"하지만 마르코브룬의 군대 전체가 너 하나와 싸울 거야!"
"마찬가지입니다, 공주님. 저를 포기시킬 순 없어요. 저는 이 일을 해낼 수 있을 거라는 생각이 듭니다."
이 말을 마치고 왕실을 나온 보바는 마구간으로 가서 가장 용맹한 말을 달라고 부탁했다. 마구간지기가 껄껄대고 웃었다.
"용맹한 말을 원한다고? 네가 겨우 앉을 수 있는 말이나마 우리한테 있을까 모르겠는데?"

그들은 철문에 자물쇠를 채워 잠가 둔 지하실로 보바를 데려갔다.
"말이 들을 수 있을 정도로 세게 휘파람을 불어라. 아주 세게 말이야. 그렇지 않으면 네 휘파람 소리를 듣지 못할 테니까."
보바는 지하실 어딘가에 놀랄 만큼 훌륭한 말이 있다는 걸 알았지만 정확히 어디 있는지는 몰랐다.
"이봐, 착한 말아! 내 힘찬 외침에 대답해 봐라!"
보바는 마구간지기들이 벼락 맞은 사람처럼 땅에 넘어질 정도로 크게 소리를 질렀다. 그러자 말이 미친 듯이 울어대며 발굽으로 문을 차 철문들의 고리가 풀려 땅에 떨어지게 했다. 그러자 보바는 지하실 깊숙이 들어갔다. 그리고 잠시 후, 마구간지기들이 소스라치게 놀라게도 보바는 안장도 없이 말에 올라타 그곳을 나오는 것이었다.
그 시간에 마르코브룬이 도시의 성벽으로 가까이 다가오고 있었다. 지체할 시간이 없었다. 처음 눈에 들어오는 수레의 채를 움켜쥐고 보바는 도시를 가로질러 바람같이 달려갔다. 이 이야기에 쓰지 않은 다른 모든 병사들을 놀라게 하면서, 그의 말은 도시의 성벽을 뛰어넘어 단번에 적군의 한가운데에 나타났다. 거기서 그는 수레 채를 오른쪽과 왼쪽으로 휘두르면서 적들의 부대 전체를 무찔러 버렸다. 오른쪽으로 휘둘러 적들을 길로 내몰고 왼쪽으로 휘둘러 골목으로 몰아넣었다. 보바의 말 또한 발로는 적들을 밟고 입으로는 물어뜯었다. 보바가 달려간 자리에는 이미 적군이 보이지 않았다. 적들은 매우 당황했다. 마르코브룬의 군사들은 심한 두려움에 사로잡혀 도망치기 시작했다. 보바는 비겁한 도망자들의 뒤를 쫓아 달려가며 그들을 쳤다. 마르코브룬은 겨우 살아남은 얼마 남지 않은 군사를 모아 자기 나라로 돌아갔다.

젠제베이 왕과 아름다운 두루진나는 궁전 탑의 창문을 통해 이 놀라운 전투를 지켜보았다. 백성들은 지붕과 탑과 종루와 벽에 올라가서 이 들어본 적도 없는 승리를 보고 놀라며 보바를 이 세상에서 가장 용감한 기사로 칭송하고 환호한 다음 전투 후에 커다란 경의를 표하며 보바를 맞았다. 두루진나와 함께 왕이 직접 그를 맞으러 나왔다. 백성들은 만세를 부르고 교회에서는 종을 울려댔다. 왕은 보바에게 좋은 기사복을 수여하고 훌륭한 말을 선물로 주고 가장 높은 무장 기사의 직위를 주었다.

그러나 젠제베이 안드로노비치의 왕국에서 사람들이 이러한 승리의 기쁨을 마음껏 다 누리기도 전에 더욱 강한 왕인 살탄 살탄노비치의 군대가 수도로 쳐들어왔다. 그 군대는 아름다운 두루진나 공주에게 청혼했다가 역시 거절당한 루코페르라는 그의 아들이 지휘하고 있었다. 루코페르는 사람들이 그를 세상에서 가장 용감하고 힘 센 용사로 생각하고 있는 자였다. 이제까지 그와 힘을 견줄 만한 사람은 하나도 없었다. 그는 혼자서 장수 셋과 상대하지 않고는 전투에 나가지 않았다. 두려움이 젠제베이의 왕국을 엄습했다. 가까운 사람들이 왕에게 그의 딸을 루코페르에게 주라고 설득했지만, 두루진나는 이 말을 따르려 하지 않았다.

"제가 가서 루코페르와 싸우겠습니다."

보바가 제안했다.

왕과 공주는 루코페르가 무적의 용사라고 생각했기 때문에 이 말에 반대했지만 궁정 대신들은 비웃으며 말했다.

"만약 보바가 정말로 왕국의 가장 높은 무사 직위를 받을 만한 인물이라면 그가 아니고 누가 루코페르와 싸워 이길 수가 있겠습니까?"

그러자 보바는 무기고에서 제일 좋은 무기를 달라고 요구했다. 신하들은 또다시 비웃으며 그에게 네 명의 병사가 겨우 들 만한 무거운 칼과 둘이서 힘을 합쳐야 어렵게 끌 수 있는 창을 가져오게 했다. 갑옷과 투구도 열두 사람이 겨우 들고 왔을 정도로 무거운 것이었다.

"바로 이런 무기들을 원했소."

보바는 이렇게 말하고, 아무 도움 없이 그것들을 몸에 갖추었다. 그리고 보바가 말에 올라타려고 할 때, 두루진나 공주가 아버지와 대신들이 있는 앞에서 그에게 말했다.

"너는 나를 위해 올바른 죽음의 길로 나아가는구나. 너를 축복할 수 있게 해 줘!"

보바는 아름다운 두루진나 앞에 무릎을 꿇었고, 그에게 세 번 성호를 그어 준 공주는 그를 안아 주고 입을 맞춘 다음, 이렇게 말했다.

"넌 어렸을 때부터 내 가장 좋은 친구였고, 앞으로도 너보다 나은 친구는 없을 거야."

"좋은 말씀을 해 주셔서 감사합니다, 공주님. 그리고 그 상냥함에도 감사합니다. 당신에게 이제야 밝히는 바인데 전 유명한 그비돈 왕의 아들입니다."

보바는 이렇게 말을 마치고 말에 올라타 바람과 같이 싸움터로 날아갔다.

보바가 성문 밖으로 말을 타고 달려 나가자 루코페르가 무섭게 그를 쏘아보며 물었다.

"웬놈이냐? 여기 왔느냐?"

"나 보바는 너와 싸우기를 원한다."

"난 너 같은 강아지는 죽이지 않아. 기사를 내보내마."

"난 기사 한 명과는 싸우지 않으니 모두 한꺼번에 내보내라!"

루코페르는 껄껄대며 웃더니 오랜 의논 끝에 양보해서 가장 용감한 기사 여덟 명을 보바에게 보냈다. 보바는 마치 폭풍우처럼 그들을 덮치더니 칼과 창으로 그들 모두를 하나같이 없애 버렸다. 루코페르와 그의 군사들이 도망치는 것을 보고 보바는 루코페르를 쫓아갔다.

"정직한 싸움을 하고 싶지 않거든 겁쟁이처럼 죽어라."

그러면서 보바는 갖고 있는 모든 무기로 루코페르를 두 동강 내 버렸다.

왕과 공주는 보바를 맞으러 성문 앞까지 나왔다. 젠제베이 안드로노비치는 거기서 보바를 아름다운 두루진나의 약혼자이자 자신의 가장 높은 신하, 그리고 왕위 계승자로 공포했다. 젠제베이의 수도는 화려하고 흥겹게 이날을 축하했다. 그러나 궁정 대신들은 보바의 이런 출세가 마음에 들지 않았다. 그가 어렸을 때 항상 그를 깔보았던지라 이제 그가 복수할 것 같아 두려웠던 것이다. 그래서 그들은 서로 모의하여 젠제베이 안드로비치의 이름으로 허위 편지를 써서 살탄 살탄노비치 왕에게 보내기로 결정했다. 그 편지에는 젠제베이 왕이 살탄 왕에게 보바를 넘겨 그의 아들 루코페르의 죽음에 대해 복수할 수 있게 해 주겠다는 거짓이 담겨 있었다. 편지에는 왕의 이름이 새겨진 도장이 찍혀 있었다. 모두가 잠든 깊은 밤에 궁정 대신들 중 하나가 왕의 방에 들어가 왕의 옷을 입었다. 그리고는 깊은 잠에 빠져 있던 왕의 종 하나를 불렀다.

"가서 이 편지를 보바에게 전해 주어라. 그리고 그에게 이 편지를 가지고 지체하지 말고 빨리 떠나라고 말해라."

가짜 왕이 말했다. 어두운 곳에서 그에게 편지를 준 사람이 진짜 왕이 아니라는 것을 알아채지 못하고 좋은 명령을 이행하기 위해 서둘러 보바에게 갔다. 편지를 가지고 살탄 왕에게 가라는 명령에 보바는 몹시 놀랐지만 언제나처럼 지체하지 않고 왕의 명령을 수행하기 위해 서둘렀다. 그는 순식간에 옷을 입고 길을 떠났다. 단지 그런 사소한 일에 자기의 전투용 말을 쓰는 것을 아까워하며 왕실의 마구간에서 다른 말을 골라 탔다.

몇 달 동안 보바는 말을 타고 달려갔다. 얼마 동안을 갔는지 모를 정도가 되었을 때 드디어 그는 살탄 살탄노비치의 수도에 도착했다. 젠제베이 안드로노비치의 이름으로 보낸 편지를 읽은 살탄 왕은 사랑하는 아들을 죽인 범인을 보자 매우 놀랐다. 루코페르의 죽음에 대해 앙갚음할 수 있다는 생각에 살탄의 가슴은 기쁨으로 마구 뛰기 시작했다. 그러나 교활한 왕은 자신의 기쁨을 숨겼는데, 보바의 힘을 두려워했기 때문이었다.

"아직은 네게 아무 말도 할 수 없구나."

살탄 살탄노비치는 여러 가지 질문을 통해 보바가 그 무서운 내용이 담긴 편지에 대해 아무것도 모른다는 것을 확신하고는 말했다.

"너는 내 손님이 될 것이다. 유명한 기사인 너를 맞이하고 대접할 방법을 강구해야겠다."

아무런 나쁜 일도 의심하지 않은 보바는 순순히 병사들을 따라 요새에서 가장 높은 탑으로 갔다. 그런데 탑의 문이 그의 등뒤에서 재빨리 닫히고 문들이 하나씩 차례대로 잠기기 시작했다. 그때서야 그는 깊은 생각에 잠기게 되었다. 그 무렵 살탄 살탄노비치는 이미 충직한 신하들을 불러모아 그들을 두려움으로 몰아넣었던 보바를 어떻게 없앨지 의논했다. 어떤 신하는 그를 굶겨 죽이라고 제안했고 다른 신하는 그와 함께 탑을 폭파시켜 버리라고 충고했다.

그런데 병사들이 보바를 탑으로 데려갈 때 살탄의 딸인 멜사르기야 공주가 그를 보게 되었다. 그녀는 보바의 수려함에 경탄했다. 살탄이 보바를 죽이기를 원한다는 소식을 들은 공주는 왕에게 가서 보바가 군대 전체보다도 더 살탄 살탄노비치의 왕국을 잘 지킬 것이라며 그를 자기의 남편으로 달라고 청했다. 이에 대해 아버지는 딸의 청원을 오랫동안 들어주지 않다가 마침내는 그 자신도 이미 늙었고 아들 루코페르도 이미 없고 멜사르기야도 시집갈 때가 되었다는 생각을 하며 양보하게 되었다. 그래서 멜사르기야는 직접 보바가 있는 탑으로 가서 얼마나 슬픈 운명이 그를 기다리고 있는지 얘기해 주고 이것을 피하기 위해서는 오로지 그녀와 결혼하는 길밖에는 없음을 설명했다. 그런데 보바는 자기는 이미 아름다운 두루진나의 약혼자로 공표되었다고 그녀에게 대답했다.

"하지만 그렇다면 당신은 괴로운 죽음을 맞이할 뿐이에요!"

멜사르기야가 안타까워하며 말했다.

"수치를 당하는 것보다 죽는 것이 낫습니다."

보바는 단호하게 말했다. 그래서 멜사르기야가 떠나자마자 소란스런 소리를 들었을 때 보바는 이것이 그를 데리러 오는 것이라는 것을 알았다. 절망에 빠진 그는 자기의 유일한 무기인 칼을 집어들고 문을 부숴 산산조각내기 시작했다. 탑에서 들리는 무서운 굉음을 들은 군사들은 탑이 무너지는 줄 알고 두려움에 사로잡혔다. 그래서 보바가 칼 하나만을 들고 거리에 나타났을 때 모두들 두려움에 싸여 어디로든지 숨기 바빴다. 보바는 제일 먼저 눈에 띄는 말에 재빨리 올라타고 달려갔다. 살탄 살탄노비치는 대규모의 기병대를 파견하라고 명령했다. 그러나 기병대는 보바를 잡으려고 그렇게 서두르지 않았다.

바다에 도달한 보바는 작은 배에 올라타고 넓은 바다로 나갔다. 곧이어 그는 커다란 배를 발견하고, 신호를 보내서 곧바로 그 배의 뱃전에 올라갔다. 거기서 그는 그 배가 마르코브룬 왕의 것이라는 것과 마르코브룬 왕이 그의 아름다운 약혼녀인 두루진나 젠제베예브나 공주에게 이 배를 선물로 주기 위해 항해하고 있다는 것을 알게 되었다. 보바는 마르코브룬에게 볼일이 있다고 말한 다음 물었다.

"그러나 아름다운 두루진나 공주는 보바의 약혼녀로 공표되지 않았나요?"

"쉬! 무슨 말을 하는 거요? 마르코브룬 왕국에서 이 이름을 거론하는 사람은 사형에 처할 것이라고 공표했단 말이야! 마르코브룬은 젠제베이의 왕국을 파괴한 다음 젠제베이를 죽이고 두루진나를 포로로 잡았어요. 이전의 약혼자에게는 용맹한 말만 남았는데, 마르코브룬의 지하실에 갇혀 있지."

배가 해안에 닿기 전에 보바는 한 나이 많은 어부의 작은 배로 옮겨 탔다. 어부는 보바를 자기의 오두막으로 데려갔다. 어부와 얘기를 나눈 보바는 왕의 결혼식이 이틀 후에 있을 것이고 두루진나에게는 오직 가난한 사람들만이 가까이 갈 수 있다는 사실을 알게 되었다. 보바가 말했다.

"내게는 두루진나 공주를 꼭 뵈어야 할 일이 있습니다. 모국에서 그녀에게 부탁한 중요한 용건을 가지고 왔습니다."

늙은 어부가 대답했다.

"그 일 때문에 네 생명이 위험할 수도 있어. 하지만 내가 도와주지. 내겐 가루약이 있는데 누군가에게 이것을 맡게 하면 깨지 않고 열흘 이상을 재울 수가 있지. 아마도 이 약을 가지고 가면 보초들을 잠들게 하고 몰래 아름다운 두루진나를 찾아갈 수 있을 거야."

어부에게 후히 사례한 보바는 그의 도움으로 허름하고 가난한 노인으로 변장했다. 그는 얼굴에 흙칠을 하고 회색의 나이 든 눈썹을 붙이고 대머리 모양의 가발을 쓰고 거의 얼굴 전체를 가리는 커다란 회색 수염을 붙였다. 또한 그는 칼에 자작나무 껍질을 감아 가난뱅이의 지팡이로 위장했다.

그래서 조그마한 의심도 받지 않고 보바는 두루진나 공주가 있는 마당으로 뚫고 들어가서 다른 가난한 사람들과 함께 섰다. 아름다운 공주가 적선을 하며 마침내 그에게 다가왔다.

"보바 왕의 이름으로!"

손을 내밀며 그가 나직하게 중얼거렸다. 두루진나는 멈칫하더니 시녀에게 계속해서 동냥을 나눠주라고 시키고는 그 가난뱅이와 얘기를 나누기 위해 그를 정원으로 데려갔다.

"넌 누구고 어떻게 보바 왕을 알고 있지?"

"나중에 알게 될 것입니다, 공주님. 그리고 지금은 시간을 낭비하지 마십시오. 보바 왕은 여기 마르코브룬의 수도에 있고, 오늘도 당신 곁에 있을 수도 있습니다. 그러나 그 전에 그의 용맹스런 말이 어디에 있는지 알아야만 합니다."

공주가 말이 있는 곳을 얘기하자 보바가 대답했다.

"그렇다면 이제 제 말을 잘 들으십시오, 공주님! 여기 가루약이 있습니다. 이것을 마르코브룬이 냄새 맡게 하십시오. 그는 며칠 동안 잠이 들게 될 것입니다. 그가 가루 냄새를 많이 맡으면 맡을수록 그만큼 더 깊이 잠이 들 것입니다. 만약 당신이 이 일을 해치우면 보바 왕이 저녁에 당신 앞에 나타날 것입니다. 그리고 또한 오늘 당신은 그의 아내가 됩니다. 여기서 이제 저는 더 이상 할 일이 없습니다. 저는 저녁 때 오겠습니다. 당신 종에게 저를 고국에서 온 사신으로 얘기해서 제가 들어올 수 있도록 조처하십시오."

가난뱅이를 놓아준 두루진나는 기뻐서 어쩔 줄을 몰라했다. 그녀에게 일어난 변화는 모두가 느낄 수 있었다. 특히 항상 그녀가 울고 있는 모습만을 본 마르코브룬을 놀라게 했다.

"무슨 일이 있어난 거지, 공주?"

두루진나가 대답했다.

"매우 기쁜 일이 생겼지요! 나한테 신비의 가루약이 생겼답니다. 내가 그것을 누군가에게 주어 단지 냄새만 맡게 해도, 그 사람은 천하무적인 용사의 힘을 얻게 된답니다. 나는 이 가루로 보바 왕을 그런 천하무적의 용사로 만들었지요. 이 가루를 잃어버렸는데 오늘 다시 찾았어요. 이제 당신이 원하신다면 그런 힘을 당신께 드릴 수 있어요."

마르코브룬은 두루진나가 그에게 관심을 가지기 시작했기 때문에 그리고 보바 왕을 더 이상 두려워할 필요가 없게 되었기 때문에 아주 기뻐했다. 그래서 두루진나가 기분 좋은 향기가 나는 가루를 조심스럽게 그에게 가져왔을 때 왕은 탐욕스럽게 단번에 들이마셨고 곧바로 한 번 더 세게 냄새 맡은 후, 앉은 채로 깨지 않는 잠에나가 떨어졌다. 그러자 공주는 재빨리 밖으로 나왔다.

아직 해가 지지 않았는데 어떤 가난한 불구 노인이 그녀를 만나기를 원한다고 시녀가 말했다.

"여기로 그를 데려오너라, 지금 당장!"

공주는 기뻐하며 자기가 직접 그를 맞으러 나갔다.

"마르코브룬이 잠들었습니까?"

거지가 물었다.

"이미 오래 전에. 그런데 보바 왕은 어디에 있지? 왜 너와 함께 오지 않은 거야?"

공주가 근심에 싸여 물었다.

"내가 보바 왕입니다."

"네가?"

공주는 소스라치게 놀라며 두려움으로 그에게서 몇 발 떨어졌다.

"그럼 지금 보여 드리겠습니다."

이렇게 말하고 보바는 계단으로 올라가서는 낡은 옷을 벗어던지고 가발과 수염을 떼낸 다음, 커다란 목소리로 소리쳤다.

"이봐, 내 말아, 훌륭한 내 말아! 내게로 오렴, 나의 착한 친구야!"

그러자 말은 지하실 벽을 뚫고 나왔고, 이 굉음으로 인해 궁궐에 있는 창문 유리들이 진동했다. 마구간지기와 종들과 궁전의 보초병들은 도망쳐 숨어 버렸다. 보바의 말 하나만으로도 모두를 두려움에 몰아넣었는데 거기에는 더군다나 보바 자신이 있었다. 보바 왕은 자기를 위해 말 위에 안장을 얹고 공주를 위해 다른 말에도 안장을 얹고 서두르지도 않으며 아무런 저항도 받지 않은 채 말을 타고 마르코브룬의 성을 나왔다. 그러고는 또한 서두르지 않고 교회에 들러 거기서 두루진나와 결혼식을 올렸다. 신랑 신부는 마치 이제까지 아무 어려움도 없었던 것처럼 평온하게 여행하여 길을 되짚어 갔다. 그렇게 해서 그들은 마르코브룬 왕국의 국경 지대에 도달했는데, 거기에는 천막들이 있고 말로 다 할 수 없는 아름다운 전경이 펼쳐져 있었다. 그래서 거기서 그들은 행복하고 즐겁게 몇 주를 보냈다. 그런데 어느 날 갑자기 두루진나가 남편에게 말했다.

"아아, 추적해 오는 소리가 들려요! 난 이 말발굽 소리를 알고 있어요. 이건 폴칸이라는 괴물이 우리를 쫓아오는 소리예요. 이 괴물은 상체는 사람 몸이고 하체는 말 모양이랍니다. 그의 힘은 잴 수가 없을 정도로 강해요. 그는 오래된 참나무를 뿌리째 뽑아서 단순한 막대기같이 갖고 논답니다."

"진정해요."

보바 왕이 갑옷을 입고 말에 안장을 얹으면서 대답했다. 보바는 적을 향해 나아갔다. 폴칸은 보바 왕을 보자마자 옆으로 비켜 서더니 커다란 나무를 뿌리째 뽑았다. 그러자 보바는 창을 힘껏 던져 괴물의 발을 관통시켰다. 짐승의 울부짖음과 신음 소리를 내며 폴칸이 땅에 넘어졌다.

보바 왕이 칼을 빼들고 다가가자 폴칸은 소리치며 애원했다.

"용서해 줘요! 용서해 줘요! 당신을 내 형님으로 모시고, 성실과 정직으로 섬기겠어요!"

그러자 보바 왕은 그의 발에서 창을 빼고 도와서 일으켜 준 다음 그를 포로로 잡아 자신의 천막으로 데리고 갔다. 거기서 폴칸이 얘기하기를, 마르코브룬은 거의 두 주 동안이나 잠을 잤고 깨어나서 두루진나가 도망간 것을 알고는 말할 수 없을 정도로 화가 났다는 것이었다. 그러나 마르코브룬의 신하들은 그들을 추적하기 위해 군대를 파견하는 것을 반대하고 폴칸 하나를 보내기로 결정했는데 그는 단번에 몇 베르스타를 뛰어넘을 수가 있어 도망자들을 더 빨리 따라잡을 수 있기 때문이었다. 성공한다면 폴칸에게 완전한 자유와 마르코브룬의 왕국 절반을 주겠다고 약속했다는 것이었다.

두루진나의 보살핌 덕분에 폴칸은 빠르게 회복되었고 이 신랑 신부에게 매우 끌리게 되었다. 셋이서 사는 것이 이전보다 훨씬 더 즐거웠다. 그들은 보바 왕의 고국으로 향했다.

그리고 드디어 그들은 보바의 아버지 그비돈이 다스렸던 왕국에 도달했다. 그런데 어느 날 항상 앞서서 달려가던 폴칸이 포로 세 명을 데리고 돌아왔다. 이들은 보바가 돌아왔다는 소식을 들은 다돈이 그를 죽이기 위해 보낸 수많은 대군에 속해 있던 자들이었다. 보바는 그 포로에게서 자기 아버지의 죽음에 대해 자세하게 듣게 되었다. 배반을 당해 원통하게 돌아가신 아버지의 복수를 하고 싶은 마음에 보바 왕의 가슴은 요동쳤다. 그는 폴칸에게 두루진나를 지켜 달라고 부탁하고 다돈과 싸우러 나갔다. 보바 왕이 화가 나서 다돈의 군대 진영으로 날아가 병사들을 없애 버리는 동안 땅이 진동하고 신음은 끊이지 않고 울려 퍼졌다. 적의 군사들은 두려움에 몸을 떨며 흩어져 도망가기에 바쁘게 되었다. 폴칸은 아름다운 두루진나의 천막으로 다가오려는 군인들을 베어 버렸다. 그러나 싸움에 너무나 몰두해 버린 나머지 천막에서 멀리 떨어지게 되었다. 많은 부대를 본 그는 나무가 많은 산으로 뛰어가서 그들의 길을 끊어 놓으려고 했다. 그런데 그 산은 몇 베르스타 떨어진 곳에 있었다. 폴칸은 한 번, 두 번, 세 번을 힘껏 뛰었다. 그런데 그만 늪에 떨어져 거기에 빠지고 말았다. 거기서 독사가 그를 물었다.

보바 왕도 다돈의 군대를 쫓고 쫓았다. 아름다운 두루진나는 발소리와 소란이 차츰 가라앉는 것을 듣고 이것은 보바의 승리를 의미한다고 생각하며 기뻐했다.

그런데 이미 아무 소리도 들리지 않고 저녁이 다 돼 가는데 남편도 폴칸도 돌아오지 않는 것이었다. 근심이 그녀를 사로잡기 시작했고 해가 지기 시작하자 그 근심은 더해만 갔다. 드디어 해가 지자 사자와 호랑이, 하이에나 등 사람 잡아먹는 짐승들이 서로 울어대기 시작했다. 이제는 두려움이 그녀를 휘감았고 슬픔과 절망에 빠진 그녀는 가까운 마을로 도망가 한 마음씨 고운 농부의 집에 거할 곳을 찾았다. 물론 자기가 누구이고 어디서 왔는지 숨긴 채.

한편 보바 왕은 멀리까지 적들을 추적하다가 밤이 되자 너무나 지쳐 겨우 말에서 내렸고 볏짚처럼 쓰러져 꼬박 하루 동안을 잤다. 잠에서 깬 그는 폴칸과 아내를 남겨 둔 곳으로 향했다. 그런데 천막까지 몇 베르스타 남지 않은 데까지 왔을 때 텅 빈 천막뿐인 것을 보고 그는 경악했다.

"내 아내는 어디에 있단 말인가? 그녀에게 무슨 일이 있어난 거지?"

보바 왕은 이렇게 소리치며 아내의 이름을 부르기 시작했다. 그러나 주위는 조용했고 아무도 보이지 않았다. 그래서 보바 왕은 악한이 아내를 납치한 것이 아니라 사나운 짐승이 그녀를 물어 갔다는 결론을 내렸다. 보바의 슬픔과 절망은 한이 없다. 수없이 울던 그는 다돈을 죽이러 자리에서 박차고 일어났다.

훌륭한 용사 보바 왕이 나타났다는 것과 그의 완벽한 승리에 관한 소식이 다돈의 왕국 전역에 퍼졌다. 이제 보바가 지나가는 곳에선 백성들이 그비돈의 죽음과 보바 왕에게 잔인하게 대했던 데 대한 죗값을 받으라고 다돈에게 요구하며 보바를 위해 일어섰다. 보바 왕이 이끄는 거대한 군대가 수도 가까이 다가오자 다돈의 군사들은 싸우기를 거절했다. 너무도 놀란 다돈 사신은 급히 도망을 쳤지만 보바 왕은 곧 그를 따라잡아서는 처형시켜 버렸다. 그리고 보바 왕의 어머니, 밀리트리사 키르비티예브나는 수도원으로 도망가서 아들에게 용서해 달라고 애원했다. 보바는 사신을 보내어 그녀를 용서한다고 말하고 남은 생을 속죄를 위하여 기도하는 데 바치라고 충고했다.

● ─러시아 민담

아버지의 왕좌에 오른 보바 왕은 아내가 죽은 줄로만 알면서도 그녀를 무척이나 그리워했다. 그러나 두루진나는 착한 농부의 집에서 탈 없이 살고 있었다. 그녀는 남편에게 자기 소식을 알릴 시간이 없었는데, 그때쯤 아들을 낳았기 때문이었다. 그런데 얼마 있지 않아 그녀는 보바 왕이 신하의 권유로 살탄 살탄노비치의 딸인 멜사르기야와 결혼할 거라는 소문을 듣게 되었다. 그때서야 두루진나는 부랴부랴 사람을 보내 남편에게 자기와 새로 태어난 아들에 관한 소식을 전했다.

그 소식에 보바 왕이 얼마나 기뻐했는지 말로는 표현할 수 없을 정도였다. 그는 사랑하는 아내와 만났다. 그들은 행복하게 살기 시작했다. 마르코브룬이 군소리 없이 젠제베이의 왕국을 그에게 내준 것은 말할 것도 없다. 보바는 나이가 많이 들 때까지 지혜롭게 백성들을 다스렸고 그의 자식들과 손자들도 또한 그와 같이 지혜롭게 나라를 다스렸다. 그래서 백성들 사이에서는 이루 헤아릴 수 없이 많은 선을 행한 선하고 훌륭하고 강한 보바에 대한 기억이 결코 사라지지 않았다.

러시아 민담을 소개하며

●●●●●

러시아는 유럽과 아시아 대륙에 걸친 거대한 영토에 백여 민족들이 살고 있는 복합 다민족 국가이지만, 현재 러시아 인구의 80퍼센트는 인도유럽어족에 속하는 러시아 어를 사용하는 동슬라브 족이다. 영토의 대부분은 한랭한 지역이 많고 해양의 영향을 많이 받고 있다.

 오랜 기간 동안 영토 확장 정책을 통해 넓은 땅을 확보해 온 러시아는 크고 작은 침략을 수없이 받았으며, 그로써 동서양의 여러 문물이 뒤섞여 러시아만의 독특한 색채로 발전하게 되었다.

 여기에 소개하는 민담들 대부분은 러시아의 대표적인 종교인 정교회의 영향 아래 형성되었다. 서기 988년 키예프의 블라디미르 대공이 콘스탄티노플로부터 기독교를 수용하고 동방 정교회를 국교로 삼은 이후, 러시아 정교회는 민족 정체성 확립과 러시아 민족주의 형성에 중요한 역할을 해 왔다. 러시아 민중은 상상을 초월하는 광활한 대지의 곳곳에서 거의 비슷한 생활을 영위해 왔고, 또 10세기 이후 거의 똑같은 신앙생활을 해 왔다. 이러한 정신적 균일성 속에서 유럽에서 가장 기독교적인 문화가 태어났다.

 슬라브 인들의 초기 세계관은 주로 민간 신앙에 바탕을 두었고 6세기 무렵에는 슬라브 인들도 기독교의 신과는 다른 천상의 신 및 지역의 제신을 믿었다. 그 신들은 인간의 모습을 하고 있는가 하면 다른 한편으로는 동물의 모습을 하고 있었고, 인간과 동물이 합성된 모습을 하기도 했다. 슬라브 인들은 뇌신雷神 페룬을 최고의 신으로 믿어 거세한 황소와 뿔이 있는 짐승의 수컷을 바치곤 했으며, 이와 더불어 다른 여러 귀신 즉 번개나 회오리바람 같은 자연 현상 및 집 아궁이의 신들, 그리고 병과 재난을 가져오는 악마들도 믿었다.

10세기에 기독교가 들어와 이런 토속 신앙 구조를 타파했다. 기독교는 기독교의 세례와 정결에 반하는 민간 신앙의 신화적인 인물과 관념을 부정을 끼치는 불결한 힘으로 간주했다. 그래서 이런 초인적인 영웅과 귀신들은 러시아가 기독교를 수용한 이후 악마로 강등되었다. 슬라브 인들은 차츰 전통 신앙을 멀리하게 되었지만, 그러한 민간 신앙의 자취는 구비 문학 속에 명맥을 유지해 왔다.

루시 족의 우두머리인 류리크가 노브고로트에 정착하여 시작된 고대 루시 시대에 기독교는 구비 문학을 금지했다. 구비 문학에 대한 기독교의 이러한 태도는 17세기에 접어들어 변하게 된다. 표트르 대제가 서구화를 추진하고, 러시아에는 새로운 문화가 피어났다. 이 새로운 문화는 전통적인 종교관에서 탈피하여 문화의 세속화, 사회 의식상 합리주의의 발전, 타민족 문화와의 활발한 접촉이란 특징을 갖는다. 17세기 말부터 새로운 시민 계층이 생겨났는데, 중세의 교훈적인 이야기들에 만족하지 못한 그들은 읽고 이야기할 수 있는 서술 문학을 바랐다.

구비 문학이 수집되기 시작한 것은 서방, 특히 폴란드의 영향이 컸는데, 묘하게도 교회지기들이 구비 문학의 편집자들이 되었다. 교회의 설교는 통상 추상적이고 지루하였기 때문에 교회에서는 설교 시간에 신도들이 남아 있도록 하기 위해 설교를 재미있는 이야기로 꾸미고 그 이야기에 도덕적 종교적 철학적 해석을 덧붙였다. 이런 목적으로 이야기 모음집이 생겨났고, 이 이야기들이 구비 문학 채록의 기원이 되었다.

이렇게 채록된 구비 문학 중 산문의 형태로 된 것이 민담이다. 민담은 주인공의 모험을 중심으로 하여 특별하고 놀라운, 때로는 비밀스럽고 무시무시한 사건을 다루며 러시아 민중들 사이에서 대단한 인기를 누렸다. 이중에서 '브일리나'라고 하는 영웅 서사시가 많았다. 브일리나에는 '보가트리'가 등장하여 선량한 민중을 도와준다. 긍정적인 주인공이 어려운 장벽을 여러 차례 극복하고 목표를 달성한 후 행복한 결말을 맺는 이야기들이 대부분이다.

민담은 기교적이고 허구적인 성격을 지니며, 그 속에는 현실과 비현실 세계가 공존한다. "이야기는 만든 것이며, 노래는 진실이다."라는 속담은 민담이 허구임을 잘 말하고 있다. 민담의 특징은 화자나 청자도 그 내용을 그대로 믿지 않으면서도 마치 이야기 전부가 현실에서 일어났던 일인 양 이야기한다는 점이다.

러시아 민담의 시적 표현 형태는 주인공의 형상을 표현하기 위해 상징을 사용한다. 몸에 해, 달, 별 등이 빛나고 있다든가 하는 고정적인 형용 어구와 동어 반복이 빈번하며 '바냐', '자유쉬코' 등 지소체 형태가 자주 등장하는 것이 특징이다. 의인화 수법이 자주 사용되며 환상적 등장 인물이 상당히 많이 반복적으로 등장한다.

러시아 민담에서는 특히 서두부와 결말부의 형식이 잘 다듬어져 있다. 서두부는 흔히 청중의 관심을 집중시키고 청중을 준비시키기 위해 고안한 정교하고 우스운 서곡의 형식을 갖춘다. 이러한 서두는 대개 다음에 나올 주된 이야기와 현저하게 대조를 이루는데, 그것은 그저 우스개로 덧붙인 장식일 뿐이며 진짜 이야기는 아직 시작되지 않았기 때문이다. 민담의 서두부는 고정된 형식을 이용해 청중을 어떤 멀고 먼 나라, 이국 낭으로 인도하기도 하는데, 대개는 '옛날 옛날에'로 시작되는 시간적 불명확성이 나타나지만 러시아 민담은 유독 '어느 한 왕국에', '어느 한 나라에'로 시작하는 공간적 배경의 불명확성이 특징이다. 이것은 이야기가 화자와 청자가 사는 나라가 아닌 다른 나라에서 벌어짐을 암시한다.

결말부는 통상 다음과 같다.

그 결혼식에 나도 참석하여 꿀이 든 술을 마셨지만, 술은 수염을 따라 흘러내릴 뿐 목구멍으로는 한 모금도 넘어가지 않았다.

화자의 "나도 그곳에 참석했다."라는 표현은 "나는 그곳에 없었다."라는 의미를 반어적으로 표현한 것이며, 화자가 한 모든 이야기가 화자와는 무관한 것임을 "술은 수염을 따라 흘러내릴 뿐 목구멍으로는 한모금도 넘어가지 않았다."라는 표현을 통해 암시한다. 이야기를 하느라 목이 마른 이야기꾼이 마실 것을 더 내놓기를 요청하고, 이야기에 심취했던 청중을 현실로 되돌아오게 해주며, 고정적인 운율 형식을 통해서 청중의 주의를 이야기에서 이야기꾼에게로 돌리는 역할을 하는 것이다.

엮은이 안상훈
••

경기도 이천 출생. 한국외국어대학교 노어과를 졸업하고 동대학원에서 문학 석사 학위를 취득하였다. 러시아 국립 과학 아카데미 러시아 문학 연구소에서 문학 박사 학위를 취득하고 한국외대, 성균관대에서 강단에 섰으며 현재 연세대학교 국학 연구원 연구 교수로 재직중이다. 논문으로는 「요술담의 의미론적 구조 서술의 제문제」, 「비교유형학 측면에서 본 요술담의 의미론적 구조」 외 다수가 있다.

세 계 민 담 전 집 2
••••••••
러 시 아 편

1판 1쇄 펴냄 2003년 9월 15일
1판 6쇄 펴냄 2022년 9월 29일

엮은이 | 안상훈
편집인 | 김준혁
발행인 | 박근섭
펴낸곳 | 황금가지

출판등록 | 2009. 10. 8 (제2009-000273호)
주소 | 06027 서울 강남구 도산대로 1길 62 강남출판문화센터 5층
전화 | 영업부 515-2000 편집부 3446-8774 팩시밀리 515-2007
홈페이지 | www.goldenbough.co.kr

도서 파본 등의 이유로 반송이 필요할 경우에는 구매처에서 교환하시고
출판사 교환이 필요할 경우에는 아래 주소로 반송 사유를 적어 도서와 함께 보내주세요.
06027 서울 강남구 도산대로 1길 62 강남출판문화센터 6층 민음인 마케팅부

ⓒ 황금가지, 2003. Printed in Seoul, Korea
ISBN 978-89-8273-582-0 04800
ISBN 978-89-8273-580-6 (세트)

㈜민음인은 민음사 출판 그룹의 자회사입니다.
황금가지는 ㈜민음인의 픽션 전문 출간 브랜드입니다.